平台的未来

移动互联时代交易所运营方法论

刘逖◎著

The
Future
of the
Platform

格致出版社　上海人民出版社

序

与工商业和其他金融业相比，交易所应该说是一个小众行业。人们对交易所的关注主要是两个方面：一是对交易所作为市场组织者的关注，强调的是交易所在投融资和风险管理等方面的经济功能，重点是在资本市场中的枢纽中介角色；二是最近 20 多年来，发达市场上的交易所纷纷由原会员制组织改制成为公司并挂牌上市，从而引发证券分析师和投资者对交易所价值特别是其股价的关注。

然而，遗憾的是，对交易所从其自身运营与管理角度予以全面关注的，基本上付之阙如。刘逖同志的这部著作，正好体现了从这一个方面展开的努力。通览全书，可以发现如下四个特色：

一是针对性。正如作者本人所言，本书集中探讨了交易所运营管理的特有方面，避而不谈财务、人事等共性管理问题。我十分赞赏作者提出的"TIPS"交易所平台分析框架，既高屋建瓴，提纲挈要，又对症实用，不尚虚假。

二是时代性。这从本书副标题"移动互联时代交易所运营方法论"即可窥一斑。全书紧扣互联网特别是近年来移动互联网的飞速发展引致的脱媒化进程对交易所的机遇和挑战这一主题，从方法论的角度提出了自己的观点，特别是指出两位 2012 年诺贝尔经济学奖得主提出的市场设计理论，将成为脱媒化时代交易所运营的指导理论。这不由让我联想到 1973 年发表的期权定价原理——同样获得诺贝尔经济学奖的理论——是如何促成期权这一衍生品市场的发展和壮大的。

三是创造性。作者提出的"TIPS"分析框架和诸如"订单工厂""交易矩阵""产品仓库"等方法论概念，以及对操作风险量化、交易所宏观风险管理、基于交易机制的产品创新等前沿问题的讨论，读来令人耳目一新。

四是实践性。理论紧密结合实践，可以说是本书最大特点之一。作者讨论问题时，往往辅之以案例佐证。各交易所包括上海证券交易所的诸多实践，信手拈来，随处可见。我想，这或与作者 18 年的交易所工作背景有关。

刘逖同志长期具体负责上交所的产品创新工作，先后主持设计并成功推出了我国首个场内期权、黄金 ETF、债券 ETF、货币 ETF、行业 ETF、跨境 ETF、跨市场 ETF 和实时申赎型货币基金等多个创新产品，硕果累累，为社会各界认可，曾获"沪上十大金融创新人物""上海领军人才"等荣誉称号。他在繁重的工作之余，花费大量时间和精力，总结对交易所运营的多年心得，撰成此书，可喜可贺。

就我所知，这是关于交易所运营管理的第一部专著，相信其必能在市场上早已汗牛充栋的种种资本市场著述中脱颖而出，并使读者特别是交易所行业诸位同仁受益。

吴清

上海证券交易所理事长

2017 年 3 月

目　录

第1章
平台：交易所的本质

> 长空一鹤初起，浦江两地繁荣。秋月有忆廿载史，春风无限五年功。乾坤六郡雄。
>
> 意阔常远千里，兴酣独傲江东。参横斗转照影动，日映波光百丈红。万国任从容。
>
> ——《破阵子·上证春秋》，刘逖，2010 年

这曲词，原是 2010 年底为上海证券交易所建所 20 周年庆所作，旨在强调交易所平台在资本市场生态圈中的核心地位。现在，时间又过去了 6 年，平台商业模式的重要性较其时似乎愈加凸显了。

这几年来，互联网，特别是移动互联网，为平台商业模式提供了前所未有的发展契机，以致人们往往会产生两种幻觉：一是过于夸大平台商业模式的赢家通吃的威力和创造性的破坏力，赋予其至高无上的地位，似乎创业非平台不能成其大；二是忽视了平台商业模式的历史渊源，似乎只有在移动互联时代，平台商业模式才成为可能。事实上，我们完全可以说，交易所是人类历史上最悠久的有影响力的平台。在本书开篇这一章，我想先简要总结一下交易所平台的概念、产业特性和其作为平台的发展史，以及移动互联时代交易所行业的变化和面临的挑战，在之后的章节中，渐次讨论交易所运营核心方法论和相关主题。

什么是交易所？

按照维基百科的定义，交易所（exchange 或 bourse）是指一个高度有组织的市场，人们在此可以买卖那些可交易证券、商品、外汇、期货和期权合约等产品。

"Bourse"一词，源出 13 世纪比利时西北部城市布鲁日的一家小旅馆。这家旅店的老板名叫罗伯特·范德布尔斯（Robert van der Beurze），因此，旅店的名字就叫"Huis ter Beurze"，意为"布尔斯之家"。布尔斯自 1285 年起经营这家旅馆。在中世纪后期，布鲁日是欧洲各地商人往来贸易的重镇。布尔斯经常给到店的商人提供一些明智的理财建议，此举深受欢迎。旅馆门前挂有一个钱袋（一说是三个钱袋），于是商人们把这项额外的服务称为"Beurze Purse"，意为"布尔斯钱袋"。最后，这家旅馆逐渐变成了一个纯粹进行商品交易的场所。在中世纪拉丁语里，"bursa"有袋子的意思，古法语中"borse"也意为钱袋。后来，人们便用"bourse"指代有组织的交易场所，即交易所。

过去数百年来，交易所行业变化万端，与初期相比，交易基础设施和核心交易机制安排早已面目全非。早期，这个场所往往是有形的、物理上的一个场所，如初期的旅店和咖啡馆，后来发展成为交易所交易大厅，再后来，随着电子通讯技术的发展，交易场地逐渐无形化。目前，各国交易所基本上都是通过无形的交易网络提供交易设施的。早期，交易的双方或其代理人通常直接协商价格并进行交易，后来交易所的交易方式也发生了很大变化，场内竞价机制渐成主流。但无论如何，交易所的核心功能和本质仍然没有变化：交易所为买卖双方提供交易平台，为交易双方提供互通有无的渠道，使潜在的交易需求转化为实际交易。

由于交易所自身不进行买卖，只是为买卖双方提供交易设施和相关服务，因此，我们完全可以说，从本质上看，交易所是一个平台。

在交易所进行的交易也叫场内交易。这类交易通常具有集中交易、公开竞价的特点，交易的对象必须是在交易所挂牌的商品、证券或衍生品等，而且，场内交易往往有集中清算和中央对手方这类制度安排，以规避对手方违约风险。相反，场外交易，则不像交易所那样有一个固定的集中场地，并在统一的规则下进行交易，而是由很多各自独立经营的经纪人或交易主体分别进行，他们可以通过面谈、电话、电报、电传、电脑等各种方式，在任何时间和地点进行交易。这类交易，也称为"店头"或"柜台"交易。场外交易的对手方风险通常较大。

根据交易品种的不同，交易所主要分为证券、商品、金融期货、金融资产、产权交易所等类别。证券交易所是有价证券（如股票、债券、基金等）集中和有组织交易的场所，证券交易所不仅为证券交易提供场所、人员和设施，还对证券交易进行周密的组织和严格的管理，在整个资本市场中占据核心地位。商品交易所主要交易金属、煤炭、粮食等商品，其中采取期货交易方式的即商品期货交易所。金融期货交易所主要交易股指、利率和外汇等期货、期权。金融资产交易所的交易品种通常涵盖票据、信贷类资产、应收账款、信托收益权等标准化金融资产和创新型衍生品。产权交易所通常交易未上市企业的股权。

交易所平台的产业特性

从以上交易所的概念可以看出，交易所是一个集中的市场，一个集中的平台，其存在是为了解决买卖双方信息不对称的问题。因此，交易所平台不可避免地具有规模经济与范围经济性、网络外部性、自然垄断性和公共性等几个方面的特性。

规模经济与范围经济性

所谓规模经济（Economies of Scale），又称"规模利益"（Scale Merit），是

指大规模生产带来的经济效益。如果在给定的技术条件下，某个产品在一定的产量范围内，其平均成本是下降的话，我们就认为存在着规模经济，反之就是规模不经济。例如，一家生产计算机显示屏的企业，生产5万个显示屏的每个成本是1 000元，但当生产达到15万个时，每个成本下降到800元，而继续生产达到20万个时每个成本将达到850元，那么该企业的显示屏生产从5万个扩大到15万个时存在规模经济，而从15万个扩大到20万个时存在规模不经济。用经济学的术语讲，规模经济具体表现为长期平均成本曲线的向下倾斜，从这种意义上说，长期平均成本曲线便是规模曲线，长期平均成本曲线上的最低点就是最小最佳规模。规模经济的存在，是因为在一定的产量范围内，固定成本可以变化不大，那么新增的产品就可以分担更多的固定成本，从而使平均成本下降。对制造业而言，产生规模经济的主要原因是分工与专业化、学习效应以及大规模采购优势等。

与规模经济只涉及一个产品不同，范围经济（Economies of Scope）涉及两个或更多产品。如果一家企业把两种或更多的产品合并在一起生产的成本，比分开来单独生产的合计成本要低，我们就说该企业存在范围经济。范围经济通常来自生产成本节约、差异化和产品互补优势、分销体系、研发费用和服务体系的共享。范围经济有助于企业加强在新产品、新工艺方面的技术创新，并在成本、差异化和互补性、市场营销等方面增加企业抵御风险的能力。范围经济是企业采取多样化经营战略的理论依据。

交易所是极为典型的规模经济和范围经济性组织。从规模经济看，我们甚至可以说，交易所具有无限的规模经济性。在信息化时代，交易所运作的本质是交易信息的处理，而这类信息（如买卖订单）通常是高度标准化的，处理这类信息需要较大的技术系统投入，即固定成本是较大的，但边际成本，即增加一笔买卖成交所需的增量成本，几乎为零。因此，当交易规模上升后，交易处理的平均成本将不断下降并趋近于零。一项对世界交易所联合会的45家会员交易所的研究表明，衍生品交易的运作成本对交易额的规模弹性系数为0.4，即当交易额增加1倍时，运作成本只增加40%。研究还发现，交易处理的规模经济效应是一个递增函数，即交易规模越大，规模经济效应就越强。

从范围经济看，由于交易所的成本结构具有较高固定成本和较低边际成本的特点，如果交易所产品种类十分丰富，则高固定成本投资能够为不同的产品线所用，自然能够降低资产的专属性，降低单个产品的成本，形成范围经济效应。

对生产企业来说，范围经济与规模经济通常是两个不同的概念，二者之间不一定有直接的关系。例如，一个生产多种产品的企业，也许不存在规模经济效应，但是却可能获得范围经济；一个用较大规模只生产某一种产品的企业，可能会产生规模经济效应，但是，同时生产两种以上产品，却不一定会产生范围经济。但对于交易所而言，二者往往是相辅相成的。这是因为，交易所的产品种类愈丰富，就如同大型超市一样，愈可能大规模降低购物者的购物搜寻成本，提升购物体验，愈有助于吸引更多的投资者，形成网络效应。

网络外部性

网络外部性是平台经济中一个十分有用的概念。可以说，理解平台经济的核心就是理解网络的外部性。

所谓网络外部性，其实就是需求方的规模经济和范围经济。当一种产品对消费者的价值随着其他使用者数量的增加而增加时，这种产品就具有网络外部性。通俗来说，就是每个用户从使用某产品中得到的效用，与用户的总数量有关：用户人数越多，每个用户得到的效用就越高，或者说，网络用户数量的增长将会带动用户总所得效用更大比例的增长。这种现象通常在网络中发生，因此，也被称为网络效应。以电话为例，如果只有一个人使用电话，那么电话对于该用户来说就没有价值，因为无法用它和他人交流；随着电话用户的增多，电话对每个用户的价值也将越大。

网络效应引发正反馈。当网络效应存在时，如果没有人使用某个产品，那么它就没有价值，于是更加没有人想用它；但如果有足够的使用者，那么其价值就会凸显，就会有更多的使用者，它也就会更有价值。

网络效应具有较强的黏性。例如，如果大家都在使用淘宝店购物，那么，淘宝店对每个人的效应就很大。网络效应的黏性来源于较高的转换成本，就像在中国，驾驶员均在右侧行车，因而，对每个人而言，右侧行车将更安全，也更有效率，但如果所有人均左侧行车，那么无疑左侧行驶就更有价值。然而，所有人均从右侧行车转为左侧行车，将涉及转换成本，而这个转换成本涉及千百万个人之间的合作，可能非常巨大。

交易所是比较典型的具有网络外部性的组织。这主要是因为，交易所的核心业务是组织交易，交易需要流动性，参与者越多，流动性无疑就更好，对每个投资者而言，达成交易的可能性就越大。

流动性好的交易所将带来三个方面的网络外部性：一是投资者的网络效应，即投资者更乐意选择流动性好的交易所进行交易；二是产品（上市公司股票等）的网络外部性，如上市公司更愿意选择在流动性好的交易所挂牌上市；三是中介机构的网络外部性，即中介机构更愿意为高流动性的交易所提供中介服务。

自然垄断性

交易所具有较强的规模经济性、范围经济性和网络外部性，这决定了交易所组织在一定程度上具有自然垄断特性。自然垄断性是与交易所的流动性强化机制联系在一起的，即"流动性带来流动性"，强者恒强，弱者恒弱。相关研究表明，流动性是订单流量大小和频率的函数，交易系统既存买卖订单的多少，对吸引其他买卖订单进入交易系统意义重大，也就是说，流动性能吸引流动性。

交易所的自然垄断性具体表现在两个方面：

一是交易产品的集中。如果某个产品同时在多个交易所进行交易，那么交易所自然垄断的特点最终将使该产品的交易集中于某一个交易所。这一点在衍生品交易中表现得尤其明显，绝大多数衍生产品在不同市场之间的赫芬达尔指数（Herfindahl Index）趋近于1。该指数是用于衡量集中度的一项指标，计算方法是各市场交易份额的平方和，若它趋近于1，则说明在单个衍生产品交易上，某一个交易所占据绝对的主导地位。这也在一定程度上解释了交易所行业的进入壁垒现象：除非新竞争者具有更低的运作成本，并吸引到足够的投资者参与，否则抢得先机的交易所将比新进入者具有压倒性的优势。新加坡和日本在日经225指数期货上的竞争就充分说明了这一点。

二是交易市场的集中。如果不存在法律限制，单个交易品种的集中趋势最终将导致交易市场的集中，也就是说，最终，最主要的交易产品将集中在少数交易场所交易。近10多年来的交易所行业兼并浪潮，是对这一现象的极佳阐释。以美国为例，19世纪末美国交易所多达250余家，20世纪初减少到了100多家，1935年只剩下35家，1965年仅有15家。目前，美国现货证券交易虽然有七八十家交易平台（另类交易系统等），但承担上市功能的主要就是纽约证券交易所和纳斯达克交易所。衍生品尤其如此，例如，欧洲的衍生品交易主要集中在欧洲期货交易所（Eurex）和伦敦国际金融期货交易所（Liffe），美国的衍生品交易主要集中在芝加哥商品交易所（CME）。

公共性

从交易所平台的起源看，人们需要交易所的首要原因，是要克服买卖双方的信息不对称，甚至也包括买卖双方的不信任问题，因此，交易所平台在一定程度上具有公共性，即对自身市场进行自律监管或管理。典型的交易所交易形式有两种，一是双边显名交易，一是多边匿名交易。后一种情况尤其需要交易所一定程度上履行监管职责，通过适当的监管，最大程度缓解上市交易产品发行方和需求方及买卖双方信息不对称与不信任的问题。

近20年来，世界上绝大多数证券交易所和衍生品交易所，都陆续由之前的会员制改组为公司制。但是，即便是公司化后，交易所的自律监管职责，或者说，交易所的公共性，并没有因此而淡化，反而在一定程度上得到强化，只是更加重视监管的独立性。例如，部分交易所成立了监管公司，更加强调其监管独立于市场发展。

从集市到平台：交易所行业的两次飞跃

从"一对一"到"多对多"：交易所平台的第一次飞跃

从历史上看，市场首先是与固定时间和固定地点的交易相联系的。《周易》记载，神农氏"日中为市，致天下之民，聚天下之货，交易而退，各得其所"，即老百姓聚在一起，带来各种货物，形成集市，通过交易各取所需。

最早的交易市场是集市形式的场所，比如古罗马的集市广场、中世纪的露天集市和中国的庙会等。这种集市，在一定程度上解决了买卖双方的信息不对称问题，降低了买卖双方的交易成本。集市上的交易往往是"两两"交易，买方和卖方之间直接面对面交易，这虽然有助于减少买卖双方之间的不信任，但对象搜寻、价格谈判的成本很高，而且成交价格经常不是最优价格。

交易所市场的出现，突破了集市"两两"交易的局限性，形成了"一对多"或"多对多"的交易市场。

世界上最早的证券交易是在欧洲出现的。从较不严格的意义上说，早在1141年的法国，就出现了证券经纪商和集中交易的场所。当时，路易七世对信用证实行了集中交易的办法，从事这些交易的商人被称为货币兑换商。后来的证券经纪商就是从这些货币兑换商演变而来的。但证券交易作为一种经常的活动，仍是从中世纪末期开始的。马克思在《资本论》中指出："公共信用制度，即国债制度，在中世纪的热那亚和威尼斯就已产生，到工场手工业时期流行于整个欧洲。"当时，在威尼斯、热那亚等商业贸易较发达的城市，政府为支付军饷和其他开支需要筹集大量经费，但又不想过度征税而引起公众不满，于是开始尝试发行公债进行融资，由是诞生了政府公债和政府公债市场。法国政府在1559年发行了年息8%的1 170万利弗尔公债。早期证券市场的交易几乎全部是公债交易。

与债券交易相比，股票交易的出现要晚一些。同股份有限公司制度相联系的股票交易，肇始于16世纪欧洲资本主义萌芽时期。尽管从较不严格的意义上说，在欧洲中世纪就已经产生了近代股份制企业的初级形式，例如，11—13世纪在意大利热那亚出现的被历史学家称为真正股份公司的组织——"海上协会"、欧洲的第一家股份银行——1408年意大利热那亚的圣乔治银行和16世纪的发行有限责任股权的采矿企业等。但是，中世纪欧洲及近代初期的这些企业，通常是单枪匹马的企业家（或与其家庭成员合作）开办的手工工场或贸易行，通常表现为短期且随时变动的合伙关系，或者是为了有限的目的而联合起来的涣散的商人联盟，公司没有固定的、长期的资本。

真正具有现代意义的股份制公司诞生于16世纪中叶。随着新航路的开辟，欧洲商人为开拓新市场，扩大对外贸易，热衷于对未知海洋航线的探险，试图找到一条从海上通往东方的贸易通道。海外贸易的风险无常和对海外贸易巨大利润的渴求，最终带来了一种全新的企业组织形式——股份有限公司的诞生。亚当·斯密曾指出，股份公司是为适应需要长期占用大量资金的"远距离贸易"而产生的。在16世纪中期，伦敦的商人们尝试向公众筹资，用于对未给予特许的白海和北极圈前景的探险和通过好望角到达印度和东印度的航行。这两次探险，产生了世界上最早的两家股份公司，即1551年组建的"新领地商人探险者公司"（1555年更名为莫斯科夫公司）和1600年成立的英国东印度公司。

伦敦的莫斯科夫公司是世界上第一家股份制公司。作为合股公司，莫斯科夫公司的核心特点是：股票所有权和公司的经营权相分离；按股分红；实行有限责任制；股票持有人可在不经过其他人同意的情况下自由买卖或转让股份。莫斯科夫公司的早期探险失败了，公司进行探险的三艘船只在挪威附近沉没了两艘，每人投资25英镑的250名股东遭受了不小的损失。然而，莫斯科夫公司作为世界上首家由公众持有的公司，被幸运地载入史册。它的股票在伦敦交易，这也是世界上首次股票交易。

相比之下，东印度公司要成功得多。1599年，东印度公司从1581年成立的近东公司派生出来，并于次年获得了英国女皇伊丽莎白一世的特许。它是第一家筹集到大量股权资本的公司。公司需要有现代化的武装船只去东方进行艰苦、危险的旅行，并且需要在伦敦有大量船坞。尽管公司在旅程中丧失船只，一度徘徊在破产边缘，但它设法在17年内筹集到了超过160万英镑的资金。随着丝和香料贸易的发达，那些购买原始股票的投资者每年的收益达到了40%。

东印度公司的成功，使得富有创造精神的企业主很快认识到，通过股票筹集资本，在充满冒险的航海领域之外，也大有用武之地。很快，合股公司成了西欧其他国家进行探险活动的标准范式，在荷兰和英国掀起了成立股份公司的浪潮。

1600年之后，公司制度取得了相当大的进展。第一，股份公司开始将其股本看作长期性的。第一家永久性股份公司是1602年成立的荷兰东印度公司。荷兰东印度公司规定，要兑现该公司的股票只有拿到交易所去公开出售。英国的公司在1623年也开始仿效。在其他一些更持久的经济领域，如地方零售贸易和制造业，尤其是银行业，比较长期性的企业组织也逐渐增多。到16世纪中叶以后，股份公司开始普遍成为一种长期性的企业组织形式。第二，公司开始将资本和利润加以区分。第一家区分资本和利润的公司是英国东印度公司，该公司将利润作为股息分掉，而资本则由公司保留。第三，出现了通过增发新股筹资的形式。英国东印度公司最早开始增发具有固定面值的新股，其发行量根据公司对资本的需要而定，这样就可以不必要求原股东增加股本。

公司制度的创新、股票交易市场的发展和1688年英国光荣革命后对外贸易的迅速扩张，促使股份公司纷纷成立。历史学家估计，1689年英国只有11家股份公司，至1695年英国共有140家合股公司，实收资本达425万英镑。报刊上也不断刊出各种股票的交易价格，例如，霍顿的刊物在1692年报出了8种股票与债券的价格，在1694年报出了52种，在1695年报出了64种。18世纪初，英国南海公司的成立及其股价的剧烈上升，又使得新一批公司涌现。从1719年9月到1720年8月，新成立的股份公司就达到195家。

随着股份公司的大量成立，公众对股票交易的兴趣也与日俱增。早期，股票交易并不活跃，交易主要是在商品交易市场进行的，而且没有一个固定的交易场所，无论在英国还是荷兰，转让股票均必须亲自到公司的总部办理。然而，日益增长的股票交易需求，很快使人们认识到，必须设立独立的股票交易场所。

1602 年，第一家专门从事股票交易的市场，在荷兰阿姆斯特尔河（Amstel River）上的新桥（New Bridge）上成立。该市场专门交易成千上万荷兰人持有的股票。当时，股票交易极为频繁，不少股票在原始认购几天后，价格就上涨到面值的 10% 以上。由于交通极不便利，人们无法了解这些公司在遥远岛屿上的业务情况，因而投机十分盛行。荷兰的恶劣气候使得交易者不得不从新桥转移到了圣欧拉夫教堂（St. Olaf's Chapel）。但他们很快就被赶走了，倒不是因为在这宗教圣地禁止从事金钱交易，而是因为他们争吵不休，出言粗暴。1611 年，阿姆斯特丹仿照 1566 年建立的伦敦皇家交易所建造了一座多柱形建筑，并用来进行证券交易达两个世纪之久。在 1611 年阿姆斯特丹证券交易所开张不久，代表投资者进行交易的经纪人就达到了 300 人。除乞丐和小孩禁止入内外，人们可以自由地进入交易所从事股票买卖。

在海峡对面，伦敦的股票交易最初在皇家交易所（The Royal Exchange）进行。皇家交易所是由商人托马斯·格雷舍姆（Thomas Gresham）爵士参照安特卫普交易所建立的，于 1571 年 1 月 23 日正式开业，并获得了伊丽莎白一世女王的授权，可以采用"皇家"字样，同时获得了出售酒类的许可证。但后来，1698 年，股票经纪人因吵嚷不休被逐出了皇家交易所。随后他们开始转移地点，到附近一条名叫交易小巷（Change Alley）的狭窄街道的咖啡馆进行股票交易。大部分交易在两家咖啡屋进行，一家叫乔纳森（Jonathan's Coffee-House），另一家叫盖拉维（Garraway's coffee house）。一个名叫约翰·卡斯坦（John Castaing）的经纪人，率先在乔纳森咖啡馆对一些股票和商品进行报价。在七年战争（1756—1763 年）之后，乔纳森咖啡馆的股票买卖生意十分火爆。1773 年，150 名经纪人在斯威汀小巷（Sweeting's Alley）新建了一家俱乐部大楼，俱乐部设有底楼大厅和楼上咖啡馆。这家大楼也被称为新乔纳森咖啡馆（New Jonathan's），但是会员很快就将之改名为证券交易所（The Stock Exchange）。乔纳森咖啡屋后来演变为伦敦证券交易所。1801年3月1日，伦敦证券交易所正式成立。1802年，伦敦终于建成了拥有约550名经纪人和100名职员的证券交易所大楼。

从以上交易所的发展历史可以看出，早期的证券交易往往没有固定的交易场所和一致的交易规则，交易通常是证券持有人和购买人之间的"一对一"交易。之后，随着交易场所的相对固定，特别是成立交易所后，经纪人开始在交易中扮演至关重要的角色，为证券的买方和卖方提供中介服务，同时，部分经纪人开始承担类似做市商的角色，以自有资金买卖证券，从而使原来的"一对一"交易开始转变为"一对多"或"多对多"交易。

从"一对一"的"两两"交易，发展到"一对多"交易，最后发展到"多对多"交易市场的出现，是交易所发展史上的第一次飞跃。这次飞跃，使得市场流动性得到根本性提升，或者说，现代意义上的"交易所平台"才得以诞生。

电子交易：交易所平台的第二次飞跃

交易所的重要功能之一，就是使潜在的投资者需求转化为实际交易。这一转化过程的关键是价格发现与确定过程，即发现市场出清价格的过程。在证券市场上，市场出清价格即投资者买进和卖出证券的均衡价格。根据证券交易技术手段的不同，这个过程可以采取人工交易和电子交易两种形式。人工交易指由人工进行报价、价格撮合、结算等的交易方式，电子交易指通过电脑进行报价、撮合和结算等的交易方式。

早期，交易所交易均为人工交易，经纪人或做市商是寻找证券出清价格的关键角色，他们通常在交易所的交易大厅或通过电话进行买卖。为提升交易效率，经纪人需要获取各种关于市场的信息。最初，证券市场的各种信息是靠马车在各地之间进行传递的。后来，铁路在证券市场信息传送方面的作用开始加强，不同地区之间普遍靠火车传递股市信息。1850 年，著名新闻机构英国路透社的创始人保罗·朱利叶斯·路透，首次采用信鸽把股市行情从布鲁塞尔传到亚琛，从而使两地间的信息传递时间从 9 小时缩短到了 2 小时。这虽然不是什么了不起的发明，但在当时却堪称是证券市场通讯技术上的一次革命。从那以后，证券市场的交易通讯技术又有了巨大的发展，电报、电话和电传发明后，很快就被用于证券市场。但是，在交易过程中，委托、撮合、结算交收等一系列过程和大量烦琐的工作，仍然是由人工完成的。

到 20 世纪六七十年代，随着证券市场的快速发展，经纪公司和证券交易所需要处理越来越多的委托、成交和登记文件工作，后来这种情况几乎到了一种极点，迫切需要采用机器把人从繁重的文件处理中解脱出来。1968 年春，由于交易量激增，交易所被迫缩短交易时间，以使经纪公司能有充分时间在后台处理积压的委托单。这次人工结算交收危机之后，采用新的自动化证券交易系统已刻不容缓。1969 年，美国太平洋证券交易所率先采用了交易指令的自动传递和撮合系统。1971 年，第一套用于证券交易的电脑自动报价系统在纳斯达克市场（Nasdaq）投入使用。1973 年，纽约证券交易所安装了一套由电脑操纵的市场数据系统，它可以向世界各地的金融中心提供和显示交易大厅的交易额和价格等行情信息，从而初步取代了传统的电话、电报、电传等交易媒介，该系统是纽约证交所连接世界通讯网络的核心。随后，世界各大交易所竞相模仿，纷纷采用了电子自动交易系统。

引入自动化电子交易后，价格形成方式由手工竞价过渡到了电脑自动撮合，流动性和市场定价效率全面提升，交易量成倍增长，交易所的"平台"特征更加明显。可以说，电子自动交易促成了交易所平台发展史上的第二次飞跃。

最近 40 年来诞生并不断发展的自动化交易是证券市场诞生 400 年来最为重要的交易手段变革。自动化交易提高了证券交易的效率，减少了交易过程成本，但同时也给证券市场带来了新的挑战。例如，自动化改变了交易价格的信息效率：一方面，系统中显示的订单信息可能泄露一些知情交易者的交易意愿；另一方面，也增加了躲在"电子屏幕"后面的知情交易者的"隐蔽性"。此外，大额订单很可能使成交向不利方向变化，容易引起价格无序波动。

平台之殇：互联网时代脱媒化的挑战

当代高新技术日新月异发展的最为突出的标志之一，就是信息技术（包括计算机技术、通信技术、网络技术等）的层出不穷，并迅速向社会生活的各个角落渗透。互联网，包括最近几年来迅猛发展的移动互联网，已成为全球数十亿人的一种广为接受的工作和家居生活方式。

自 20 世纪 90 年代以来，互联网科技开始进入证券交易。在互联网上买卖股票、交流投资信息和进行首次公开招股，已是当前国际上可见的事实，跨越国界和不同监管制度的网上交易所的兴起也将势所必然。互联网技术的全球接触面和互动性质，使它成为传播金融信息、提供金融服务，甚至股票认购和股东投票的理想媒介。同时，互联网打破了交易所传统的时间和空间限制，进一步加快了投资国际化的步伐。

目前，互联网在证券市场大致应用于下列用途：一是交易所用以提供交易系统的网际连接器，并通过互联网提供交易信息等；二是经纪商用以协助股票买卖服务，例如收集买卖订单和确认交易；三是金融服务供应商用以推广其投资产品，及提供股票报价和研究资料；四是投资者用来输入买卖订单、查询账户结余等；五是上市和非上市公司用以发售新股和提供公司信息等。

与现实世界的物理空间相比，互联网世界具有一些独特的性质：

一是虚拟性（无形性）。在现实世界（地理空间），物体可以采取有形的形式存储，并以物理形式运送，而网络空间则是看不见、摸不着的，我们能够看到的仅仅是显示在电脑、手机等屏幕上的信息。网络空间的构成与机器的实际所在地之间，是没有必然联系的。即使某个域名最初注册或被分配一个地址时，有一个确定的所在地，如以 .uk 结尾表示英国，以 .cn 结尾表示中国等，但注册后，服务器主机可以转移到其他任何地方，而不影响网络的运作。而且，存在大量不冠有国家代码的域名（如以 .com 结尾的域名），更无法确定机器地址的所在地。

二是超国界性（国际性）。网络空间的一个主要特征就是它的国际性。网络空间是一个国际媒介，互联网更完全是一个国际实体。人们可以自由且极其方便快捷地在各国的网站之间流动。网上冲浪者仅仅只需按下鼠标就可以到各国网站"旅行"。电子邮件可以方便地被送到国外，就好像送到隔壁邻居一样。此外，人们在网络空间"旅行"的路线也是完全不可预测的。通过互联网链接，人们根本无法预知下一"站"将会是哪里。一封从纽约发往中国的电子信函，也可能会道经英国和法国的计算机，而回信则可能会经过俄罗斯、埃及，再穿过巴西，最后到达纽约。在这里，人们无法预测将经过哪些国家的疆界。实际上，在网络空间，国界的概念十分模糊。

三是开放性。互联网是一个开放的系统，网络空间的魅力正在于它的开放、自由和资源共享的精神。互联网传输控制协议的基本特征就是，任何使用者均可以连接到互联网，而没有任何社会或政治控制，且连接到互联网的成本极为低廉。

四是管理的非中心化。网络空间在管理上不存在一个管理中心，每一台机器都可以作为其他机器的服务器，所有机器都是平等的。

五是不确定性。网络空间的不确定性具有多层含义：一是网上信息的不确定性，即网上信息很容易被删除和丢失；二是网络参与者的不确定性，很难查明进入网络空间的参与者的身份和登录地点；三是网上活动的不确定性，人们在上网之前，无法预测将经过哪些网站，以及沟通在哪里结束。

六是匿名性。匿名性是网络世界的重要特性。如通过电子邮件发送信息，并不需要证明自己的身份。许多网络服务商向人们提供大量的匿名电子信箱。人们在网上搜索、浏览信息时，通常也不需要验证自己的身份。

七是交互性。传统的信息传播媒介是一种一对多的单向传播模式，即信息由发送者即时（如广播、电视）或非即时（如书籍、录音带等）向众多的接收者传送，接收者只能被动接受。电话是一对一的双向信息传播。而网上信息传送既包括一对多的信息传播，即人们可以上网浏览所需信息，也包括一对一的双向信息传播（如电子邮件等）和多对多的交互信息传播（如网上论坛等）。美国前副总统戈尔1993年在对全国新闻俱乐部发表的演说中说："今天大多数人主要是信息的接受者。我们观看电视，收听广播。在20世纪90年代的这个10年，我们将迅速转变……我们将从消费者变成供应者。"

互联网空间的这些特性对传统的交易所业务提出了新的课题。一方面，互联网技术使证券交易突破了时间尤其是地域的限制，为交易所的发展迎来更加广阔的空间；另一方面，已有的适用于有形环境的交易市场制度，在无形的电子环境中已难以全部发挥其功能，这意味着，网络空间将冲击和改变传统证券交易手段和市场格局，直接催发了作为金融中介的交易所和经纪商的脱媒化历程，挑战交易所的自然垄断地位。

去交易所化

互联网对交易所的第一个挑战，直面交易所传统的自然垄断地位。网络技术的发展，降低了交易过程对有形场地的依赖和建立交易系统的成本，在监管放宽的环境下，促成了包括所谓电子通讯网络（ECN）在内的另类交易系统（ATS）的兴起。这些交易系统，在交易所之外，撮合交易所挂牌上市证券，直接冲击了交易所的市场份额，形成了去交易所化的趋势。

另类交易系统泛指非交易所（非上市证券挂牌场所）的各种交易与撮合系统。根据美国证券交易委员会（SEC）的定义，"另类交易系统是指任何可以实施下列行为的组织、协会、个人、群体：（1）构成、维持或提供一个撮合证券买方和卖方或以其他方式对证券实现通常由证券交易所实施的功能的市场场所或设施；（2）不制定针对相关证券除交易之外的监管规则，或惩戒仅限于不允许相关证券在本系统交易"。实际上，就是在证券交易所或证券商协会以外，不经过证券交易委员会注册登记，却能自动集中、显示、撮合或交叉执行证券交易的电子系统。在欧洲，根据欧盟《金融工具市场指令》（*Markets in*

Financial Instruments Directive，MiFID），这类另类交易系统被称为多边交易设施（MTF）。

另类交易系统的出现，是信息技术、投资者全球化、机构投资者迅速发展和市场管制放宽的必然结果。英国证券专家鲁宾·李（Ruben Lee）在《什么是交易所》一书中把这些新的交易系统称为 MONSTER（即 Market-Oriented New System for Terrifying Exchanges and Regulators 的缩写），意思是让交易所和监管者感到恐惧的、以市场为导向的新交易系统。

另类交易系统自诞生时起，就不可避免地与传统交易所产生竞争。前者正在不断蚕食着过去属于传统交易所的市场份额，并且大有后来居上之势。目前，另类交易系统可能侵蚀了纽约证券交易所和纳斯达克交易所四分之三以上的交易份额。

另类交易系统的竞争优势主要有以下几个方面：一是低成本。另类交易系统无需像传统交易所那样，必须承担许多管理和组织的工作，如上市、交易管理、行情传播等，因此，系统运作成本较低，故其收取的手续费通常也较低。二是先进的技术系统。另类交易系统大多成立于 20 世纪 90 年代中期以后，充分利用了各种高效的数据处理和互联网技术，其订单传送与执行系统高效、先进，而且界面十分友好。三是较长的交易时间。部分系统甚至提供每日 24 小时的交易服务。四是更快的成交速度。通过另类交易系统进行交易，可减少传统的金融中介环节，故能够更快速地执行委托。五是更加便利的大宗交易服务。另类交易系统通常会专攻某些行业股票的交易，如一些系统专攻网络概念股，其成交量占该等股票每日总成交量的比重很高，因此，能为这些股票提供足够的流动性，能使大额订单的执行成本降低。

当然，另类交易系统也有其竞争劣势，如导致市场分割，使投资者不能按最佳的可能价格成交，增加了投资者的间接交易成本等。而且，一般而言，另类交易系统对其系统的监管能力相对较差，并不足以有效防范价格操纵和欺诈等事件的发生。

近 10 多年来，美国又涌现出一些新的另类交易系统形式。其中，暗池

（Dark Pool）是最重要的新兴发展力量。所谓暗池，就是撮合不公开显示订单（Non-displayed Orders）的交易平台，该平台不向市场公开披露订单流信息，运作起来就像个暗池。就其实质而言，暗池是一个"非公开的流动性聚集池"（Non-displayed Liquidity Pool）或非公开的订单簿，是一个主要为机构投资者大宗交易服务的匿名"批发市场"。

暗池的蓬勃发展，根源于机构投资者对大宗交易的特殊需求：如何不知不觉地买卖大量股票，而不对市场造成冲击？为解决这一难题，各交易所曾做出了大量的努力，诸如楼上市场、盘后交易、冰山订单、保留订单等，都是这些努力的结果。机构投资者通过大宗交易市场、冰山订单等机制可以隐瞒自己订单的数量，但这些交易模式仍然受到较大的限制。例如，负责大宗交易的楼上市场经纪人在持续寻找对手方的过程中有可能泄露相关信息，冰山订单等的成交受制于订单簿的流动性。在这种情况下，暗池就成为一种较好的选择。

暗池系统发展之初，重在撮合大宗订单，主要是通过计算机寻找交易对手，以保护机构投资者的大宗订单交易隐私。但最近，绝大多数新出现的暗池，都被设计成可用于小额订单交易。在某些情况下，这些小订单是由一笔大宗订单拆分而成的；但有时，这些小订单的出现，是因为建有另类交易系统的券商更愿意让其被内部撮合，而不想让订单流到其他市场上去。

暗池对交易所市场造成了很大的冲击。在美国，大约每10股交易中就有1股在暗池成交。暗池和券商内部撮合系统的交易占美国股票交易的份额，可能达到20%。

平台的滥觞

除另类交易系统之外，传统交易所的垄断地位，还受到了来自各种网上交易所的挑战。网上交易所，也称网上虚拟交易所，是指发行者直接在网上发行，且投资者可直接在互联网上（不通过券商和交易所）买卖股票的发行与交易平台。

纽约一家名为"春街酿造公司"（Spring Street Brewing Company）的小公

司首开网上虚拟交易所之先河。春街酿造公司成立于 1992 年，当时主要通过私募方式获得了 50 万美元的资金。公司的主营业务是酿造啤酒。1995 年 2 月，为扩大经营规模，该公司首次通过互联网公开招股。公司以 1.85 美元的价格共发行了 844 581 股普通股，筹资约 160 万美元。

随后，该公司又在其网站上建立了一个名为 "Wit-Trade" 的电子公告板交易系统，为公司的股票提供交易场所。Wit-Trade 系统的交易方法是：买方和卖方在网上公布自己的姓名和地址，并通过电子邮件协商交易。Wit-Trade 系统提供一个发盘（Offer）和接受（Acceptance）的格式以证明交易。春街股票的交易情况和财务报告也通过该公告板发布。1996 年 3 月 1 日（星期五），春街公司的股票首次通过 Wit-Trade 系统公开交易。3 月 4 日（星期一），美国证券交易委员会的 11 名律师对公司进行了质询，并建议公司停止交易。鉴于美国证券交易委员会的要求，3 月 20 日，Wit-Trade 系统停止交易。在 3 月 1 日至 3 月 20 日期间，公司股票交易并不活跃，成交寥寥无几。

哈佛毕业的 35 岁证券事务律师、公司创始人兼总裁安德鲁·克莱因（Andrew Klein）说："美国证券交易委员会最关心交易的'自我清算'（Self-clearing）性质，即进行交易的方式。当一个交易达成后，买方将给我们一张支票，我们把该支票存起来，而卖方将把股票送到我们这里。在支票得到结算后，我们向买方提供新的股票。这使得我们自己充当了交易的中介人，因此，我们就成了自我清算的经纪人。"根据克莱因的介绍，公告板上大约有 60 个以 1.85 美元价格买进的买方请求，而卖方则试图把价格谈到每股 3 美元、5 美元甚至 10 美元。在 1.85 美元的价格范围内只成交了 4 笔交易。

众筹平台也是一种形式的网络交易所。众筹，译自 "Crowdfunding"，字面意思即大众筹资。众筹平台，通过互联网方式发布筹款项目并募集资金，让小企业、艺术家或个人得以方便地对公众展示他们的创意，争取大众的关注和支持，进而获得所需要的资金援助。众筹起源于美国 2000 年成立的 ArtistShare 网站，该网站打破了传统的融资模式，通过搭建网络平台面向公众筹资，让有创造力的人可能获得他们所需要的资金，实现他们的梦想。众筹最初主要是艺术家们筹措创作资金的一个手段，但现在已演变成初创企业和个人争取项目资金的一个渠道。在美国，股权类众筹发展十分迅速，并成为一项受监管的业务。

区块链（Block Chain）技术也为网络交易所打开了发展空间。区块链，简单地说，就是由各个区块组成的链。区块是特定时间段内发生的事件的记录，各区块按照严格且唯一的时间先后继承关系组成了一条链。区块链更正式的含义，是指一种公开的分布式记账技术，或者说，是一种通过去中心化、去信任化的方式集体维护一个数据库的技术。区块链具有去中心化、去信任化、开放性、可靠性和匿名性等特点，这些特点正是网络交易所快速发展所必需的条件。区块链是伴随着比特币而诞生的。比特币是区块链技术的特定应用，是第一个也是目前为止最成功的区块链应用。据统计，自比特币诞生至2015年底的7年时间里，至少产生了162家比特币交易所。目前，比特币已拥有超过100亿美元的总市值，日交易量峰值达到3 500万美元。比特币7年的运行实践，证明了区块链技术的可靠性和应用前景的广阔。此外，区块链技术也开始应用于证券发行和交易领域。例如，2015年4月，在线零售商Overstock发布tØ区块链平台，将股权交易和结算放到区块链上，这实际上就是一个基于区块链技术的网络交易所。关于区块链的应用，及其对交易所的机遇与挑战，将在第9章进一步讨论，此不赘述。

在中国，各类交易所和众筹平台也开始如雨后春笋般冒了出来。据统计，除沪、深证券交易所和上海期货交易所、郑州商品交易所、大连商品交易所、中国金融期货交易所、全国中小企业股份转让系统（即"新三板"）以及上海黄金交易所等国务院批准设立的交易所之外，各类得到政府认可的交易所超过500家。这些交易所，大多数是由地方政府批准设立的，其中大部分结合了场外市场与要素市场的交易特点，构成了当前较具活力而又乱象横生的场外交易市场形态。这些交易所的交易品种繁多，既包括公司产权和现货商品，也包括金融资产及其衍生品、版权使用权等。众筹平台在中国的发展也十分迅速。据中关村众筹联盟和融360大数据研究院联合发布的《2016中国互联网众筹行业发展趋势报告》数据，截至 2015 年底，全国正常运营的众筹平台达 303 家，分布在 21 个省份，其中，股权类众筹平台数量多达 121 家，占比近 40%。

网上交易的发展，特别是独立交易系统和网上虚拟交易所的诞生，对传统证券交易所的市场垄断地位提出了挑战。网上交易迅速攫取的市场份额，给传统的证券交易所带来了日益巨大的竞争压力。据估计，仅独立电子交易系统的交易份额就占纳斯达克和纽约证券交易所交易量的四分之三以上，且其中不少交易属于在交易所收市后的盘后交易。此外，证券交易所还在法律地位上受到独立证券交易系统的挑战。美国证券交易委员会于 1998 年底同意将当前以经纪商身份登记在一般交易所名下的另类交易系统，自行登记为独立的证券交易所，并取得自律监管机构的地位。

从目前的情况看，独立电子交易系统对传统证券交易所已经构成了实实在在的挑战和威胁，而互联网上的虚拟交易所由于尚未形成规模，暂不存在实质性的威胁。但是，基于网上虚拟交易所的性质，其未来对传统交易所提出的挑战也许是致命的，甚至可能会导致有形交易场所的逐步消亡。

脱媒与去中介化

去中介化是互联网时代对交易所的另一大挑战，但同时也是交易所变革商业模式的一次重大契机。去中介化，实际上就是金融脱媒化，是交易所和经纪商的中介角色的淡化或消失。传统上，交易所是一个会员制的交易组织。即使在交易所公司化并上市后，会员的交易权垄断仍是交易所的一项核心制度安排。一般投资者只能通过交易所的会员（经纪商）才能进行证券买卖。互联网技术，为绕开经纪商直接进行证券买卖，提供了技术可能性，而现在这种可能性正在变为现实。

电子直通交易（Direct Market Access，DMA）是去中介化的先驱。电子直通交易，伴随着高频交易和算法交易的迅猛发展而产生。对于算法交易和高频交易者而言，速度决定一切，领先 1 毫秒就可能带来额外上亿美元的利润。因此，交易所在为他们提供主机托管（Co-location）服务的同时，也纷纷开放电子直通交易服务。

电子直通交易在不同市场有不同的说法，如"直通交易"（Direct Access）、"市场直通交易"（DMA）、"纯粹的市场直通交易"（Pure DMA）、"通过券商中介的直通交易"（Intermediated Access）、"券商担保的直通交易"（Sponsored Access）等。这些不同说法在不同的市场亦有不同的含义，但其核心内容基本一致，即买方（交易服务的需求方，如对冲基金）不需要卖方（交易服务的提供方，如券商）或第三方的介入，通过专有的线路，经过或不经过卖方席位，直接下单至交易所撮合主机的自动化高速电子交易方式。

电子直通交易有五个方面的核心特点：一是没有人工介入，采取自动化交易；二是买方可直接用电子信息传输协议（如金融信息交换协议，FIX），通过专有线路向交易所下单；三是买方通常与券商或交易所签订有直通交易的协议；四是买方通常有自己的电子订单管理系统；五是买方通常为机构投资者，散户很少参与电子直通交易。根据这些要素，一般的客户通过电话和互联网进行下单的交易方式不是电子直通交易。

国际证监会组织（IOSCO）将全球电子直通交易模式概括为三种情况：一是通过券商系统自动下单（Automated Order Routing，AOR），客户通过券商的柜台交易系统直接向交易所下单，订单通过券商的席位自动成交，券商可以内部监控下单，在必要的情况下还可在订单执行前阻止订单。二是券商担保的直通交易，客户使用券商的席位或交易代码直接下单，但客户不使用券商的技术系统，在这种情况下，券商通常不能内部监控下单情况，也不能阻止客户订单。三是非券商中介的直通交易（DMA by Non-Intermediary Market Members），一些非券商的投资机构，如对冲基金，不通过券商中介，使用自己的技术系统和独立席位直接参与市场交易，不过这些机构虽然有交易权，但通常不能成为清算会员，而必须与清算会员签订相关清算协议。

在上述三类电子直通交易安排中，第一种和第二种都是以券商的席位进行交易，直通交易的权利由券商给予，可以归为"券商中介的市场直通交易"。在这种模式下，直通交易通常要求交易所批准。在不需要交易所批准的情况下，交易所要求会员应确保客户满足一定的标准，如资金要求、熟悉市场规则和交易系统等。第三类电子直通交易，即独立席位的直通交易，由交易所直接决定。交易所在决定授予电子直通交易时，所考虑的因素主要包括两个方面：一是客户的成熟度，要求具备相关市场的交易知识和能力；二是客户的风险管理机制，如资本实力、内控机制、交易系统性能等。

在我国证券市场，以上三种直通交易模式均有存在。券商为客户提供的程序化交易接口属于第一种模式，公募基金租用券商席位直连证券交易所进行交易类似第二种模式（但券商不对基金的交易负责），保险公司直接拥有交易所席位参与证券交易所属于第三种模式。

与传统的交易方式相比，电子直通交易具有多方面的优势，包括匿名性、交易执行的稳定性、速度、处理大单及复杂交易的效能、低延迟、易于使用等。电子直通交易对于执行复杂的交易策略尤其重要，因为这些交易策略的成功主要取决于交易的速度。正因为电子直通交易具有这些优势，在成熟的资本市场，对冲基金等买方机构大量运用电子直通交易系统执行算法交易和统计套利策略。在美国，到2010年，电子直通交易约占到股票交易总量的20%。

第三种模式的直通交易为交易所提供了一个变革商业模式的机遇：由面向会员或经纪商过渡到直接面向投资者。芝加哥商品交易所开始直接向对冲基金推销交易所交易权，欧洲期货交易所对电子直通交易参与者提供手续费减免等诸多优惠措施，许多交易所正积极开发电子直通交易的交易接口。

目前，传统的证券和期货交易所对这种商业模式的改变十分谨慎，因为这不仅直接影响行业格局，也将全面颠覆交易所的风险管理逻辑。但对大多数互联网交易所而言，其成立伊始就采取了直面最终消费者的商业模式。

第2章
TIPS：交易所平台分析框架

证券市场，弹指四百余年，过去者，未来者，不知几何？不易者，变易者，不知凡几？从马车、信鸽到卫星与光纤网，从笔记本、手势到电子订单簿，其变化可谓大矣，然其中自有不变者在。市场的本质即交易，交易功能，此不变者一。交易就需有价格，价格发现功能，此不变者二。有价格尚需公平合理，市场公正功能，此不变者三。要交易则需有产品，此不变者四。产生公平价格之交易，维持市场公正之监察，扩大交易规模与范围之产品，实系证券市场尤其证券交易所发展之核心环节，是三根支撑交易所竞争力的擎天柱，亦是交易所之价值所在。

——摘自《上交所新一代交易系统业务功能蓝皮书·前言》，刘逖，2005 年 10 月

"产生公平价格之交易，维持市场公正之监察，扩大交易规模与范围之产品"，这三项交易所核心价值，源于我在《证券市场微观结构理论与实践》一书中提到的交易所"TSP 三维竞争战略"。TSP 原是上世纪八九十年代流行的用以处理时间序列数据的统计软件包，是当前计量经济统计软件 Eviews 的前身。我借用这三个字母，分别代表交易所市场竞争的三个维度，"T"表示交易机制（Trading Mechanism），"S"表示市场监控（Surveillance 或 Supervision），"P"表示交易产品（Products）。如果以 X 轴表示交易（从低

级到高级），Y 轴表示产品（从单一到多元），Z 轴表示监管（从低效到高效），则可构建出一个三维坐标系。这个坐标系的意义是，把某个交易所的交易、监管和产品情况，分别对应 $X(T)$、$Y(P)$、$Z(S)$ 轴上的一点，则三个数值的交点就表示该交易所的竞争力。

在之后从事交易所具体产品创新工作时，总感觉到"TSP"三个维度似乎缺少了什么。一方面，为树立交易、监管和产品三方面的竞争优势，交易所需要有一个合理的组织与管理架构以及高素质的人力资源，这些要素似乎也不能忽略。当然，也可以认为，这些实际上是确立交易、监管和产品三方面竞争优势的前提条件，可以不归入市场竞争的核心内容。

另一方面，作为一个完整的市场，交易所为谁服务即客户的问题，似乎更不能被忽视。因此，后来我在"TSP"框架外增加了一个新的维度：交易所客户。以证券交易所为例，主要有三类客户，即上市公司、经纪商（券商）和投资者。上市公司因其股票在交易所上市交易，因而可以归入"产品"维度，而其信息披露监管内容可纳入"监管"维度。经纪商也叫中介商（Intermediary），英文首字母为"I"。经纪商是交易所和投资者之间的中间层，本身也是交易服务的重要提供方，其为投资者提供的交易服务可纳入"投资者"维度，交易所对经纪商的监管可纳入"监管"维度。投资者（Investor）在英文里也以"I"开头，故可用"I"代替。这样，"TSP"就变成了"TIPS"（英文中有秘诀、技巧、小费等意思），成为分析交易所行业的新框架。

从交易所核心价值看"TIPS"分析框架

首先观察证券交易所的情况。证券市场发展至今，已成为一个较典型的买方市场，单个证券产品的无差别性和可替代性（Fungibility），进一步强化了这一点。证券市场的买方由购买交易服务的交易者组成，市场的卖方即交易服务的提供者。市场的买方由市场的投资者、借入者、套期保值者、资产交易者和投机者组成，市场的卖方由证券交易所、交易商、经纪商等构成（见表2.1）。值得注意的是，不要把市场买方或卖方与股票买卖中的购买者和出售者相混淆。这里定义的市场买方和卖方与某个证券的买方或卖方无关。市场的买方或卖方均可以既买进证券，又卖出证券。

表 2.1　证券市场的买方和卖方

买　　方		卖　　方	
交易者	交易产品	交易提供者	服务产品
投资者（个人投资者、基金、信托、资产管理者）	股票、债券等	证券交易所	产品挂牌 组织交易 实施监管
借入者（购房者、学生、公司）	抵押证券、债券、票据等	交易商 （做市商、专家）	提供流动性
保值者（农民、制造商、矿主、托运人、金融机构）	期货合约、远期合约、互换等	经纪商	代理交易
资产交换者（跨国公司、制造商、旅行者）	货币、商品	交易—经纪商	提供流动性 代理交易
投机者（个人、企业）	股票、期货等		

　　证券市场作为一个买方市场，使得市场竞争主要是在卖方之间进行。卖方市场的竞争包括三个方面：一是证券交易所之间的竞争，即证券交易所相互竞争交易服务的购买者，包括竞争上市资源、竞争投资者等，这是全球化时代证券市场竞争的核心；二是经纪商与证券交易所之间的竞争，即经纪商与证券交易所竞争提供交易服务，抢占传统上属于证券交易所的业务领域；三是经纪商之间的竞争，包括竞争订单流、竞争投资者（客户）等。

　　交易所间的竞争其实主要是围绕交易所市场核心价值或功能的竞争。一般来说，某个市场的功能越全面、越强大，其竞争力就越强。以证券交易所为例，从证券市场的买方（证券交易服务的需求方）角度看，证券交易所的基本功能概言之包括以下六项：

　　一是交易功能。市场的本质就是交易。交易功能是证券市场最基本的功能，也是证券市场之合理性所在。与其他商品市场相比，证券交易所市场是一个高度集中的市场，汇集了市场中大量的买卖需求，从而为投资者提供了一个高流动性且成本低廉的市场，最大限度地满足了投资者的交易需求。

二是价格发现功能。市场的核心是交易，交易就需要有一个价格。交易所市场的价格发现功能是其交易功能的直接延伸，也可以说是交易功能实现的前提。

三是维持市场公正功能。交易必须有价格，但单有价格还不够，价格还必须是公平的、合理的。公平、合理的交易价格的形成有赖于两个方面，一是信息的充分披露，二是有效的监管。由于证券市场具有与一般市场不同的市场特性和市场结构，如信息透明度要求高、参与者利益联系紧密、价格波动频繁、容易产生市场操纵和欺诈行为、投机盛行等，导致垄断、外部性和信息不对称等现象广泛存在。这些因素所造成的证券市场失灵，使得证券交易价格很难自发公平，因此，证券交易所市场是一个需要实行监管的市场。实际上，成熟的交易所市场通常也是一个适度监管的市场。

四是筹资功能。筹集资金是证券市场的重要功能。企业通过在证券市场发行股票、债券等筹资工具，把分散在社会上的闲置资金集中起来，用于支持企业的规模化生产和经营。证券市场的筹资规模和速度是企业依靠自身积累所无法比拟的。马克思对此有过生动的评述："假如必须等待积累去使某些单个资本增长到能够修建铁路的程度，那么恐怕直到今天世界上还没有铁路，但是，集中通过股份公司转瞬之间就把这件事完成了。"由筹集资金功能又可衍生出一系列的经济功能，如转换经营机制、配置资源、优化产业结构等。

五是资产配置功能。资产配置是指资金在各类资产之间的合理分配。可供分配的资产，从类别上看包括货币、债券、股票、金融衍生品、商品、房地产和非上市股权等大类，从收益特征上看包括固定收益、类固定收益、权益类和结构化产品等类型，从地域上看包括境内资产和境外资产等。资产配置之所以受到投资者关注，是因为世界上不存在一种绝对最优的单一资产（收益很高同时风险又很小）供投资者选择。通常情况下，单一资产的收益和风险总是沿着同一方向变化，预期收益较高的资产风险也较大，风险较小的资产预期收益也较小。因此，当投资者把不同类型的资产组合在一起时，其整个投资组合的收益和风险特征就可能得到有效改善，不同资产之间的弱相关甚至负相关性将抵消一部分风险，从而使预期收益较高但风险较小成为可能。目前，主要类别的资产，如股票、债券、金融期货和期权、商品期货和期权、货币基金、房地产基金等，均已在交易所市场上市交易，为投资者实现基于长期投资目标的战略资产配置（如固定收益、权益配比）、基于短期目标的市场操作层面的战术资产配置、资产结构层面的风格资产配置（如大盘股、小盘股配比）和资产配置再平衡等，提供了便利。交易所市场的产品多样性和高变现性（流动性），满足了投资者资产配置和及时变现的需求，既使社会最大限度地利用了闲散资金，又促进了个人财富的保值增值。

六是风险分散功能。如从融资者角度看，资金需求者通过发行股票筹集资金，将其经营风险部分地转移和分散给投资者，实现了风险的社会化。从投资者角度看，投资者可以通过交易在交易所上市的期货和期权等衍生产品实现风险对冲或转移风险。

以上六方面功能，是从买方角度看的。从证券市场服务的卖方（供给方）看，实际上就是说，交易所需要成为一个什么样的组织，具有何种市场地位，才能很好地满足这些功能。总体上看，如果交易所能够担负起以下四种角色，成为如下"四个中心"，就能够满足以上六方面功能。

一是筹资中心。所谓筹资中心，是指企业可以方便地通过交易所平台发行股票，实现融资和再融资，或在交易所市场发行债券筹资，交易所成为企业直接融资的主体。筹资中心对应的是前述第四项功能——筹资功能。

二是交易中心，或流动性和定价中心。交易中心对应的是前述第一项至第三项功能，即交易、价格发现和市场公正功能。交易所成为交易中心，意味着大量的证券交易在交易所市场进行，市场流动性高，定价合理。因此，交易中心也可以被合理地称为流动性和定价中心。

三是资产配置中心。资产配置中心对应前述第五项功能——资产配置功能。成为资产配置中心的前提，是交易所市场可以为投资者提供其进行资产配置的各种主要产品，且这些产品具有较好的流动性，从而投资者愿意通过交易所市场进行资产配置。

四是风险管理中心。风险管理中心对应前述第六项功能——风险管理功能。风险管理中心有两个方面的含义：一是从投资角度看，风险管理中心与资产配置中心功能类似，都是投资决策需要考虑的重要因素，但两者的分析视角不同，资产配置重在平衡资产的收益和风险，目标是实现较低风险条件下的较高收益，风险管理重在如何化解风险，目标是实现风险对冲（市场中性策略）或风险转移（类似保险策略）。具备品种丰富且流动性高的衍生金融工具是交易所成为风险管理中心的基础。二是从市场组织角度看，交易所市场在风险管理中还有一种特殊的价值，即交易所通常具有交易前端控制（如持仓或资金检查）、集中清算和中央对手方等这类基于技术和制度的风险管理机制安排，可以有效地规避对手方违约风险和道德风险。

综合买卖双方视角，从交易所组织市场或业务发展角度看，以上六项功能和四个中心，归根结底又可进一步概括为交易（机制）、产品、监管和投资者四个方面，即"TIPS"。交易、价格发现、流动性和定价中心均属于市场交易范围，是交易机制重点要考虑的问题。维持市场公正属于市场监管范围。要交易则必须有产品，资产配置、风险管理和筹集资金属于交易产品范围。投资者是交易所的客户，也是交易所组织交易、挂牌产品和实施监管的目的所在。

表 2.2 "TIPS"分析框架概览

	买方：交易所核心价值	卖方：市场地位
T（交易机制）	交易功能 价格发现功能	流动性与定价中心
I（投资者）	资产配置功能 风险管理功能	资产配置中心 风险管理中心
P（产品）	筹资功能 资产配置功能 风险管理功能	筹资中心 资产配置中心 风险管理中心
S（监管）	价格公正功能	风险管理中心

表 2.2 表明了"TIPS"分析框架和交易所核心功能与市场地位之关系。后文将对"TIPS"展开详细分析，第 3、4、5 章讨论"T"（交易），第 6 章讨论"P"（产品），第 7 章讨论"S"（监管），第 8 章讨论"I"（投资者）。

交易所核心价值的变化

前文提到，交易所的核心功能包括交易、定价、筹资、资产配置、风险管理、自律监管等多个方面，但在不同时期这些功能的重要性并非一成不变的。在移动互联时代，交易所的核心价值正在或即将发生若干变化。

2011 年，马勒伯、克莱里和牛顿金（Stephan Malherbe, Siobhan Cleary and Nichy Newton-King）在一篇题为《未来的自由选择：2010 年之后的受监管证券交易所》的论文中提出，新出现的六大趋势改变了整个证券交易所行业。这六大趋势包括：一是交易所组织形式公司化，二是市场竞争白热化，三是兼并收购战略化，四是技术发展加速化和趋同化，五是新兴市场从边缘走向中心，六是风险管理价值回归和自律管理受质疑。

这几大趋势将对现有证券交易所行业提出巨大的挑战，直接或间接影响未来交易所行业的发展与变革。在我看来，最核心的问题至少有以下四个方面：

一是技术问题的两重性。一方面，技术的重要性在加强，特别是和交易与产品开发紧密相关的通讯技术、交易撮合算法和大数据挖掘等技术，较容易让交易所确立一定时间内的先发优势。但另一方面，随着技术的进步和分工的细化，技术的可获得性变强，目前多数交易所主要是从外部购买技术，而不是自主研发，这使得即使是相对规模较小的交易所也可以获得最先进的技术设施，这又使得技术的重要性相对下降，进而导致传统的交易服务价值下降，交易所的技术优势逐渐让位于产品优势或市场模式优势。或者说，在未来新一轮市场竞争中，决定交易所竞争优势的将不仅仅是技术差别，更重要的或许是产品和市场模式的差别。

二是市场分割让位于流动性整合。交易市场的核心是流动性。互联网引起平台的滥觞，形成市场分割，而市场分割在带来市场竞争和交易费用下降的同时，也导致市场流动性的分散，给市场参与者带来新的损失。因此，如何寻找或整合流动性成为交易所增强竞争力的一个重要方面。

三是自律管理让位于风险管理。特别是2008年欧美金融危机后，场外市场交易担保和透明度不足引起普遍关注，进一步凸显场内交易风险管理的重要性。此后，场内场外交易的界限开始模糊化。对交易所而言，这很可能是一场生死存亡之战。交易所将面临艰难的抉择：是充分利用已有优势，挖掘新客户，开发更多原来适合场外市场交易的产品，还是坐以待毙，逐步丧失已有阵地？

四是交易所监管价值和"搭便车"问题。迄今，受监管的证券交易所仍然是上市公司的主要监管者之一，承担着上市公司信息披露和公司治理监管职责和监管成本，但是，在市场分割的情况下，这一监管价值毫无疑问是一种"公共产品"，其他另类交易系统可以免费使用。

面对上述挑战，不少交易所已开始采取行动，其核心思路是：从提升规模经济和范围经济效应出发，通过横向兼并整合和创新市场模型（如建立流动性联动机制）满足市场分割导致的流动性整合需求，通过纵向一体化（交易前、交易、交易后服务整合）降低交易服务价值下降带来的影响，通过拓展产品链进一步强化交易所市场的风险管理价值，通过监管职能剥离等实现监管价值重估。

表 2.3　交易所市场竞争战略手段和目标

动因	市场分割与流动性整合需求	交易服务价值下降（技术优势逐渐让位）	风险管理价值强化	监管价值重估
手段	横向兼并整合创新市场模型	纵向一体化（交易前、中、后服务整合）	拓展产品链	监管职能剥离
目的	规模经济	范围经济	范围经济	范围经济

在互联网时代，上述发展趋势，随着技术发展、商业民主化、金融管制放松和金融创新的加速，以及交易所行业的去中介化趋势和交易所平台的滥觞，

得到进一步强化。在未来数年内，交易所特别是证券交易所行业，或者说交易所的核心价值，或将发生以下"四升四降"八个方面的深刻变化，交易所行业将进入史无前例的激烈竞争时代。

一是交易垄断地位下降，流动性与定价中心功能上升。互联网技术革命极大地拓展了传统证券市场的范围和内涵，改变了证券市场的发展与竞争格局，大幅降低了证券市场的准入门槛，逐渐打破了证券交易所的自然垄断地位。目前，在欧美市场，证券交易所的交易垄断权业已丧失，交易所的市场份额一落千丈；在国内，随着我国多层次资本市场建设和券商柜台市场业务的全面推进，交易所对证券交易的垄断地位也正在被打破，未来这一趋势有可能强化。

交易垄断权丧失带来的市场分割，在带来竞争和成本下降的同时，也导致市场流动性的分散，给市场参与者带来新的损失。在流动性分散化的情况下，如何壮大市场规模，发现、整合和提供流动性，为投资者提供最低的交易成本，最快地实现价格发现，将成为未来交易所增强竞争力一个最重要的方面。

二是筹资中心功能下降，资产配置与风险管理中心功能上升。在自由竞争和金融创新的推动下，企业筹资的渠道和方式日益多样化，交易所作为企业直接融资的筹资中心作用正在下降，企业通过互联网直接进行筹资的众筹平台已如雨后春笋般兴起，未来 DPO（Direct Public Offering，指不通过投资银行进行的公开发行）有可能成为与 IPO（首次公开发行）并行并重的业务模态。在国内，多层次资本市场的大力发展和各类融资工具的推陈出新，也为不同类型的企业提供了多元化的融资方式，未来证券交易所在我国筹资规模的占比和作为权益类筹资中心的功能将逐步下降。

在交易所筹资功能中心下降的同时，交易所资产配置与风险管理中心功能正日益上升。随着金融创新加快、产品不断丰富和市场国际化，投资者对跨类别、跨国界和跨时区资产配置的需求日益增加。因此，建立一个资产类别众多、风险层次分明、制度体系完善、交易结算高效、地区覆盖全球的资产配置中心和便于投资者风险管理的产品中心，对交易所未来核心竞争力至关重要。

三是现货市场地位下降，完整产品链的价值上升。从世界范围来看，传统的以证券现货交易为主的交易所，在当今国际交易所竞争格局中，越来越受到衍生品交易发达的新兴交易所的挑战。2013年，成立仅10余年的美国衍生品交易所——洲际交易所，成功收购了百年老店纽约证券交易所，就充分说明了这一点。衍生品市场运行成本低，且由于其产品线丰富、风险收益特征多样、交易机制灵活、市场流动性好等原因，深受全球投资者的欢迎，已构成国际交易所竞争力中最核心的要素。

在单一现货市场地位日渐式微和衍生品市场蓬勃发展的趋势下，具备现货与衍生品完整产品链的交易所将更有竞争优势。交易所推动现货和衍生品市场的一体化，有利于丰富产品体系，便利投资者交易，降低投资者交易成本，实现范围经济效应，提升交易所核心竞争力。

四是自律监管功能下降，基于技术和制度的风险管理机制安排的价值上升。 在传统的证券监管体系分工中，证券交易所一直承担着上市公司信息披露和公司治理等自律监管职能。在高度竞争和市场分割的情况下，这一监管价值毫无疑问是一种"公共产品"，其他非公司上市地的交易平台可以免费使用。而且，交易所公司化后，自律监管职能与交易所的商业发展目标也可能存在一定程度的利益冲突。可以预见，作为上市公司的交易所的传统自律监管职能将逐渐发生变化。

随着交易所自律监管功能下降，交易所监管的价值将更多体现在风险管理制度的安排上。2008年开始的全球金融危机，再次凸显了场内市场风险管理机制的核心价值。场外市场的交易担保和透明度不足，很容易导致较大的风险。危机过后，传统场外市场在提高透明度的同时，也开始向集中化的清算服务过渡，或者说，场外市场可能侵占原来属于交易所市场的阵地，场内场外交易的界限开始模糊化。对交易所而言，尤其需要充分重视场内有效的风险管理机制安排，包括技术前端控制、集中资金监管等，开发更多原来适合场外市场交易的产品和运行机制，使之成为未来交易所的核心竞争力。2012年诺贝尔经济学奖得主提出的市场设计理论，很可能会为场外交易的场内化打开发展空间。这一问题，将在第9章进一步讨论。

第3章
交易为王

千淘万漉始列廛，韦编三绝有谁谙。莫使闲云遮慧眼，龙韬虎略满市间。

——《列廛》，刘逖，2010 年

这首诗系为歌颂交易所组织市场交易之不易而作。"廛"指店铺，《周易·系辞》记载"庖牺氏没，神农氏作，列廛于国，日中为市"。"千淘万漉""韦编三绝"比喻交易所市场建设、规则制定之辛苦，取自孔子"韦编三绝"事迹和刘禹锡诗"千淘万漉虽辛苦，吹尽狂沙始到金"。

交易机制是组织交易的核心环节。近 10 多年来的事态发展，特别是诸如技术进步降低市场准入壁垒、全球化、放宽监管、证券市场整合与一体化行为，对传统证券交易所业务形成了巨大的冲击，各国交易所也因之纷纷探求未来生存之道，采取积极措施以应对市场竞争环境的恶化。这些措施，诸如公司化、兼并联盟、建立金融超级市场、技术改进等，森罗万象，各交易所千奇百异，其中普遍认可、不约而同采取的措施，主要就是改进交易机制、提升市场效率。

在本章和接下来的两章中，将讨论"TIPS"中的"T"，即交易机制。本章重点分析交易机制的评价标准和设计原则，第 4 章和第 5 章讨论交易机制设计的方法论。

交易机制：概念和意义

证券交易机制，是指证券交易价格形成与发现的机制，具体体现为交易得以实现的市场架构、规则和制度。交易机制也是当代金融学重要分支之一的市场微观结构理论（Market Microstructure）的研究对象，因此，交易机制也被称为市场模式（Market Model）或市场微观结构。

交易机制的核心是价格发现功能，后者也是整个交易所市场最重要的环节之一。在现代证券市场，大多数的交易均是通过集中的、电子化的市场进行，因此，需要有一个电子化的交易系统来支撑这些交易。这就是通常所说的证券交易系统。举凡证券交易系统，归纳起来不外乎两方面内容：一是交易机制（功能）方面，一是交易技术方面。技术系统是指交易得以实现的软件和硬件系统。本书主要讨论第一个方面。

作为市场微观结构，交易机制不同于广义上的市场结构。广义的市场结构包括整个证券市场的层次结构（如场外市场与场内市场、主板市场和二板市场）、市场自身的组织与治理结构（如交易所的组织形式）、市场的功能结构（如发行市场和流通市场）以及市场的产品结构（如股票、债券、期货和期权）等多方面内容，而市场微观结构则仅指与交易价格形成过程有关的微观因素，如市场的参与者（如投资者、做市商、经纪商）、交易场所的形式（如交易大厅、电子无形市场）和市场的交易规则（如订单撮合规则、交易信息披露、价格稳定措施）等。

交易机制的基本内容

从交易所组织交易的角度看，交易机制最核心的内容不外乎是两端：一是交易者如何表达其买卖意愿，二是交易所如何匹配交易者的买卖意愿。后者即通常所说的价格确定或形成机制，前者主要就是指订单类型。此外，还有一些与这两者均紧密相关的、对价格确定或交易意愿表达形成限制或提供便利的配套交易机制。

价格形成机制主要是如下两项内容：

一是基本的价格确定机制。 价格确定是交易机制的核心内容，通常也称为市场类型（Market Type）或市场模式。从目前世界各证券市场的实践看，市场模式可依据不同标准区分为以下多种形式：

首先，可依据交易是否连续，将价格形成方式区分为定期（集合）交易模式和连续交易模式。前者仅在交易时间的特定时间点对投资者买卖需求集中进行撮合，而后者则在交易时间的任何时间点均可对投资者买卖需求进行撮合，即随到随撮合。

其次，可依据交易中介的作用，将价格形成方式划分为订单驱动和报价驱动两种形式。报价驱动市场也称为做市商市场，即做市商在交易时间内连续提供买卖双向报价，投资者可按做市商报价与其进行交易，投资者之间不直接撮合。订单驱动市场通常也称为竞价市场，即价格形成源于投资者订单间的相互作用，投资者的订单相互之间直接进行撮合。做市商的职能和经纪商不同，后者无论是在订单驱动市场，还是报价驱动市场，均扮演重要角色。在订单驱动的市场，经纪商作为中介机构的职能主要是代理投资者的订单，而不是直接与投资者进行买卖。在报价驱动的市场，经纪商也是必不可少的，投资者通常必须通过经纪商下达买卖订单，以便与做市商进行交易。

再次，依据交易手段（或交易自动化程度）的不同，可将交易模式分为人工交易和电子交易两种。人工交易主要是指交易大厅交易，但近年来，交易大厅交易尽管仍然存在较多的人工参与，但电子化程度也很高，如纽约证券交易所的交易大厅实际上是一个自动化程度相当高的场内交易市场；电子交易主要是指无形市场，市场参与者无需面对面进行交易，交易通过基于电脑屏幕（Screen-based）的电子网络进行。

最后，依据价格发现的独立性，可将交易模式分为有价格确定机制的交易市场和自身无价格确定机制的交易市场。在自身无价格确定机制的交易市场，价格主要从其他市场引进，或引进其他市场的交易价格后适当进行优化。

二是特殊的价格确定机制。在不少交易所市场，针对一些特定时段和特殊的交易，通常也有不同于普通交易的价格形成机制，例如，市场的开盘和收盘价格的确定机制、大宗交易的价格确定机制等。这些也可以称为价格确定机制的特殊方面。

交易意愿表达机制主要有两方面内容：

一是订单类型及其优先规则。订单是投资者下达的买进或卖出证券的指令。从国际证券市场实践看，订单形式多种多样，如限价订单、市价订单、止损订单、限价转市价订单、全额即时订单、非全额即时订单、全额非即时订单、冰山订单等。

无论在报价驱动的市场，还是在订单驱动的市场，订单均是必不可少的。在报价驱动的市场，订单由投资者下达给经纪商，由经纪商代理投资者处理该订单以便与做市商交易。在订单驱动的市场，投资者的订单通过经纪商直接送达市场的撮合系统（通常是电脑撮合主机），由市场的撮合系统进行处理和决定匹配与否。

市场在处理大量投资者的订单时，必须依据一定的原则（如价格优先、时间优先）对订单进行排序，这些原则即订单优先原则。订单优先原则也是订单以及价格形成机制中的一项重要内容。

二是交易离散构件。理论上，交易（包括交易时间、交易价格和交易数量）可以是连续的，但现实中并非如此。那些使交易价格和交易数量不能连续的制度，被称为交易离散构件（Discreteness）。这里，我们不考虑交易时间的连续性，因为交易时间的连续性（如集合竞价交易、连续交易等）通常被纳入交易模式。

交易离散构件主要是两个方面，即最小报价单位（Tick Size）与最小交易单位（Lot Size）。最小报价单位规定了买卖报价必须遵循的最小报价变化幅度（如 0.01 元、1/32 美元等），从而限制了价格的连续性。最小交易单位通常也称为交易的整手数量，即订单不能低于该数量（低于该数量的订单称为零股订单，其交易方法与整手订单通常不一样）。最小交易单位限制了交易数量的连续性。最小交易单位可以是1股（或1个单位），但即使如此，依然限制了交易数量的连续性，因为投资者不能进行小数数量的交易，如0.1股。

配套交易机制主要有以下三个方面：

一是价格稳定机制。价格稳定机制也称为价格监控机制，指使市场波动平滑、价格稳定有序的一系列措施，如断路器措施、涨跌幅限制等。这些措施将对价格形成或交易的连续性产生较大影响，因此，可以纳入广义价格形成机制范畴。

二是交易周转机制。这是影响资金或证券周转效率的机制，主要涉及两项内容，即日内回转交易机制（交易周期）和融资融券机制（支付周期）。在证券交易中，所有权的转移通常是以特定机构的登记或交收为标志的。所谓的"T+1"或"T+3"机制，即指买入证券后到法定所有权登记日需要1天或3天。在有些市场，例如中国内地，由于当日买入的股票不能当日卖出，习惯上也把日内回转交易（当日买进的股票在当日卖出的交易行为）称为"T+0"。日内回转交易对市场供给有较大影响，因此，也是影响流动性和定价的重要因素之一。

融资融券主要和交易支付机制有关。交易支付是交易周转机制的一个特殊方面，其核心是买空与卖空机制。当投资者在缺乏足够的资金以支付购买证券所需的价款，或没有足够的证券可供卖出时，可在缴纳规定的保证金后融资或融券，进行买空和卖空交易。这种在证券交易过程中，采取非现金交易或由有关机构给予授信的交易行为，即证券金融（Security Financing）。在不少市场，买空卖空是投资者向其经纪商下达的一种特殊交易指令。

交易周转机制，作为影响资金或证券周转效率，进而影响投资者交易意愿和行为的机制，也可视作广义上的交易意愿表达机制。

三是交易信息披露。交易信息披露是证券市场交易的另一个重要环节，也是形成公平、合理的价格必不可少的一环。交易信息披露最核心的是交易前信息披露，主要是订单和报价信息的披露，即交易意愿信息的披露。当然，交易信息披露也包括交易后信息披露，即已成交信息的披露。无论是交易前信息披露，还是交易后信息披露，都有一个交易信息披露的数量和质量问题，即披露哪些信息、如何披露以及披露的速度等。

交易机制在交易所竞争战略中的意义

交易机制是证券市场交易功能的有机组成部分，结合特定技术系统的交易机制是市场交易得以实现的全部技术基础。因此，设计合理的交易机制是交易所竞争战略中最重要的环节之一。

从交易所核心价值和功能角度看，交易机制从以下几个方面直接影响交易所的竞争能力（这几个方面同时也是交易机制的基本功能）。

一是影响潜在的投资者需求转化为实际交易。交易机制的重要功能之一，就是使证券买卖双方的买卖需求，汇集在一个集中的市场里，为交易双方提供互通有无的渠道，使潜在的交易需求转化为实际交易。

二是影响市场的流动性。证券市场的一个主要功能，就是在交易成本尽可能低的情况下，使投资者能够迅速、有效地执行交易，也就是说，市场必须具有足够的流动性。证券交易市场的流动性为投资者提供了转让和买卖证券的机会，如果市场缺乏流动性而导致交易难以完成，市场也就失去了存在的必要。正是在这个意义上，我们说，流动性是证券市场的生命力所在，"流动性是市场的一切"，没有流动性就没有市场。

不同的交易机制对市场流动性的影响是不同的。比如，市价订单就比限价订单具有更好的流动性；在特定情况下，做市商市场的流动性就可能高于连续交易市场。

三是影响定价和价格波动。波动性是市场的一项内在特性。如果价格恒定不变，则买者将不再是为了卖，卖者将不再是为了买。可以说，没有波动性就没有流动性，没有流动性就没有市场。

然而，过高的波动性将必然对证券市场的健康运行产生不利影响。这是因为，在风险与收益对称的世界里，效用最大化或损失最小化的实现取决于市场的稳定性和有效性。投资者一旦承担过多的价格波动风险，将必然要求额外的回报。

短期价格波动可以分解为两方面的因素：信息效应引起的波动和市场微观结构（交易机制）效应引起的波动。前者是经典的金融理论所强调的波动。经典理论强调证券的经济价值和投资者的市场动力学，但通常忽略了市场机制在定价和价格波动方面的作用。这些理论一般不考虑市场机制，而假定存在一个结构无关紧要的、完善的和无摩擦的市场。在这个理想的市场中，外部信息效应和相关的噪音决定了交易的价格和价格变化。交易机制仅仅是忠实地反映这些外部信息，自身并不对价格行为产生任何影响。

然而，现实的市场并非无成本和没有摩擦的，而且市场本质上是不同质的。在这样一个不完全的市场中，交易机制无疑将影响市场的变化。实际上，理论上的价格变化和实际变化之间的差异，恰恰可以从市场机制的角度进行解释。换句话说，二级市场的微观结构将影响市场的价格波动以及潜在的投资者数量和交易数量。

这正是交易机制的意义所在：合理的交易机制设计，应使引起市场波动的市场微观结构因素最小化。

四是影响市场的透明度。透明度是维持证券市场公开、公平、公正的基本要求。高透明度的证券市场是一个信息尽可能完全的市场，要求信息的时空分布无偏性，即信息能够及时、全面、准确并同时传送到所有投资者。

不同的市场微观结构对交易信息披露的要求是不同的，因而对市场透明度的影响也不同。这进而会影响市场的流动性和稳定性。一般而言，透明度越高，信息越均衡，流动性就越大，而因交易机制引起的市场波动程度就越小。但是，在某些情况下，交易信息可能含有许多交易以外的信息内容，如大宗交易可能反映了交易者具有市场上尚未公开的利好或利空信息，因而可能会逆向影响市场价格变化，反而会降低市场的流动性和稳定性。

交易机制设计原则与目标

六大基本原则

交易机制设计的基本原则,也可视为交易机制设计的总体目标,是评价交易机制优劣的基本标准。明确总体目标是市场结构设计的第一步。前文讲到,现实的证券市场是一个不完全的市场,因而交易机制对市场价格变化的影响并非中性,二级市场的交易机制不仅可能影响市场价格波动,也可能影响潜在的投资者数量。正因为如此,在交易机制设计时,必须充分考虑市场结构对市场的影响,并由此确定交易机制设计的基本原则和总体政策目标。

自市场微观结构理论取得迅速发展以来,有关交易机制的作用以及如何设计出一个理想的交易机制,在国际上引起了广泛的关注和讨论。不少学者赞成一个提供高流动性和增强有效价格发现的交易市场结构,他们指出,有效的价格发现与低波动性是联系在一起的,有效的价格发现使价格更具有信息效率,并把合意的交易机制描述为价格发现过程没有过度波动、以低成本提供流动性的系统。

1997年,多伦多证券交易所在《市场分割特别委员会报告》(Report of the Special Committee on Market Fragmentation)中所提出的柯兹纳模式(Kirzner Model)便是理想的市场结构之一。该模式认为一个理想的市场应具有以下八个方面属性:(1)流动性(Liquidity);(2)成交立即性(Immediacy);(3)市场透明性(Market Visibility or Transparency);(4)有效的价格发现(Price Discovery);(5)低交易成本(Low Transaction Cost);(6)公平性(Fairness);(7)信用风险防范机制的适正性(Integrity of the Credit Risk);(8)市场适正性(Integrity of the Market)。

台湾证券交易所的一份研究报告,把理想市场的上述八项属性概括为两大类，即市场适正性与市场效率性。其中，市场适正性包括柯兹纳模式中的透明性、公平性、风险防范机制的适正性和市场适正性等属性。市场适正性取决于投资大众对市场能够公平、有序地运作的信心和认知。市场效率性是指任何投资者均能以最低的交易成本，快速、方便地以能够正确反映供需的价格执行交易。市场效率性包括柯兹纳模式中的流动性、成交即时性、有效的价格发现机制和低廉的交易成本等属性。

2000 年 4 月 6 日，纽约证券交易所市场结构、治理与所有权特别委员会（Special Committee on Market Structure, Governance and Ownership）发布的《市场结构报告》中，也对市场结构设计提出了如下七项基本原则。这七项原则，也是该委员会对市场结构进行评价的标准。

一是最佳执行原则（Best Execution Principle）。根据美国法律，为客户的订单获得最佳执行，是交易所和经纪商的义务，因此，市场结构应有利于会员为其客户订单获得最佳执行。订单执行的质量一般包括以下几个方面：执行价格、价格改善机会、执行速度、订单执行的市场影响（包括流动性、订单深度和订单信息披露等问题）、执行的确定性、执行成本。一般来说，在订单执行方面，个人投资者和机构投资者有着不同的需求。机构投资者的订单通常数量较大，他们最希望的是大额订单执行后的市场影响成本最小化，因此，常常希望隐藏下单者的交易身份，不希望披露这些大额订单。而个人投资者则可能在关心价格改善的同时，更关心订单执行的速度和执行的确定性，即是否能确定成交。

二是公平性原则（Fairness Principle）。投资者信心是证券市场健康运行的保障，而市场看似公平和实际公平对维持投资者信心至关重要。美国证券交易委员会曾指出："投资者的订单应得到公平待遇，不应与其经纪商的订单进行竞争。……诸如隐藏限价订单、为订单流付费、内部化、两层次的市场等做法和结构可能不能满足投资者的需求，可能会降低透明度，这些做法将危害、降低投资者的信心和市场效率。"

公平的市场结构意味着，在该市场结构里，所有投资者，无论个人投资者，还是机构投资者，都有同等的准入资格和全面、严格的监管机构的保护。公平的市场结构，也意味着投资者可在交易商参与最少的情况下进行交易。

三是稳定性原则（Stability Principle）。稳定性是指在市场剧烈波动时，提供一个连续、有序的市场的能力。

四是流动性原则（Liquidity Principle）。流动性产生流动性，因此，一个吸引最大流动性的市场结构是市场生存和发展的前提和基础。

五是效率原则（Efficiency Principle）。效率原则要求降低订单执行的成本，减少订单执行的时间，提高执行速度。

六是可靠性原则（Reliability Principle）。市场结构应足够强大，能在交易量剧增的时期满足交易需求。可靠性原则要求，市场应有足够的系统容量（system capacity）和处理能力（processing power），即使应付最繁忙的交易日也能绰绰有余。

七是不伤害原则（Do Not Harm Principle）。不伤害原则要求充分评估潜在的市场结构改革可能会带来的继发的和间接的后果。该原则同样适用于美国国会立法和证券交易委员会的规则制定。这是一个保守的原则，但不能用作犹豫不决和不行动的借口。

在世界证券交易所联盟（WFE）的有关报告中，也提到了流动性、透明度、最佳执行、有序市场等交易机制设计的目标。

综合各国交易所市场的实践和学术界的研究成果，交易机制设计的基本原则，或其所要实现的主要政策目标，可概括为六个方面，即流动性、稳定性、透明性、有效性、公平性和可靠性。这里未考虑最佳执行原则，主要是因为，如果不是从法律角度看，即经纪商有义务为客户寻找最佳执行的机会，最佳执行原则其实是一个非常笼统的概念。美国学术界在分析订单的最佳执行时，主要是衡量交易的间接成本，通常采用的指标包括买卖价差、有效价差、市场影响成本（实现的价差）、市场深度和订单的深度改善、成交率、执行速度等，这些指标实际上也是衡量流动性的基本指标。因此，从交易机制的角度看，最佳执行原则实际上可以归入流动性原则之列。

第一，**流动性原则**。流动性是市场的基本要求。流动性指订单以合理的价格迅速执行的能力。流动性可用交易的间接成本、市场深度和换手率等多种指标来衡量。市场深度衡量在特定的价位上（如买卖报价）市场能够实现的交易量。一般来说，市场的流动性越好，在买卖报价价位上达成的交易量就越大，市场深度就越大。换手率衡量在一定的时间内证券周转的速度，在流动性成本不变的情况下，换手率越高，则市场的流动性越好。

证券交易成本包括直接成本和间接成本两个方面。直接成本指佣金、交易所手续费、过户税、印花税等投资者向经纪商、交易所或税务机关缴纳的费用。间接成本指与证券交易有关，但并非直接由投资者缴纳的相关成本。间接成本主要包括：一是买卖价差，即做市商或交易系统中的买进报价和卖出报价之间的差额；二是搜索成本，即发现最优价格的成本。搜寻最佳价格不仅费钱，也费时。如果价格的边际改进小于额外的搜索成本的话，投资者也许更愿意接受非最优的价格。三是延迟成本，即由于搜索而导致的交易时间的延迟。交易的延迟增加了额外的风险。在交易尚未完成时，价格可能会向不利的方向变化。在订单并不是即时匹配成交的机制下，交易机制本身也可能导致延迟，因为在订单成交之时，价格可能已经发生变化而不再是最优价格。从等待成交到订单执行时价格变化的差额，便是投资者的延迟成本。延迟成本可能大于零，也可能小于零。对投资者而言，交易执行延迟和信息延迟的风险，在市场短期波动剧烈的情况下更加显著。四是市场冲击成本。市场冲击成本指大额订单得到迅速执行后引起的（超过买卖价差的）额外成本。也就是说，当交易商迅速执行大额买进订单时会使价格上升，反之，当迅速执行大额卖出订单时会使价格下降。订单越大，为达成交易，卖出者越愿意在价格上作出让步，而买进者越愿意给一个溢价。因此，大额订单的实际买卖价差要大于小额订单的买卖价差。市场冲击成本产生于这样的事实：市场并不具有无限的深度和流动性。市场具有足够深度和流动性的含义是，大量订单（市价订单、报价、限价订单）可在买卖报价彼此十分接近时成交。由于市场不具有无限的深度，因此，大额买进订单或卖出订单可能必须分解成若干不同的小笔交易，甚至转送到其他市场并按不同的价格成交。如果市场深度不够，则大额订单第一部分的执行将逆向影响订单剩余的部分。

订单执行的间接成本是衡量流动性的重要指标，具体衡量指标包括买卖价差、有效价差、实现的买卖价差、流动性（市场深度和订单的深度改善）、成交率、执行速度等。买卖价差衡量潜在的订单执行成本。有效价差反映订单成交的平均价格和订单到达时买卖价差的中点之间的差额。当执行价格比相关的买卖报价更好时，则称为价格改善，否则，当执行价格在买卖报价之外成交时，则发生价格变坏。实现的价差衡量订单执行价格和订单执行后一段时间的买卖报价中点之间的差额。实现的价差反映订单执行后的市场影响成本。执行时间衡量从订单到达到订单得到执行时的间隔。成交率衡量所提交的订单在某个市场实际得到执行的比率，以及较大额的订单整个执行的比率。

第二，稳定性原则。稳定性是指在市场剧烈波动时提供一个连续、有序的市场的能力，即证券价格短期波动程度及其调节平衡的能力。稳定性的对立面是波动性。波动性是市场的一项重要特性。

在交易机制设计时，保持证券价格的相对稳定，防止证券价格大幅度波动，是证券市场的内在要求。尽可能低的波动性有利于市场的健康运作，这是因为在风险与收益对称的世界里，效用最大化或损失最小化的实现取决于市场的有效性。投资者一旦承担由市场机制产生的过多风险，将必然要求额外的回报。

证券市场的稳定性通常以市场指数的方差进行衡量，方差越大，则市场的波动性越大，方差越小，则市场波动性越小。

引起证券价格波动的因素很多。大量的研究表明，短期价格波动包括两方面的因素：信息效应和交易机制效应。一般来说，外部信息（宏观经济状况、上市公司情况等）是影响市场价格的主要原因。有效的市场即信息效应最强的市场。但交易机制也在一定程度上影响证券价格的稳定性。由于信息效应引起的波动性一般称为基本波动性，由于交易机制引起的波动性通常称为临时波动性。合理的市场机制设计应使引起市场波动的交易机制因素（临时波动性）最小化。

市场稳定是证券市场充分发挥其功能的基础。在一个波动剧烈的市场，投资者的信心将受到动摇，储蓄向投资的转化机制受到阻碍。然而，市场的波动性也不能降低到零的水平，因为，价格的波动是投资者投资证券收益的一个重要来源，稳定不变的价格将使投资者无利可图（不考虑红利收益），市场的发展受到限制，甚至使交易中断。对于特定的市场规模和结构而言，存在着一个最优稳定性的问题。

第三，**透明性原则**。透明性是维持证券市场公开、公平、公正的基本要求。公平的市场的首要特征是市场的适正性，即市场无论在时间还是在空间上都不存在所有要素（包括信息）的分割，或者说市场是同质的。要实现同质的市场，高透明度必不可少。

透明度包括广义和狭义两个方面。狭义的市场透明指证券交易信息的透明，即有关证券买卖的价格、数量等信息的公开披露；广义的市场透明不仅包括交易信息的透明，也包括上市公司信息的即时和准确披露。

从市场结构设计的角度看，透明度通常以市场上买卖订单流和成交报告的信息披露来衡量。在这个意义上，市场透明度主要包括三个层面，即交易前信息透明、交易后信息透明和交易各方的身份确认。交易前的信息透明，是指在交易执行以前，对市场上买卖订单的价格与数量的披露情况，如在电子限价簿上连续显示的汇总的价格和数量信息，以及做市商的买卖报价等。交易后的信息透明，指交易匹配成交后，交易情况的公布，包括成交的数量和价格。参与交易各方的身份确认，指买卖各方是否向交易对手或其他投资者公开其身份，以让相关投资者确知谁在进行交易和与谁进行交易。第三个层面的信息披露，通常被视为交易后透明度的一个内容。

高透明度的证券市场是一个信息尽可能完全的市场，要求信息的时空分布无偏性，即信息能够及时、全面、准确并同时传送到所有投资者。

第四，**有效性原则**。有效性衡量价格反映信息的效率。从广义上看，金融市场效率包括金融工具的范围、配置效率、规模与风险、信息效率、市场扭曲程度、运行效率、动态效率和宏观效率等若干方面。但从交易机制的角度看，重点是信息效率。信息效率，也称定价效率，即证券价格能准确、迅速、充分反映可得的信息。关于信息效率的理论通常被称为"有效市场理论"。有效市场的概念由诺贝尔经济学奖得主尤金·法玛等最先提出，是指"根据新信息迅速调整的市场"。法玛把有效市场理论予以标准化，他把有效市场分为强式有效、半强式有效和弱式有效市场三种类型，分别针对所有可得信息、所有公开信息和过去价格信息三个不同的信息范围。法玛之后的大量实证检验表明，证券市场的信息效率是相对较高的，但价格反映所有可得信息变化的强式有效市场在现实中并不存在。法玛还指出，在完全有效的市场，投资者的超额收益恒等于零。

经典的金融理论强调证券的经济价值和投资者的市场动力学，但通常忽略了市场机制在定价和价格波动方面的作用，然而，由于现实的市场并非无成本和没有摩擦，而且市场本质上是不同质的，因此，交易机制无疑将影响市场的变化。实际上，理论上的价格变化和实际变化之间的差异恰恰可以从市场机制的角度进行解释。换句话说，二级市场的交易机制将影响市场的价格波动和潜在的投资者数量。正因为如此，在交易系统设计时，必须充分考虑交易机制对市场有效性的影响，并由此确定交易机制设计的政策目标。

高度有效的市场，同时也是一个信息非常完善的市场。从这一角度看，透明性与有效性息息相关。但有效性仍然与透明性存在很大的差别，通常透明性的提高有助于市场的有效性，但在一个完全有效的市场，即使是未公开的内幕信息，也将反映在市场的价格信息之中。

第五，公平性原则。公平性是证券市场的基本要求。公平的市场结构意味着，在该市场结构里，所有投资者都有同等的准入资格、同等的公开信息获取渠道，以及全面和严格的监管机构的保护。

第六，可靠性原则。可靠性原则本质上是一个技术原则，即要求技术系统应足够强大，能在交易量剧增的时期满足交易需求，系统应有足够的系统容量和处理能力。从交易机制的角度考虑，即要求交易机制在设计上应不对系统造成其不能承受的负担，从而导致交易机制自身失灵。

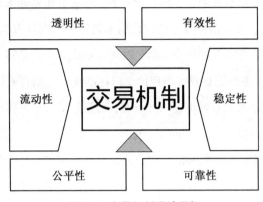

图 3.1 交易机制设计目标

目标间的矛盾和协调

必须指出的是，要想同时实现上述六大目标是十分困难的。虽然这六大目标均为证券市场健康运行所必需，然而，各目标之间往往存在着方向性和政策措施上的矛盾。某两个有特定联系的目标之间，可能存在着鱼和熊掌不可兼得的权衡关系。于是，就产生了证券交易机制目标的另一重大问题，即交易机制目标间的协调与选择问题。

从流动性和透明度的角度看，一般而言，透明度越高的市场，其流动性也越高，因为投资者可根据不断变化的信息进行价格调整，供需矛盾可随时得到调节。但在大额订单的情况下，大额订单的披露可能导致市场价格的较大变化，不利于做市商维持流动性或引起投资者观望，流动性反而可能下降。

从流动性和稳定性的角度看，波动性也不能下降到以致交易不能发生的水平，这将牺牲流动性。因为，价格的恒定有可能导致交易中断。因此，对于某一特定市场规模和结构，波动性不能最小化，只能最优化。

从流动性与有效性的角度看，流动性交易者（噪音交易者）的交易往往不能反映全面的信息，因此，噪音交易者在提供流动性的同时，却降低了市场的有效性。再如，交易市场一定程度的集中通常有助于提高流动性和价格效率，但如果过度集中，又可能导致垄断，造成交易成本过高，最终降低市场的流动性和交易的活跃性。诺贝尔经济学奖得主默顿·米勒曾指出，从某种程度上看，垄断性市场所产生的消极作用，甚至超过了其在流动性方面所起的积极作用。

从透明度和稳定性的角度看，大宗交易的披露往往会扩大市场的影响成本，使市场波动加大。

总之，在确定证券交易的基本目标时，应根据市场机制的不同设计和每个时期市场的不同特点和发展需要，有所侧重，权衡取舍，相机抉择。

交易机制设计的中介目标

前文谈到的六大总体目标，实际上是市场结构设计所要实现的长期的、难以直接实现的指导性目标。为使这些总体目标落到实处，交易机制设计还必须有一整套切实可行的中介目标。

交易机制设计的中介目标，是指充当市场结构最终（总体）目标传导的桥梁，与市场结构最终目标相关联的、能有效测定市场结构设计效果的调控变量。中介目标作为市场结构最终目标传导的桥梁，其选择的正确与否，以及选定后能否达到预期的调节效果，直接关系着市场结构设计的总体目标能否实现。

一般来说，合适的交易机制设计中介目标至少应具备四个方面的要求：可控性、可测性、相关性和抗干扰性。

可控性指监管机构（如交易所）可以按照其意图，根据市场需要对中介变量进行调节和控制。无疑，一个不受监管机构控制的变量是不能作为市场结构的中介目标的。

可测性是指监管机构可对中介变量进行精确的数字衡量，并且能够迅速得到变化了的数据，以便根据需要随时调整相关指标。

相关性是指与市场结构最终目标的相关性，即通过调整中介目标可以积极地作用于市场结构的最终目标（如流动性、稳定性、公平性等），或者说，只要达到了有关的中介目标，市场结构的最终目标就能得到实现。

抗干扰性指中介目标不受其他外来政策因素和非政策因素的较大影响，也就是说，通过调整中介目标可以在干扰度极低的情况下实现市场结构的最终目标。

交易机制最终目标的实现或传导机制是一个非常复杂的过程，涉及在既定的市场机制下不同类型的投资者的互动过程。在这个过程中，仅仅依靠一两个固定的中介变量将很难实现所要求的总体目标。因此，交易机制设计的中介目标实际上是一个包含了多个变量的中介目标体系。

从国际证券市场的实践看，中介目标体系中的中介变量大致可分为如下两大类（见图 3.2）：

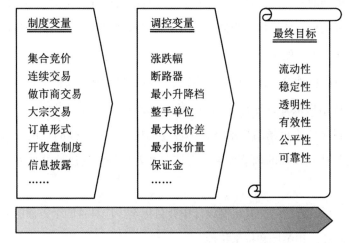

图 3.2　交易机制设计的中介目标与最终目标

一是制度性中介变量。制度性中介变量是指通过一定的制度设计，从而实现市场结构设计的最终目标。制度性中介目标具有相对稳定性的特点，即一旦制度设计完成，则其变动将较少，甚至可能长期不会发生变化。制度性中介变量主要包括价格形成方式（集合竞价市场还是连续交易市场，竞价市场还是做市商市场等）、交易自动化方式（大厅交易还是电子无形交易）、开收盘制度、订单形式、大宗交易制度、交易信息披露制度等。

二是调控性中介变量。调控性变量是指那些可根据一定的量化指标对其进行适时调整的中介变量。最常见的调控性中介变量包括交易离散构件（最小价格变动单位与最小交易单位）、价格稳定措施（涨跌幅限制、断路器措施、最大价格变化等）、报价限制（最大报价差和最小报价数量）、保证金调整等。

交易机制评价体系和市场质量评估

交易机制评价

以上中介目标实际上就是交易机制设计的若干具体内容。由于各国、各地区市场发展程度不同，产品结构和投资者行为各异，其交易机制必然会存在较大的差异，很难直接进行比较和统一评价，因此，需要构建一些能对各项具体交易机制进行比较的共性指标。

结合主要交易所市场交易机制设计实践，我认为，可以从以下四个方面设计交易机制评价指标体系：

第一，针对总体目标的评价指标。具体包括流动性指标（分解为执行成本／市场深度、买卖价差、成交速度、成交确定性、市场活跃度几个指标）、价格连续性（稳定性）指标、价格发现效率指标、透明度指标和公平性指标。

第二，针对交易机制具体设计的共性评价标准。我认为，至少有三个指标可用于客观评价各项具体的交易机制：

一是灵活性。主要是指交易机制的可配置能力，即能否在不改变交易机制技术架构（甚至规则架构）的情况下，可对若干交易机制（如市场／产品组、交易时段、订单形式、参与者结构）进行配置或直接提供动态管理功能（如能够根据市场价格变化实时调整最小报价单位、涨跌幅范围等）。

二是需求满足能力。主要包括两个方面：第一，能否满足现有的不同类型交易者的多样化需求，如大型机构投资者的大宗交易需求、套利交易需求、算法交易需求、程序交易需求、组合交易需求、场外交易需求和一般投资者的成交确定性需求等；第二，能否积极创造需求，即通过一项交易机制的实施，为市场、投资者创造出新的需求。

三是变革的效率。即对市场变化的反应速度，主要是指当市场环境发生较大变化，市场产生许多重大的新需求时，交易机制能否对其迅速作出反应，能否及时完善、改革现有交易机制。

第三，针对制度中介变量的评价指标。具体包括差异化的市场模型（如集合竞价、连续竞价交易、报价交易等）、订单形式多样性、开收盘制度有效性、交易信息披露、大宗交易便利、盘后交易便利、增值服务（如场外交易便利、程序交易便利、算法交易便利）等。

第四，针对调控性中介变量的评价指标。具体包括价格稳定措施（涨跌幅限制、断路器等）、最小报价单位、最小申报数量（整手数量）、做市商报价要求、交易保证金等。

基于此，我们可以构建如表 3.1 的针对交易机制的评价指标体系。

表 3.1　交易机制评价指标

	具体指标	注　释
（一）总体（绩效）目标		
流动性指标	执行成本	衡量价格冲击成本和市场深度
	买卖价差	衡量最高买价和最低卖价之间的差额
	成交速度	衡量订单从申报到成交之间的时间
	成交确定性	衡量订单成交的概率
	换手率	成交量与市值的比率
稳定性指标	日内相对波动率	衡量最高价和最低价之间的波动幅度
	日内收益波动率	衡量一定时间段内的收益率标准差
	日内超额波动率	衡量日间波动率和日内波动率间的差额
有效性指标	市场效率系数	根据特定公式计算
	定价误差系数	根据特定公式计算
透明度指标		
公平性指标	市场/业务准入	
	交易信息获取	

续 表

具体指标	注 释
（二）交易机制设计标准	
灵活性	交易机制的可配置性
需求满足能力	现有不同类型交易者的多样化需求；能否积极创造需求
变革效率	对市场变化的反应速度
（三）制度中介变量	
差异化市场 模型	集合竞价 连续竞价交易 报价交易 混合交易
订单形式 多样性	
开收盘制度	开收盘定价效率
交易信息披露	交易前信息披露 交易后信息披露
交易增值服务	大宗交易便利 盘后交易便利 场外交易便利 程序交易便利 算法交易便利 跨市场／境交易
（四）调控中介变量	
价格稳定措施	涨跌幅限制 大盘断路器 个股断路器 最大申报价变化 市价订单保护价
交易离散变量	最小报价单位　　最小价格变动单位 最小申报数量　　整手单位 最大申报数量
交易时段配置	
做市商报 价要求	最大报价差 最小报价数量 报价时间间隔
保证金要求	保证金比例
直接交易费用	

市场质量评估

从以上评价指标可以看出，对交易机制（特别是其总体目标）的评价，实际上也是对整体市场质量的评价。市场质量是交易所市场核心竞争力的综合体现，是市场组织者和监管者改进市场质量的指南，也是投资者支持投资决策的重要依据。更进一步说，对市场质量指标的关注程度，也是一个市场是否成熟的重要标志。世界交易所联合会（WFE）在其 2004 年度报告中特别指出："证券交易过程中的市场质量，在全球竞争环境中的重要性日益凸显。"

市场质量是包含多方面因素的综合体，目前国际上尚缺乏一个统一的衡量指标。我于 2006 年率先在国内倡导建立证券市场质量评估机制，并带领上交所创新实验室于当年发布了《上海证券交易所市场质量报告》。该报告综合了各国证券市场实践和学术界最新研究成果，重点从流动性、稳定性、有效性等几个方面衡量市场质量，以买卖价差、有效价差、价格冲击指数、流动性指数、订单深度等指标衡量相关证券的流动性，以日内价格波动率、超额波动率、收益波动率计算相关证券的波动性，以市场效率系数和定价误差系数评价市场的定价效率。历年报告全文可在上海证券交易所网站（www.sse.com.cn）下载。

通过分析和评估市场质量，有助于实现以下五方面目标：

一是为投资者特别是机构投资者提供投资决策参考。市场质量指标可以使投资者更精确地估计交易成本，为其判断套利、风险对冲和程序交易等投资决策时的风险和收益提供有力的支撑。

二是为筹资者的筹资决策提供支持。高流动性的市场可以更好地发挥其筹资和优化资源配置的功能，使企业能以较低的成本在发行市场筹集资金。此外，筹资者还可以通过分析和比较市场质量指标，选择最有利的时机在最有利的市场以最有利的方式进行筹资。

三是为市场组织者（如证券交易所）改进市场质量提供指南。市场质量是证券交易所竞争力的综合体现，通过分析市场质量的一些指标，例如流动性和波动性指标，交易所得以检讨自身的市场结构和交易机制设计，从而不断改进市场质量，提升综合竞争力。此外，证券交易所在为不同交易品种设计差异化交易机制时，也必须参考市场质量指标。

四是为监管机构和市场监察提供参考。比如，监管者可根据市场质量指标，为基金和理财计划等制订投资指引，市场一线监察部门可据此加大对某类证券交易的监察力度等。

五是为其他市场参与者和市场创新提供支持。比如，可参考市场质量指标编制指数，创造基础证券组合，并在此基础上开发金融衍生产品。

对流动性认识的误区

我在《市场微观结构与交易机制设计：高级指南》一书中，用了三章的篇幅分别讨论了交易机制设计中的流动性、波动性和有效性三个原则。有兴趣的读者可以参阅。这里，再就交易机制设计最重要的原则——流动性原则，做些补充说明。

流动性对交易所的重要意义

流动性是交易所市场的生命力所在。以证券交易所为例，二级市场的流动性为投资者提供了转让和买卖证券的机会，也为筹资者提供了筹资的必要前提。如果市场缺乏流动性而导致交易难以完成，市场也就失去了存在的必要。

证券市场的一个主要功能就是在交易成本尽可能低的情况下，使投资者能够迅速、有效地执行交易。也就是说，市场必须提供足够的流动性。投资者在二级市场买卖证券的原因主要有两个：一是根据公开的或者私人的信息，投资者对证券未来收益的预期发生变化；二是投资者可能在流动性上碰到困难，需要把他们的证券换成现金。流动性是投资者实现交易目的的前提。流动性也直接影响不同类型投资者（如知情交易者、流动性交易者、噪音交易者）的交易策略。许多学者的研究证明，投资者对流动性低的证券要求有较高的回报，流动性是决定报酬的关键因素。

如果二级市场缺乏流动性，那么一级市场的发展必将受到极大的限制，因为资本市场的一个基本原则就是：流动性高的二级市场使企业能以最低的成本在一级市场筹集资金。

此外，相关研究还表明，流动性影响企业的最佳股权结构，因为股权分散有利于提高流动性，但不利于经营权的集中。一些理论模型还显示，高流动性的市场可增强股东监督公司的动力，因为高流动性的市场可让大股东有效地掩饰其通过监督权所获得的信息优势，从而进行内幕交易获取利润。

正是在这些意义上，我们甚至可以说："流动性是市场的一切。"从更广泛的意义上看，市场流动性的增加不仅保证了金融市场的正常运转，也促进了资源有效配置和经济增长。

在证券市场上，交易商、限价订单的提供者和其他一些投机者为市场提供了流动性，经纪商和交易所组织流动性，而无耐心的投资者获得／需要流动性。

如何衡量流动性

我国的投资者和相关人士通常认为，交投活跃就意味着高流动性，因此，习惯用换手率指标来衡量股市流动性，并由此认为，相比国际市场，中国股市的流动性更高。这一认识有很大的不足，至少是十分片面的。

国际市场和学术界对流动性的惯常定义，是迅速执行交易且不造成大幅价格变化的能力，或迅速执行一定数量交易的成本。因此，流动性的核心含义，是以合理价格迅速成交的能力。依此定义，流动性应包括两个方面：交易价格合理和成交即时性。所谓合理价格，是指价格冲击成本较小，即大量买卖不会导致价格出现较大的反方向变化，例如，买入不会大幅度推高价格，卖出不会大幅度压低价格。

高流动性的市场必须同时满足合理价格和即时性这两个条件，缺一不可。

试举房产市场为例。某房东拟卖出一套市场评估价值为 100 万元的房产，并希望能够按照 100 万元价格尽快售出，但由于当地房产市场流动性较差，该房东将不得不在价格和时间二者间做出选择：要么为尽快售出而降价（只要价格足够低，通常总能够迅速成交），要么为卖出合理价格而耐心等待买主。设若该房东降低售价至 50 万元且于当日售出，那么，他得到了即时性，但牺牲了合理价格；设若该房东不肯降价，且于 3 个月后最终售出该房产，那么他得到了合理价格，却牺牲了即时性。对这两种情况，我们都不能说这个市场是高流动性的市场。

换手率指标不能用来衡量股市流动性，这是因为换手率只考虑了即时性，而没有考虑合理价格要素。即便市场交易非常活跃，即时性很容易得到满足，但价格冲击成本非常高，同样不能认为该市场是一个高流动性的市场。

换手率不是衡量流动性的有效指标，相反，高换手率往往反而是流动性差的表现。这是因为，如果市场规模较小，交易机制不灵活，市场投机气氛较浓，投资者的交易意图主要是赚取短期价差，而对低流动性的股票，其价格较易受到交易本身的影响（包括易于被操纵），因此，交易会较为频繁，换手率较高。我们对沪市的统计分析验证了该结论。股票换手率和流动性成本呈显著的正相关关系：换手率越高，流动性成本也越高（即流动性越差）；换手率低，流动性成本也低（即流动性高）。

流动性不足对市场的不利影响是多方面的。流动性差还可能助长投机，便利市场操纵。流动性包含价格合理和即时性两个方面，故流动性差的股票，其价格波动容易受到交易行为本身的影响，因此，较有利于以赚取短期价差为目的的市场投机行为。同时，由于低流动性意味着少量交易即能对价格产生较大的影响，故操纵低流动性股票价格的成本就较低，从而便利了市场操纵行为。

抛开换手率的因素，流动性实际包含了三个方面：速度（交易时间）、价格（交易成本）和交易数量。对投资者而言，其对流动性的理解在不同情况下可能会不同，如有时把流动性视为迅速交易的能力，有时把流动性视为进行大额交易的能力，有时把流动性视为交易的低成本。

速度主要指证券交易的即时性（Immediacy）。从这一层面衡量，流动性意味着一旦投资者有买卖证券的愿望，通常总可以立即得到满足。

但是，在任何一个市场，如果投资者愿意接受极为不利的条件，那么交易一般均能够得到迅速执行。例如，投资者需要卖出 100 股市场价为每股 50 元的甲公司的股票，但投资者却以每股 40 元甚至更低的价格出售，此时，交易总是能够迅速成交的。因此，流动性还必须具有第二个条件，即交易即时性必须在成本尽可能小的情况下获得，或者说，在特定的时间内，如果某资产交易的买方的溢价很小或卖方的折价很少，则该资产具有流动性。流动性的价格层面意味着，买卖某一证券的价格必须等于或接近占主导地位的市场价格。

流动性的价格因素通常以市场宽度（Width）来衡量，最常见的指标是买卖价差，即当买卖价差足够小时，市场宽度好，当大额订单的买卖价差很大时，市场宽度差。以宽度衡量的流动性，在价差为零时达到无限大，此时，交易者可按照同一价格实现买和卖。宽度指标主要用来衡量流动性中的交易成本因素。从理论上看，做市商或下达限价订单的投资者，通常把卖价和买价分别确定在略高于和略低于证券均衡价值的价格上，因此会产生一个买卖报价之间的价差。买卖价差衡量了一个瞬间的来回交易（完成买和卖）的成本。

但是，光有速度和低成本还不够，流动性还必须有第三个条件——数量上的限制，即较大量的交易可以按照合理的价格较快执行。流动性的数量因素，通常以市场深度（Depth）来衡量，即在特定价格上存在的订单总数量，通常指等于最佳买卖报价的订单数量。订单数量越多，则市场越有深度，反之，如果订单数量很少，则市场缺乏深度。深度反映了在某一个特定价格水平（如最佳卖价或买价）上的可交易的数量。深度指标可用来衡量市场的价格稳定程度，即在深度较大的市场，一定数量的交易对价格的冲击相对较小，而在浅度市场，同等数量的交易对价格的冲击将较大。

结合以上三个指标，假定由于较大数量的交易在较短的时间内得到执行，从而造成价格上的较大变化，则还可以推论出流动性的第四个构成要素——弹性（Resiliency），即由于一定数量的交易导致价格偏离均衡水平后恢复均衡价格的速度。在一个以弹性衡量的高流动性的市场，价格将立刻返回到有效水平。或者说，当由于临时性的订单不平衡导致价格发生变化后，新的订单立即大量进入，则市场具有弹性；当订单流量对价格变化的调整缓慢，则市场缺乏弹性。理论上，如果大额订单的执行或临时性的流动性冲击，在未影响到证券内在价值的情况下，导致价格发生较大变化，那么投资者最终将把报价返回到均衡状态。但在实践中，以弹性来衡量流动性的难点是在新信息不断到达市场的情况下，很难确定某一时点的均衡价格。

以上四个要素也就是本章定义的流动性的四维。必须指出的是，这四维指标在衡量流动性时可能彼此之间存在冲突。深度和宽度通常是一对矛盾：深度越大表示流动性越好，但一般深度大时宽度（买卖价差）也较大，而宽度越大则表示流动性越差；反之反是。即时性和价格也是一对矛盾，为耐心等待更优的价格无疑将牺牲即时性。正因如此，目前学术界并没有一个衡量流动性的统一标准，一些学者把流动性看成一个含糊的、难以捉摸的概念，甚至有学者认为不存在一个"无异议的、可操作的流动性定义"。

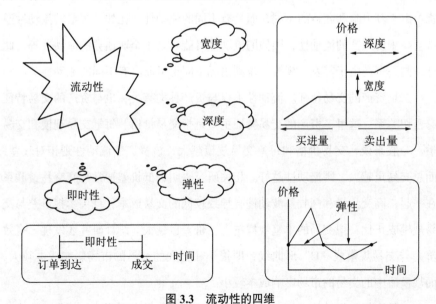

图3.3 流动性的四维

在证券市场上，流动性是双边搜索的目标，即买进者寻找卖出者，卖出者寻找买进者。因此，可以把流动性视为搜索的函数，其中四个自变量即流动性的四维：宽度、深度、即时性和弹性。以 L 表示流动性，p 表示交易价格（宽度，以价差表示），q 表示交易数量（深度），t 表示时间（即时性），r 表示弹性，则流动性函数可表达为下式：

$$L = f(p, q, t, r), \text{ 其中, } \frac{\partial L}{\partial p} < 0, \ \frac{\partial L}{\partial q} > 0, \ \frac{\partial L}{\partial t} < 0, \ \frac{\partial L}{\partial r} > 0$$

在做市商市场，流动性是由做市商提供的。在竞价市场，限价订单的提交者是最主要的流动性提供者，而市价订单的提交者通常是流动性的消耗者。市场流动性越大，订单簿中的限价订单通常就越多，买卖价差就越小。

影响流动性的因素

明确影响市场流动性的有关因素，是改进市场流动性的前提。一般来说，影响市场流动性的因素主要有如下六项：

一是资产种类和资产特征。不同的资产种类（如股票、债券、基金、现货）由于其风险和收益的不同，而具有不同的流动性。比如，股票的流动性通常会高于房地产的流动性，国债的流动性可能会高于企业债券的流动性等。此外，同一资产由于其发行规模、盈利情况不同也可能会有不同的流动性。

二是资产的交易特征。流动性不仅与资产种类有关，也与资产的交易特征有密切关系。这里，资产的交易特征主要是指交易价格、每笔交易规模和交易量。一般来说，交易价格和每笔交易规模越大，该资产的流动性则相对较差，而总交易量越大，则流动性越好。相关研究表明，低价差通常与高交易量联系在一起，高交易量和高收益波动性会导致较低的交易成本，且买卖报价差与交易规模成正比，拟交易的单笔规模越大，价差也越大。统计研究还发现，有效价差与交易规模成"U"形曲线，即很小和很大的交易的市场影响成本较大，而规模适中的交易的市场影响成本较小。

三是市场组织结构。如市场的组织形式是采取做市商形式，还是采取竞价形式；是连续竞价形式，还是集合竞价形式；是手工交易，还是电子交易，等等。一般来说，做市商市场的交易会比较活跃，但买卖价差较大；集合竞价市场的交易价格较好，但交易时间受到限制；连续交易市场的即时性和买卖价差均较好，但交易活跃性可能会较差。

四是订单形式。对投资者而言，不同类型订单的流动性含义是不同的，如市价订单强调即刻执行，而限价订单强调价格条件等。

五是市场集中程度。如在其他条件既定时，交易活动的集中化比交易的分散化要具有更高的流动性。

六是竞争。在其他因素不变的情况下，市场的有效竞争程度将影响市场的流动性。竞争包括诸多内容，如做市商能否自由进入、每支股票的做市商数目等。一般来说，有效竞争程度越高，流动性也就越大。

第 4 章
订单工厂

一带天山过尽，昆仑雨后清新。闲步云端东南望：海屿雕弓只堪惊，不忍听龙吟。

遥想周穆汉武，千骑剑影驰行。至今犹忆霍将军：沽酒一壶绽豪情，谁将百万兵？

——《破阵子·登昆仑山》，刘逖，2008 年

订单（Order），也叫委托或指令，是投资者向经纪商或交易所下达的委托买进或卖出产品（如股票）的指令。与交易机制的其他内容（如价格确定模型、价格稳定机制）相比，订单虽然不是最复杂的，但却是最为繁多的，订单类型可多达数十乃至上百种。这首《破阵子》词是数年前登昆仑山时所作，各种订单类型，总总而生，林林而群，便似"千骑剑影"一般。

订单要素与订单工厂

最早提出"订单工厂"的概念，是在 2002 年。当时，我为上交所新一代交易系统设计交易机制，认为中国证券市场交易机制，特别是订单形式，过于单一，但同时又感到欧美市场订单过于复杂，且各订单类型之间缺乏内在逻辑

一致性，便产生了通过提炼出订单的基本要素以化繁为简的想法。订单的各项要素，便如工厂生产所需的各种原料，不同原料组合后，将得到不同的产品。后来，我把这种订单设计的方法，称为"订单工厂"。

订单的基本要素

订单有四个最基本的要素，即价格、数量、时间和交易方向。订单的价格即投资者愿意接受的、并向经纪商下达的买进或卖出价格，数量是投资者希望买进或卖出的证券数量，时间是指该订单的有效时间，交易方向指投资者下达的是买进指令还是卖出指令。

由于所有的订单都允许买进或卖出两个方向，因此，在订单要素提炼时，可以不单独考虑买卖方向，只需对订单的价格、数量和时间三个基本要素作进一步分解。针对订单的价格、数量和时间三个维度，大致可提炼出十二个要素。

第一，从价格角度可提炼出四个基本要素：限价、市价、均价和触价。限价是指定最高卖价或最低卖价的订单，成交价必须不劣于所指定的价格。市价是不指定价格的订单，成交价格根据最新市场行情而定。均价是一种特殊形式的限价，当投资者的订单与多个对手方撮合时，只要其买入或卖出的平均价格优于其指定的限价，即予以成交。触价，也叫触发价格，主要用于止损订单和触价订单，投资者下达止损或触价订单时，该订单不在行情中显示，也不参与排队撮合，但一旦市场价格达到投资者指定的价格，则自动触发该订单，该订单将转为市价或限价订单并立刻参与撮合。此外，一些市场还规定，如果市价订单不能全部成交，则将剩余未成交部分转为限价，即市价转限价订单。

第二，从时间维度可提炼出即时、计时、定期、无限期四个基本要素。即时，指订单到达市场后，如果不能立刻成交，则予以取消。计时，指投资者指定订单到达市场后，如果在一小段时间内（如30秒、60秒）仍不能成交，则自动予以取消。定期，指投资者指定该订单的有效时间，如指定订单仅在开盘、收盘或某个竞价阶段有效，或者指定订单的有效天数或有效日期。无限期，指订单可以在交易所规定的最大期限内，或在投资者撤销该订单之前，一直有效。

第三，从数量维度可分解出全额、最低数量、非全额、隐藏数量四种基本要素。全额，指投资者要求该订单要么全部成交，要么撤销。最低数量，是投资者指定的订单（每次）必须成交的最小数量，低于该数量不得进行撮合。非全额，指投资者对订单的数量没有特殊要求，允许订单部分成交。隐藏数量，指订单不在系统中显示全部数量，即订单的一部分数量是"隐藏"的。

从各国交易所的实践看，订单的名称通常就反映了不同的设计维度。例如，从价格角度看，订单可分为市价、限价、止损价、止损限价、触价、市价转限价订单等情况。从数量角度看，订单可分为全额、非全额、最低数量、隐藏数量订单等几种形式。从时间角度看，订单可分为即时、非即时、指定时段（开盘、收盘等）、指定日期、无限期、计时订单等多种形式。从交易方向角度看，订单有买进订单和卖出订单两种形式。价格、数量、时间和交易方向这四者的组合构成了各国证券交易所多种多样的订单形式。

表 4.1　订单的基本要素 [1]

	价　格				时　间				数　量			
	1	2	3	4	5	6	7	8	9	10	11	12
	限价	市价	均价	触发价格	即时	计时	定期	无限期	全额	最低数量	非全额	隐藏数量
基本类型												
1.限价	√						○	○	○	○	○	○
2.市价		√			○	○			○	○	○	
价格优化型订单												
3.市价转限价	√	√			○				○	○	○	
4.均价	√		√				○		○	○		
5.中点	○	√					○	○	○	○		
价格触发型订单												
6.止损		√		√	○	○	○	○			○	○
7.止损限价	√			√			○	○			○	○
8.触价	√			√	○		○	○			○	○

续　表

	价　格				时　　间				数　　量			
	1	2	3	4	5	6	7	8	9	10	11	12
	限价	市价	均价	触发价格	即时	计时	定期	无限期	全额	最低数量	非全额	隐藏数量
盯市型订单												
9. 置顶	○	√					○	○	○	○		
10. 盯价	○	√					○	○	○	○		
11. 反向盯价	○	√					○	○	○	○		
数量限制型订单												
12. 全额即时	○				√	○			√			
13. 非全额即时	○					○					√	
14. 全额非即时	○						○	○	√			
15. 必须执行					○				○			
16. 最低数量	○						○	○		√	○	
17. 最小满足数量										√		
18. 全买 / 全卖	○						○	○		√	○	
19. 不得增加 / 减少	○		○				○	○	○	○	○	○
20. 整手	○		○	○	○		○	○	○	○	○	○
21. 零股	○						○	○		○		
隐藏数量型订单												
22. 冰山	○						○					√
23. 隐藏	○						○	○	○	○		
时间限制型订单												
24. 开市 / 收市	○						√				○	○
25. 竞价	○						√				○	○
26. 连续交易	○						√		○	○	○	○
27. 当日 / 周 / 月	○			○			√		○	○	○	○
28. 指定日期 / 天数	○			○			√		○	○	○	○
29. 无限期	○			○				√	○	○	○	○
30. 计时						√				○	○	
31. 等待否则撤销	√					○	○	○	○	○	○	

续 表

	价 格				时 间				数 量			
	1	2	3	4	5	6	7	8	9	10	11	12
	限价	市价	均价	触发价格	即时	计时	定期	无限期	全额	最低数量	非全额	隐藏数量
多腿复杂型订单												
32. 条件[2]	○						○	○	○	○		
33. 择一[3]	○						○		√			
34. 联动[3]	○						○		○			
35. 联合[2]	○						○					
36. 跨市	○						○		○			
37. 分量[4]	√						○		○	○	○	
38. 一揽子[3]					○	○						○
其他订单												
39. 定向	○				○	○	○	○	○	○	○	○
40. 交叉[5]	√				√				√			
41. 授权												
42. 取消	○				○	○	○	○	○	○	○	○

注1：√表示该项目内容必须指定，○表示该项目内容可选择指定。

2：条件订单、联合订单涉及两个或两个以上的证券买卖，且同时存在两个交易方向（一些证券为买进，另一些证券为卖出）。

3：择一订单、联动订单、一揽子订单涉及两个或两个以上的证券买卖，但所有证券均为同一方向（要么为买，要么为卖）的交易。

4：分量订单涉及以多个价格（数量）买进或卖出同一个证券。

5：交叉订单必须同时包括价格、数量相等的两个证券，但两者的买卖方向不同。

限价和市价订单

市价订单和限价订单是所有订单中的最基本的两种订单形式，所有其他价格形式的订单在撮合时均必须转化成市价订单或限价订单后才能在系统中进行匹配。

1. 市价订单（Market Order）

市价订单指仅指明交易的数量，而不指明买进或卖出价格的订单。市价订单的成交价格为订单进入市场或订单撮合时市场上最好的价格，因此，市价订单也叫随行就市订单。

市价订单一般有两种处理方法：一种是按即时订单处理，即市价订单到达市场时，如果没有在订单簿中等待的反向订单，则即刻予以取消；另一种是按照计时订单处理，即市价订单到达市场时如果没有在订单簿中等待的反向订单，则仍允许该市价订单在订单簿中保留一段时间（如15秒、30秒或60秒），在该时间内，市价订单可与新到达订单簿的可匹配的订单进行撮合，但如果超过指定时间后市价订单仍不能成交，则予以取消。也就是说，市价订单的即时性包括真正的即时和计时两种含义。

市价订单的最大优点是可将执行风险最小化，即成交的概率最大，可以按照市场上尽可能好的价格（市场上最高的卖价和最低的买价）立即成交。换句话说，市价订单在价格排列次序上居于第一位。由于大多数市场遵循价格优先原则，所以市价订单的执行风险是最小的。

市价订单的缺点主要有两方面：

一是成交价格可能较差，很可能是市场上最不利的价格。投资者下市价订单，意味着他愿意接受最不利的市场买卖价格。例如，当市场价格在20.25—20.5美元之间波动时，投资者下市价买进订单，那么其成交价格可能就是20.5美元。

二是成交价格不确定。若投资者要求以市价买进，则必须承担成交滞后带来的不确定性，因为，订单实际成交时的价格，可能会与投资者提交订单时的价格发生偏离，或者从投资者下单到订单到达交易系统的那段时间内，价格可能发生较大变化，在市场波动剧烈的情况下更是如此。投资者因此须承担价格风险，而该风险随市场波动的增大而增大。

2. 限价订单（Limit Order）

限价订单是指投资者在委托经纪商或向交易所下单买卖证券时，限定证券买进或卖出的价格，即只能在投资者事先规定的合适价格内进行交易的订单，如对买入订单不得超出投资者规定的最高限价，对卖出订单不得低于规定的最低限价。限价订单还有一种特殊形式——固定价格订单，即只能按照投资者指定的价格（不能以优于指定价格的价格）成交。香港交易所的限价订单就是这种固定价格订单。

与市价订单相比，限价订单的优点是订单的价格风险是可预测和可控制的，其最坏的情况就是成交价等于限价。也就是说，限价订单比市价订单提供了更好的价格。

但是，限价订单同样面临着两方面的风险：

一是执行风险。执行风险指当提交的订单价格偏离当前最佳买卖价格时，可能不能得到成交的风险。由于限价订单只能在一定的价位范围以内（或以外）才能成交，因而，市场利好（或利坏）信息的变化，可能导致投资者所需要的买进（或卖出）订单得不到执行。

二是逆向选择风险。逆向选择风险是指限价订单可能只是在证券价格向交易者预期相反的方向变化时，才能成交的风险。也就是说，不利的信息变化，可能导致订单在最坏的情况下才能成交，例如，对买进订单而言是买入后市场价格将继续下跌，对卖出订单而言是卖出后市场价格将继续上涨。

价格优化型订单

前面分别指出了限价订单和市价订单二者的优劣。市价订单的主要缺点是成交价格可能较差，限价订单的主要不足是成交机会相对较小。因此，一些交易所针对两者的不足推出了一些优化订单类型，如市价转限价、均价和中点价订单等。市价转限价订单是对市价订单的优化；均价订单是对限价的优化；中点订单既是对限价，也是对市价的优化。

1. 市价转限价订单（Market-to-limit Order）

市价转限价订单是指同样不指明价格，但达到订单簿后随即变为限价的订单。

在开盘前时段，市价转限价订单将以订单到达系统时的理论开盘价格作为限价，并根据理论开盘价格的变化情况不断调整。开盘前时段输入的市价转限价订单，实际上就是开盘市价订单。在市场开盘后，未能执行的市价转限价订单，将作为限价价位为开盘价的限价订单，继续留在订单簿中。

在连续交易时段，市价转限价订单将以当时市场上的最佳价格作为限价。若市价订单得到部分执行，则其未能成交的部分，将作为限价订单留在订单簿中。如果订单到达时不存在可匹配的反向订单，则该订单自动失效。

市价转限价订单兼具有市价订单和限价订单的部分优点，既能保证订单成交的即时性，也能对交易的价格风险进行一定的控制。

2. 均价订单（Average Price Order）

均价订单，或者平均价订单，是指成交价格的加权平均值，等于或优于所指定的限价的订单。平均价订单可以在多个价位上成交，且部分数量的成交价格可以劣于指定的限价，但平均成交价格不能劣于指定的限价。一般来说，平均价订单的未能成交的余额部分，将会自动转为所指定限价的限价盘。当然，也可以规定未能成交的余额部分自动撤销。

例如，某投资者希望买入 1 万股 A 股票，每股价格不超过 9.5 元。此时，订单簿中的卖单分布如表 4.2 所示。如果投资者下达的是普通限价订单，则只能成交 7 000 股（按 9.49 元成交 5 000 股、9.5 元成交 2 000 股）。而如果投资者下达的是均价订单，则可以全部成交（按 9.49 元成交 5 000 股、9.5 元成交 2000 股、9.51 元成交 2 000 股、9.52 元成交 1 000 股），尽管 9.51 元和 9.52 元的成交价超过了投资者希望的 9.5 元，但 1 万股的平均成交价只有 9.499 元。

与限价订单相比，均价订单既保证了成交价格的可控性，也增大了撮合成交的机会。

表 4.2　均价订单撮合示例

买　单	价　格	卖　单	
	8.53	3 000	均价单撮合结果：
	9.52	1 000	9.49 元 : 5 000 股
	9.51	2 000	9.50 元 : 2 000 股
10 000	9.50	2 000	9.51 元 : 2 000 股
0	9.49	5 000	9.52 元 : 1 000 股
6 000	9.48		合计 : 9.499 元 : 1 万股

3. 中点订单（Midpoint Order）

中点订单本质上是一种不参与价格确定的订单形式，通常该订单只指定交易数量和交易限价（或市价），但实际成交价格按照市场上最优买卖价格的中间价执行。中点订单只能与中点订单相互撮合，撮合遵循数量/时间优先原则。一般来说，中点订单信息不向市场披露。

由于中点订单的不参与价格确定的性质，中点订单交易实际上是一个独立的订单簿撮合模型。例如，德交所于 2008 年 11 月引入的 Xetra 中点模型（Xetra MidPoint）就是如此。德交所引入中点订单的目的是顺应订单匿名化趋势，降低大额订单的执行成本，并减少大额订单的分拆执行。Xetra 中点模型的基本撮合原则包括：一是中点订单簿是一个与主订单簿相联系但在主订单簿之外的独立的订单簿，中点订单只能与中点订单撮合；二是中点订单的撮合价格为主市场最佳买卖价格的中点；三是订单按数量优先、时间优先的顺序在订单簿排序；四是中点订单可以设定或不设定限价（最高买价或最低卖价）；五是采取连续交易模式，实时检查新到达的中点订单是否可以成交；六是中点订单可以设定最低成交数量（MAQ），但交易所对订单本身不设最低数量要求；七是在考虑最低成交数量要求后，数量最大的订单首先成交（优先于其他任何可部分成交的订单）。德交所还规定，在特殊情况下，严格的数量/时间优先规则将失效，例如为实现最大成交量或解除订单簿交叉需要时。

止损和触价订单

通常情况下，投资者的买卖订单（如限价订单）是指定最高买入价或最低卖出价，但有一种情况，投资者指定的是最低买入价和最高卖出价的，这种类型的订单就是止损订单或触价订单。止损订单又包括止损市价和止损限价两种情况。

1. 止损订单（Stop Loss Order 或 Stop Order）

止损订单也称为止损市价订单（Stop Market Order），是指投资者下达的当证券价格上升至其指定止损价位或此限度以上时，为其按照市价买进证券，或者当证券价格下跌至其指定止损价位或此限度以下时，为其按照市价卖出证券的订单。

止损订单的完整生命周期包括激活和执行两个阶段。市场价格达到指定的止损价位是止损订单激活的条件。订单激活后，止损订单变成市价订单执行。

与普通订单不同的是，卖出止损订单的指定止损价位，必须低于目前的市场价格水平，而买进止损订单的指定止损价位，必须高于目前的市场价格水平。因此，当证券价格上升到指定水平或以上时，买进止损订单即成为市价订单；当证券价格下降到指定水平或以下时，卖出止损订单即成为市价订单。

止损订单虽然也限定了一个买进或卖出的价格，但止损订单和限价订单有两个本质的区别：

第一，止损订单和限价订单的限价方向不同。卖出止损订单的限价低于市场价格，而卖出限价订单的限价高于市场价格；买进止损订单的限价高于市场价格，而买进限价订单的限价低于市场价格。

第二，限价订单在市场价格达到限价水平后，限价订单不会变成市价订单，而止损订单在市场价格达到限价水平后，旋即按照市价成交。

投资者提交止损订单的主要目的有两个：一是通过卖出止损订单保护已经持有的证券所获得的利润，或者防止或减少投资者已经持有的证券的损失；二是通过买进止损订单保护卖空者在卖空交易中已经获得的利润，或者防止或减少卖空者的损失。

以第一种目的为例，当市场价格下跌到投资者原先买进证券的价格水平之上某一点时，止损订单立刻变成市价订单卖出，之前的获利将得到保护。例如，某投资者10天前以每股100元的价格买进1万股甲公司的股票，目前该股票价格涨到110元，投资者此时卖出可获利10万元，但由于投资者预期该股票价格仍将上涨，故不愿意现在卖出。但另一方面，如果股价下跌的话，投资者将不能实现10万元的利润，此时，投资者下达指定价格为109元的卖出止损订单，当股价下跌到109元时，该订单立刻按市价卖出，因此，投资者实际上可以保证其能够实现的利润为9万元。买进止损订单的情况与之相反。

止损订单的主要缺陷有三个方面：

一是止损订单可能会造成原本可以避免的损失。例如，上例中投资者如果按照 110 元卖出将能获得 10 万元盈利，但止损卖出只能获得 9 万元盈利。

二是止损订单可能会在偏离指定价格以外较大的价位上成交。例如，上例中止损价位为 109 元，但如果市场深度不够，实际卖出成交价格很可能远低于 109 元。

三是如果大量的止损订单的止损价位相近，则很可能会加速相关证券价格的上涨或下跌，引起市场不良反应，甚至使交易所可能临时停止止损订单的匹配成交。

2. 止损限价订单（Stop Limit Order）

止损限价订单是结合止损订单和限价订单的一种订单形式，即投资者提交的当证券价格上升至其指定价格或此限度以外时，对买进或卖出证券再指定一个限价，交易系统只能在此限价的范围内而不是按照市价为其成交。因此，当证券价格上升到投资者的止损价位或以上，且在投资者规定的限价以内时，买进的止损限价订单有效；当证券价格下降到止损价位或以下，且在投资者规定的限价以上时，卖出的止损限价订单可以匹配成交。

止损限价订单的激活条件与止损订单一样，但订单激活后，止损限价订单变成普通限价订单参与撮合。

当投资者希望以止损订单保护利润或限制损失，而又不希望止损订单执行的价格偏离指定价格过多时，可以采取止损限价订单。

由于大多数情况下止损订单的实际成交结果与止损限价订单一样，但如果市场价格出现急剧且连续的上涨或下跌，则止损限价订单往往会得不到执行，投资者的损失可能更大，因此，投资者很少下达止损限价订单。

3. 触价订单（Market-if-touched Order, MIT Order）

触价订单，是指当证券价格达到比当前市价更优的指定价位时，按照最新市场价买入或卖出证券的订单。例如，当前股价为 10 元时，投资者下达 9.5 元的触价买入订单，当股价下跌到 9.5 元时，该投资者的订单就会被激活，成为市价买入订单。再如，当前股价为 10 元，投资者下达 10.5 元的触价卖出订单，当股价上涨到了 10.5 元时，该投资者的订单就会被激活，成为市价卖出订单。

投资者使用触价订单最主要的好处，是可以按照事前确定的意愿买卖价格，买入或卖出证券，而不需要为此进行盯市。

触价订单的激活和执行与止损订单类似，两者最主要的区别是触发价格的差别。止损订单的触发价格劣于当前市价，即止损买单的指定价位高于目前市场的最高买价，止损卖单的价格低于目前市场的最高卖价，而触价订单的触发价格优于当前市场价，即触价买单的指定价位比当前市场价低，触价卖单的指定价位比当前市场价高。

盯市型订单

盯市型订单是一种较为特殊的限价订单形式，其特点是其买入或卖出价格随着市场行情的变化而不断改变。盯市型订单主要有置顶订单和盯价订单两大类，后者又可分为普通盯市订单和反向盯市订单两种情况。

1. 置顶订单（Top-of-the-Book Order，TOP）

置顶订单，是指交易系统确保把投资者订单放在比当前最佳买卖报价更好一档的价位上（即可自动缩小当前买卖价差），否则予以拒绝，但置顶订单可与最佳买卖报价之内的隐藏订单立刻成交，此时，置顶订单可全部或部分成交，部分成交后的剩余部分留在订单簿中。德交所规定，置顶订单必须设定最高买入或最低卖出限价，是限价订单的特殊形式。

置顶订单是一种结合市价订单和限价订单特点的订单形式，但更像是限价订单。有些市场把置顶订单也称为档位敏感订单（Tick-sensitive Order），包括卖加订单（Sell Plus）和买减订单（Buy Minus）两种形式。卖加订单是当上一笔价格高于（Plus Tick 或 Uptick）或等于（Zero Plus Tick）更前一笔价格时，卖出价格不低于上一笔价格的订单；买减订单（Buy Minus Order）是当上一笔价格比更前一笔价格低（Minus Tick 或 Downtick）或与更前一笔价格相等

（Zero Minus Tick）时，买入价格不高于上一笔价格的订单。

置顶订单到达市场后，必须等待买卖报价上升或下跌一个最小升降档位后才能成交，因此，成交的时间可能相对长一些。如果市场价格向不利的方向变化，订单将得不到成交。但是，投资者下达置顶订单可以节约交易的间接成本，降低买卖价差。

纽约证券交易所的竞价限价订单（Auction Limit Order）和竞价市价订单（Auction Market Order）与置顶订单十分类似。竞价限价订单指可等待价格改善机会的限价订单。竞价市价订单除不指定订单价格外，其余与竞价限价订单相同。

竞价限价订单必须是通过电子系统输入的可执行限价订单（Marketable Limit Order）。订单在进入交易所系统后，如果此时市场最佳买卖报价只有一个最小变动单位（0.01 美元），比如买进价格 20.45、卖出价格 20.46 时，则进行自动匹配。如果竞价限价订单不满足进行自动匹配的条件，则在订单簿显示的最佳买卖报价上增加一档相差一个最小变动单位的价格，并作为市场的自动报价（Auto Quote）对外披露。例如，市场买进价格是 20.45，卖出价格是 20.50，而竞价限价订单的买价是 20.55，此时，竞价限价订单不能进行自动匹配，市场的报价会自动调为买进价格 20.46，卖出价格 20.50，并由竞价限价订单进行等待。竞价限价订单的报价揭露，可持续 15 秒，以等待改善报价的可能性。在 15 秒内，如果出现以下改善报价的情况，竞价限价订单将予以撮合：

一是同一边有另外的竞价限价订单进入，其报价优于原先竞价限价订单经过自动报价后的报价，原先的竞价限价订单会以对方最佳报价依序进行撮合；

二是同一边有可执行单进入，执行后造成另一边价格进行调整，则原先等待中的竞价限价订单接续进行撮合；

三是相反一边买卖报价改变，如新单进入并形成一个最小变动单位的调整，而按照该报价进行撮合的价格，有利于原先的竞价限价单，原先的竞价限价单开始撮合。

如果在 15 秒内，竞价限价订单并未执行，则在 15 秒结束后，竞价限价订单将自动与相反一边的订单进行撮合。如果因市场条件的变动，不允许进行自动匹配，则竞价限价订单的限价，会停留在市场委托簿上，成为一般限价订单。

2. 盯价订单（Pegged Order）

盯价订单，指一种跟踪市场的变化而随时调整价格的订单类型。盯价订单最初是由美国的电子通讯网络（ECN）率先使用起来的，目的是使交易者输入的订单，与在订单簿中已经存在的订单相比，总是具有竞争性。盯价订单类似于限价订单，但不会马上与其他订单撮合，而是进入订单簿后，等待与其他投资者的主动订单撮合。

盯价订单有两种类型：普通盯价订单（Simple Pegged Order）和反向盯价订单（Reverse Pegged Order）。

普通盯价订单，是指买入订单盯住最高买价或卖出订单盯住最低卖价的订单。例如，当前市场上最高买价是10元，此时投资者输入一个普通盯价买单的价格就是10元。如果之后另一个投资者提交了一个价格为10.1元的买单，那么该盯价订单的价格也将随之从10元变为10.1元。也就是说，盯价订单的价格不是静态的，而是随着市场的变化而不断变化的。

普通盯价订单还可以指定盯价差额（Pegged Difference）。此时，盯价订单的价格等于盯住目标价格加（减）盯价差额。例如，某股票当前最高买价为10元，最低卖价为10.1元，投资者下达一个普通盯价卖单，盯价差额为0.02元，则该卖出盯价订单的价格为10.12元（卖价＋0.02元）。如果卖价降低，该盯价价格也随之降低，但总是比卖价高0.02元。当盯价差额不存在或者为0时，盯价订单价格就等于盯住目标价格。指定了盯价差额的盯价订单与置顶订单十分相似，但前者价格与最新市价相差为所指定的盯价差额，后者价格相差为一个最新报价单位。

盯价订单也可以指定盯价限制（Pegged Limit），即订单价格随目标价格变动的最高或最低的限制，买入（卖出）盯价订单的价格最高（最低）变动到投资者规定的盯价限制为止。例如，某股票当前最高买价为10元，最低卖价为

10.1 元，投资者下达普通盯价卖单，盯价差额为 0.02 元，盯价限制为 10 元，则该订单的价格为 10.12 元。如果卖价下落，盯价订单的价格也随之下降，但总比卖价高 0.02 元；一旦该订单的价格到达 10 元，则该盯价订单的价格将不再下降。

反向盯价订单，是指买入订单盯住最低卖价或卖出订单盯住最高买价的订单。反向盯价订单必须指明盯价差额。例如，某股票当前最高买价为 10 元，最低卖价为 10.1 元，投资者下达一个反向盯价买单，盯价差额为 0.02 元，则该反向盯市买单的价格就是 10.08 元（卖价减 0.02 元）。如果之后另一个投资者提交了一个价格为 10.09 元的卖单，那么原盯价订单的价格也将随之从 10.08 元变为 10.07 元。反向盯价订单的盯价差额必须大于 0，否则就会出现即刻成交。

当然，盯价订单还可以盯住其他价格，比如收盘价、开盘价、中间价、加权平均价等，但这实际上就是开盘价订单、收盘价订单、中点订单等订单类型。

数量限制型订单

买卖数量是订单的重要属性之一。数量限制型订单包括全额即时订单、全额非即时订单、非全额即时订单、必须执行订单、最低数量订单、全买或全卖订单、不得增加或减少订单等多种类型。其中，全额即时订单、全额非即时订单和非全额即时订单是比较常见的结合数量和时间因素的三种订单形式，而以全额即时订单更常见一些。事实上还存在一种非全额非即时订单，但这种订单实际上就是一般的限价订单。全额即时订单和非全额即时订单一般统称为即时订单或即刻执行否则撤销订单（Immediate or Cancel Order, IOC），指投资者要求立即以特定的价格予以执行，否则撤销委托的订单。此外，还可以根据买卖数量是否符合整手数要求，将订单分为整数订单和零数订单。

1. 全额即时订单（Fill-or-kill Order, FOK）

全额即时订单，也称为全部即刻执行否则撤销订单，指要求立即以特定的价格（通常只能为限价）予以全部执行，否则撤销的订单。全额即时订单只能全部成交，而不能成交订单数量的一部分。

2. 非全额即时订单（Fill-and-kill Order, FAK）

非全额即时订单指要求立即以特定的价格（可以为限价或市价）予以执行，否则撤销的订单。非全额即时订单允许部分成交，在部分成交时未成交的部分立刻撤销。按市价下达的非全额即时订单实际上就是市价订单。

3. 全额非即时订单（All-or-none Order, AON）

全额非即时订单，也称为全部执行否则撤销订单，指要求按照一定的价格要么执行全部订单数量要么撤销的订单。与全额即时订单相比，全额非即时订单不要求立刻执行，未能执行时可继续留在订单簿中等待成交。全额非即时订单的有效期通常为当日有效。有些市场规定（如 Euronext），部分股票（如 CAC 40、BEL 20 和 AEX 指数股）不能使用全额非即时订单。

4. 必须执行订单（Must-be-filled Order）

必须执行订单是不指明价格、可按任何价格成交，但必须全部成交的市价订单。在开盘前时段，必须执行订单参与理论开盘价格的计算，如果反向订单的数额不够，则系统无法计算出理论开盘价格，此时系统将披露最佳买卖报价。在开盘时，如果反向订单数量不够，则该订单不予以成交，该股票将被保留（延长开盘时间）。

在连续交易时段，必须执行订单可与多个反向订单进行撮合，直到必须执行订单所要求的数量得到满足。如果符合涨跌幅条件的反向订单数量不够，则该订单将引发波动中止，并可在恢复交易后继续成交。有些交易所（如 Euronext），允许必须执行订单的价格超过有关涨跌限制后，可先部分成交，然后对该股票进行冻结，冻结后继续交易，直到全部成交。

一般来说，在开盘竞价阶段，必须执行订单的未能执行的部分可以市价订单的形式留在订单簿。在连续交易时段，如果反向订单数量不够，则未成交部分也以市价订单的形式留在订单簿。

有些市场（如 Euronext）规定，必须执行订单一般不能与市价订单同时使用，某一类证券适用必须执行订单，则不能适用市价订单，反之亦然。

5. 最低数量订单（Minimum-quantity Order）

最低数量订单是指明了必须成交的最低数量的订单，如果不能满足这一要求，则不成交。一般来说，投资者只能在连续交易时段下达最低数量订单。最低数量订单通常用于较大数额的订单。

6. 最小满足数量订单（Minimum-fill Order）

最小满足数量订单指在指定了价格和订单总数量的同时，也指定最小满足数量的订单。订单在分拆成交时，每笔成交的数量不能低于所指定的最小满足数量。

最小满足数量订单有一种特殊情况，即指定的最低数量等于订单的总数量，也就是说该订单只能同反向的一个订单成交，这种订单也称为全额单笔订单（Whole or None Order）。

7. 全买订单（Take Order）

全买订单不指定价格和数量，而是把卖方最低一个价位上的所有订单买下。理论上，对全买或全卖订单也可以指定一个最大数量。

8. 全卖订单（Hit Order）

与全买订单一样，全卖订单也不指定价格和数量，而是与买方最高一个价位上的所有订单撮合。

9. 不得增加订单和不得减少订单（Do Not Increase / Reduce Order, DNI/DNR Order）

不得增加订单和不得减少订单，是一种在股票除权除息日对买卖数量作出特殊要求的订单。在有些交易所（如德交所），如遇某股票除权除息情况，则原来在订单簿中的该股票的订单全部取消。

不得增加订单，是指遇送股而不增加数量的限价买进订单、卖出止损订单或卖出止损限价订单。一般而言，如果投资者在下达订单后遇到股票送股（发放股票红利），则此时股票价格会下降，但如果投资者仍然不愿意增加买进数量（或止损卖出数量），则可在下达订单时，直接注明为"不得增加"。

不得减少订单，是指遇分红而不降低价格的限价买进订单、卖出止损订单或卖出止损限价订单。反之，在遇到公司发放现金红利时，则股票价格在除息日会下跌（理论下跌幅度为红利数量），因此，买进限价订单或卖出止损订单的限价在除息日会自动下降，但有些投资者可能会不愿意仅仅因为除息日股价的下跌，而使订单得不到执行，因此，特别注明限价为"不得减少"。

10. 整手订单和零股订单（Round / Odd Lot Order）

按证券买卖的数量，订单可分为整手订单和零股订单。证券买卖的数量单位通常为手。"手"的概念来源于证券交易初期的一手交钱一手交货，现在已发展为标准手。所谓标准手是指由证券交易所统一规定的交易数量单位，如每100股或1 000股为一标准手等。

当订单买卖的数量为一手或一手的整数倍时，称之为整手订单，通常证券交易大多是整手订单。一般来说，对于整手订单，经纪商可以直接按照订单交易的数量进行交易。

数量不足一手的股票称为零股，因此，委托买进或卖出不足一手证券的订单就称为零股订单。对于零股订单，经纪商（或交易所）通常必须将各投资者的订单的零股交易额合并并凑足一个交易单位，才能买卖该证券。为避免这种零股交易的不便，有些国家也有专门经营零股交易的证券商。也有些交易所规定，零股可以一次性卖出，即卖出订单的数量可以不是一手的整数倍，但买进订单的数量必须是一手的整数倍。

目前，美国、欧洲等主要交易所不对股票交易设整手数量规定，最小交易单位为1股。

冰山订单和隐藏订单

一般而言，订单的买卖数量作为订单的重要属性，会在交易所发布的行情系统中予以披露。但是，对于大额买卖订单来说，其信息披露可能会对市场产生一些不利的影响，下单者也不希望市场知道自己的真实买卖意愿。因此，不少交易所推出了隐藏买卖数量的订单，最典型的就是冰山订单或隐藏订单。

1. 冰山订单（Iceberg Order）

冰山订单，也称保留数量订单（Reserve Book Order），指隐藏部分订单数量（不在行情系统中公开显示）的订单。投资者可指明可披露的数量（即峰值，Peak），若该披露的部分得到成交，则系统自动披露该订单的另一个峰值（等于投资者指明的可披露数量）。这个过程将反复进行，直到订单得到完全成交或投资者撤销该订单。理论上，峰值也可以是在一定范围内的一个随机数。目前，各国冰山订单的新披露数量的时间顺序均采取新披露的时间，而不是冰山订单最初输入系统的时间。

冰山订单主要用于大宗交易，是机构投资者和基金经理的常用工具。冰山订单的好处是，可使市场参与者在输入大额订单时，不会导致不利的价格影响。

冰山订单的基本特点包括：

一是冰山订单通常规定有最低的订单总数量和最低峰值（显示的）数量。峰值数量向市场上的所有参与者披露，但总数量只有下达该冰山订单的会员才可看到。投资者下达冰山订单须指明总数量和峰值数量两个指标。如法兰克福证券交易所规定，DAX 指数成分股的最小订单数量为 1 万股，最小峰值为 1 000 股。

二是冰山订单的总数量和峰值数量通常必须是整手数或整手数的倍数，系统不接受零股订单。

三是订单到达系统后，其峰值即予以显示，并按照价格优先、时间优先原则参与撮合。一旦该峰值数量全部得到撮合，系统将自动显示另一个峰值数量（数量等于前一个峰值），新峰值将以其新显示的时间参与排序，即排在系统中已有的与冰山订单同等价格的订单的最后。该过程一直继续下去，直到该冰山订单全部成交。

四是最后一个峰值数量（没有隐藏数量时冰山订单的剩余数量）允许与以前各峰值数量不同，并可以低于规定的最低峰值数量。

五是投资者可以随时修改冰山订单的峰值，但通常（如法兰克福证券交易所）规定，如果订单已部分成交，则只有在总数量满足最低订单数量的要求时，修改才能生效。

六是冰山订单在集合竞价时段和连续交易时段的处理方式不同。在集合竞价时段，冰山订单以其全部数量（而不是峰值数量）参与竞价和撮合。在集合竞价时，冰山订单也可以和其他零股订单匹配。如果冰山订单在集合竞价时段得到部分执行，且剩余的订单总数量不足最低的订单数量要求，该冰山订单仍然可以只显示峰值，隐藏其余数量。

七是冰山订单一般只在当日有效，而且冰山订单通常不能附加"开盘市价"等条件，即在开盘时不能输入市价或市价转限价的冰山订单。

冰山订单的处理可以通过下表简要说明。设冰山订单的最低总数量为10 000股，最低峰值数量为1 000股。此时，投资者下达了一个买进42 000股、每次显示5 000股的A股票的冰山订单。表4.3是一个可能的撮合过程。在T5之前，投资者可随时修改冰山订单的峰值（如把5 000股改为3 000股，但不能低于1 000股），但到T5时，投资者不能修改峰值，因为订单总数量只有5 500股，不到规定的最低订单总数量（10 000股）。

表4.3 冰山订单处理举例

时间	买 进 订 单			价格	卖出订单	成 交	
	冰山订单总数	冰山订单峰值	其他订单			冰山订单	其他订单
T	42 000	5 000		P			
T1			2 500	P	5 000	5 000	
T2	37 000	5 000		P	5 500	3 000	2 500
T3	34 000	2 000		P	3 000	3 000	
T4	31 000	5 000		P	25 500	25 500	
T5	5 500	5 000		P	5 000	5 000	
T6	500	500		P			

2. 隐藏订单（Hidden Order）

隐藏订单，也称完全保留订单（Dark Reserve Order），是指不向市场公开任何信息的订单。隐藏订单有一个规定的最低数量（因股票不同而有所差别），但即使隐藏订单部分成交后导致剩余数量不足规定的最低数量，订单信息也不予披露。

在连续交易时，隐藏订单的撮合与一般限价订单相似，按照价格／时间优先原则进行，但当价格一样时，非隐藏订单优先于隐藏订单。在集合竞价时，隐藏订单的全部数量均参与集合竞价交易，按照严格的价格／时间优先原则进行撮合。

时间限制型订单

时间是订单的另一个重要参数。时间限制型订单，也叫指定时间有效订单，包括指定交易时段有效订单（Session Order，如开盘订单、收盘订单、集合竞价订单、连续交易时段有效订单）、指定日期有效订单（指定日期前有效订单、无限期订单）、指定天数内有效订单（当天有效订单、当周有效订单、三天内有效订单）和计时订单（Timed Order）四大类。指定时间的订单主要是对订单的有效期间进行限制，而对具体的报价方式通常没有特别的限定。

1. 开市订单（On the Opening Order，或 At-the-opening Order, Opening Only Order）

开市订单是指投资者要求在开盘时按照开盘价买卖证券的订单。开市订单通常是市价订单，但投资者也可指定一个限价。

2. 收市订单（On the Close Order，或 At-the-close Order）

收市订单指投资者要求在收市时按照收盘价买卖证券的订单。开市订单通常也是市价订单，但投资者也可指定一个限价。

3. 竞价订单（Auction Only Order）

竞价订单指只在交易日的集合竞价阶段有效的订单。竞价订单可以是市价订单，也可以是限价订单。

4. 连续交易时段有效订单

这类订单是指只在连续交易时段才参与撮合的订单。连续交易时段有效订单不参与集合竞价时段的撮合。

5. 当日／当周／当月有效订单（Day Order/ Week Order/Month Order）

当日订单是指订单只在订单输入的当日有效，在该交易日结束后，订单自动失效的买卖订单。各证券交易所都接受当日订单。一般来说，如果订单不特别指明是否为当日有效，均视同为当日订单。

当周订单是指在订单输入后，从其输入时起直到该周最后一个交易日收盘时止（通常为星期五下午）均有效的订单。在某些交易所（如纽约证券交易所），专家不接受当周订单和当月订单，但经纪商可以接受客户的这类订单。

与当周订单类似还有当月订单，即在订单输入后，从其输入时起直到该月最后一个交易日均有效的订单。

6. 指定日期前／天数内有效订单

指定日期前有效订单是指在指定的某个具体日期（如2002年10月31日）之前有效的订单。指定天数内有效订单是指在指定的天数内（如5天内）有效的订单。

7. 无限期订单（Open Order 或 Good-till-cancelled Order，GTC Order）

无限期订单也称撤销前有效订单，指在订单执行以前，或投资者明确表示撤销该订单之前，或交易所规定的最大有效期限之前有效的订单。

8. 计时订单

计时订单是指订单到达市场后如果在一小段时间内（如30秒、60秒）仍不能成交，则自动予以取消的订单。计时订单通常只能用于市价订单。

9. 等待否则撤销订单（Book or Cancel，BOK）

与以上8种订单不同，等待否则撤销订单指定的是不能被成交的时间。等待否则撤销订单不能是市价订单。在连续交易时，如果对限价订单指定了等待否则撤销条件，即该订单只能停留在订单簿中等待被动成交，如果会出现即时成交（主动成交）情况，则系统自动拒绝该订单。

多腿复杂订单

前面介绍的订单基本上都是基于一个证券、一个价格、一个数量的订单形式，但也有一些订单会涉及两个（或多个）证券，或涉及多个价格和数量，这些订单可称为多腿复杂订单，主要包括条件订单、选择订单、联动订单、联合订单、分量订单、一揽子订单和交叉订单等几种情况。

1. 条件订单（Contingent Order）

条件订单指投资者要求经纪商在某一事件发生以后，执行买进或卖出某一证券的订单。例如，投资者要求经纪商在某一价位卖出某种证券，且在该证券卖出后，立即买进另一种证券。条件订单的含义是，第二项行为以第一项行为为条件。

2. 择一订单（Alternative Order，或 Either/or Order）

择一订单也称一增一减订单（One Cancels the Other, OCO Order），指能在两种行为中进行选择的订单，即一种行为执行完成后自动取消另一种行为，或当其中一个买卖指令得到部分成交后，自动减少另一个买卖指令中的买卖数量。

择一订单有两种形式：一种是针对两种证券的择一订单，即要求以低于市场的限价买进两种证券中的一种；二是针对同种证券的两个买进指令或两个卖出指令的择一订单，其中一个价格高于市场价，另一个价格低于市场价，如要求以限价买进或止损买进同种证券（或要求以限价卖出或止损卖出同种证券）。第一种形式应用得较少，但第二种形式的应用较普遍，主要是为了降低风险。

3. 联动订单（Linked Order，也称"or"Order）

联动订单指买卖方向一致且总订单数量不变的买进或卖出多个证券的订单。联动订单中的各个订单之间相互联系，一个订单的成交自动按比例减少其他相互联系的订单的成交数量。也就是说，联动订单可部分成交，但如果一个订单得到部分执行，则其他订单的执行数量将相应减少。联动订单通常只能在连续交易时段使用。

例如，设投资者下达了买进3种股票的联动订单，即买进"A""B"或"C"，3种股票的买进数量分别为1 000、10 000和20 000股，设"A"股票首先成交了200股（20%），则其余两支股票的买进数量就分别减少20%，故刷新后的 3 支股票的买进数量分别为 800、8 000、16 000 股。

有些交易所对联动订单所涉及的证券数量有限制，如 OM 斯德哥尔摩证券交易所规定，联动订单最多可涉及 8 种证券。

4. 联合订单（Combination Order，也称"and"Order）

联合订单也称转移订单（Switch Order），通常是指涉及两个证券的联合交易的订单，系统将保证所有条件均能得到满足后才予以成交。

在联合订单的情况下，投资者须指明每种证券的买卖方向和数量，但不需指定一个或更多的价格水平，而仅仅指明价格差价（也称净价，指卖价高出买价的部分）。订单可以部分执行，但将执行所有订单的同样部分。例如，投资者下达卖出 100 股 a 股票、买进 100 股 b 股票、净价为 0.5 元的联合订单（若 a 股票价格为 28 元，则 b 股票的买进价格将为 27.5 元）。联合订单通常用于期权交易、利率互换等。

联合订单也可用于买卖基于一个基础证券的两个或多个系列的期权和期货。由交易所设定的固定的多证券买卖策略通常称为标准联合订单，由用户自己设定的多证券买卖策略称为非标准联合订单。

5. 跨市订单（Strike Match Order）

这是德国交易所计划引入的一种用于降低"大头针"风险（Pin Risk）的订单形式。"大头针"风险是指平价期权（At-the-money Option）在临近到期时由于很难预知期权是否会被执行所面临的风险。跨市订单涉及 Xetra（德交所现货交易平台）和 Eurex（德交所衍生品交易平台）两个市场，但只能在收盘集合竞价阶段使用。跨市订单有两个限价，一个是普通的限价订单（设定最高买入价或最低卖出价），另一个是针对买入订单设定的最低价或针对卖出订单设定的最高价的限价。

6. 分量订单（Scale Order）

分量订单也称帽子订单（Cap Orders），是一种涉及根据市场走势逐渐买进或卖出大额股票的特殊订单形式。分量订单指投资者在不同价位上向经纪商下达的系列订单。分量订单的目的在于取得总体上或平均水平上较好的买进价格或卖出价格。

7. 一揽子订单（Basket Order）

一揽子订单指投资者可通过一个订单买进或卖出一个投资组合，下单时只需输入所需购买或卖出的总规模，系统将自动计算出与组合中权重成比例的每个股票的买进或卖出数量。一揽子订单通常用于程序交易，订单形式仅限于市价订单。程序交易是指借助电脑自动选择交易的品种，并自动进行委托买卖的电脑化交易。在程序交易的整个过程中，无需人手介入，完全由电脑自动执行。程序交易主要用于组合交易策略，例如期权套利等。股票现货卖出股指合约。程序交易也可用于组合管理，如资产组合的调整和变现等。程序交易大大提高了套利交易的效率，对提升市场定价效率有重要意义。

其他订单

以上介绍的是全球主要交易所市场使用的主流订单类型。此外，还有一些和交易对象或之前订单等有关的订单类型，例如定向订单、交叉订单、授权订单、取消订单等。

1. 定向订单（Directed Order）

定向订单是指定订单送达对象（如做市商）的订单。纽约证券交易所的不转移订单（Do Not Ship Order, DNS）也是一种定向订单，指只能在纽交所成交的订单，当该订单必须要转送到其他市场时，则自动取消。

2. 交叉订单（Cross Order）

从买卖方向看，订单包括买进、卖出和双边订单。双边订单也称交叉订单，指一个订单同时包括以同一价格买进或卖出某一证券两项内容。双边订单主要用于在场外协商完毕的大额订单的执行。交易所通常规定，交叉订单的价格必须在市场最佳买卖报价之内，且交易数量必须大于订单输入时订单簿中的同一价格的可成交数量（不包括隐藏数量）。

3. 授权订单

在授权订单形式下，投资者授予经纪商一定的权限，让经纪商代理投资者下达订单。授权订单有两种形式：完全授权和有限授权。

在完全授权的情况下，经纪商可根据自己的判断，自己为客户决定买卖何种证券，以及买卖证券的时间、数量和价格等。在完全授权的情况下，虽然经纪商可全权代理客户进行证券买卖，但一般均规定，经纪商代客户买卖证券应避免进行超过客户账户资金数额或证券数量的买卖。此外，客户必须给经纪商书面的授权文件。

在有限授权的情况下，投资者与经纪商之间的授权关系通常有两种：一是投资者自己决定买卖何种证券以及买卖的数量，但证券的买卖价格和执行的时间由经纪商决定；二是投资者指示在交易大厅的经纪商根据订单进入时经纪商自己的判断进行买卖。这类订单通常是市价订单，但有下列说明：不追究责任（Not Held，指对自行决定成交价格和时间的执行人员不追究财务责任）、不管行情（Disregard Tape）、从容交易（Take Time）。这种形式的有限授权较普遍。

4. 取消订单（Cancel Order）

取消订单指下达订单后取消以前订单的订单。取消订单有两种形式，直接取消订单（Straight Cancel Order）和取消前一订单的订单（Cancel Former Order）。直接取消订单的目的是取消前一订单，但并不下达新的买卖委托。取消前一订单的订单不仅取消前一订单，而且代之以新的买卖订单。

订单优先规则

投资者的订单到达交易所后，通常需要按照一定的规则进行排序，排序靠前的率先参与撮合。这种订单排序规则即订单优先规则或订单匹配的优先原则。综合各国证券市场的实践，订单优先规则主要有以下九种情况：

一是价格优先原则。价格优先原则指，交易所（或做市商）在对投资者的订单进行撮合时，按照价格高低的原则进行排序，较高的买进价格订单优先满足于较低的买进价格订单，较低的卖出价格订单优先满足于较高的卖出价格订单。

在实行价格优先原则的证券交易市场，证券成交的决定原则一般是：（1）在口头唱价时，最高买进订单与最低卖出订单的价位相同时，即为成交；（2）在计算机终端申报订单和柜台书面申报订单情况下，除遵循口头唱价的原则外，如买（卖）方的订单价格高（低）于卖（买）方的订单价格，通常按照先到达订单簿的订单价格成交，或采用双方订单价格的平均中间价位。

二是时间优先原则。时间优先原则也称先进先出（FIFO）原则，指当存在若干相同价格的订单时，最早进入系统的订单优先满足于其后的订单。

三是按比例分配原则。按比例分配原则是指所有订单在价格相同的情况下，成交数量基于订单数量按比例进行分配。纽约证券交易所的大厅交易、芝加哥期权交易所等采取了按比例分配的订单优先原则。

按比例分配方法的撮合规则如下：当处于最优价的第一个订单（设为 a 订单）将优先与新到达订单簿的反方向订单（设为 b 订单）进行撮合，若 b 订单的数量超过 a 订单，即 b 订单未能全部成交，则 b 订单与 a 订单撮合后的剩余数量将在该价格上与其他订单按比例进行分配。如表 4.4 中，成交情况将为 a 买进 1 000 股，b 买进 800 股，c 买进 200 股。

表 4.4　按比例分配原则示例

买方	买单数量	比例	价格	卖单数量	卖方
A	5 000	50%	100	2 000	d
B	4 000	40%	100		
C	1 000	10%	100		

四是数量优先原则。在价格一样，甚至价格一样且无法区分时间先后的情况下，有些交易所规定应遵循数量优先原则。数量优先原则有两种形式：一是在订单价格相同且时间也相同的情况下，订单数量较大者优先满足于订单数量较小者；二是在数量上完全匹配的订单（即买进订单和卖出订单在数量上相等）优先满足于数量上不一致的订单。第一种形式使得经纪商优先处理数量较大的订单，因而提高了流动性；第二种形式则减少了订单部分执行的情况。

五是随机优先原则。随机优先原则指由系统随机决定订单的优先顺序。一般而言，在按比例分配的情况下，数额太小的订单通常随机分配，但也有些交易所规定由经纪商抽签决定。

六是客户优先原则。客户优先原则通常指在同一价格条件下，公共订单优先满足于经纪商自营账户的订单。纽约证券交易所采取这一原则，客户的订单优先满足于专家的自营订单。客户优先原则减轻了客户与经纪商自营之间的利益冲突。

七是做市商优先原则。做市商优先原则与客户优先原则相反，指做市商可在其已经作出的报价上，优先于客户的与该报价一样甚至比该报价更优惠的限价订单，与新进入市场的订单进行成交。纳斯达克市场在新的限价订单保护规则实施以前，采取的就是做市商优先原则。

八是经纪商优先原则。经纪商优先原则是指当订单的价格相等时，应让发出这个订单的经纪商选择与之匹配的订单，经纪商也可将订单内部化，以自己的其他订单与该订单匹配。

九是披露优先原则。即先披露的订单具有更高的优先顺序。披露优先规则主要适用于冰山订单，冰山订单的隐藏部分比公开披露订单具有更低的优先顺序。

订单优先规则对证券市场的流动性和投资者的交易策略具有较大的影响。相关研究表明，不实行时间优先原则的市场比实行时间优先原则的市场具有更大的价差。在随机分配规则下，价差将比采取价格优先／时间优先规则时大。时间优先规则保护了先下单者，因而使得投资者愿意显示更多的报价数量，故报价深度会较好。

在以上这些匹配原则中，价格优先原则是各国证券市场普遍采取的订单匹配优先原则，而且被作为首要的优先原则，即第一优先原则。但在第二乃至第三、第四等优先匹配规则方面，各国的实践差别很大。第二优先原则是指当按照第一优先规则，订单匹配次序相同时（如第一优先匹配原则是价格优先，那么当订单的价格相同时）应遵循的优先原则。第三、第四优先原则以此类推。

　　不少市场（如伦敦、泛欧、德国、香港、东京等）把时间优先原则作为订单匹配的第二优先原则。但也有些市场采取按比例分配、数量优先、客户优先等匹配原则。

表 4.5　主要证券市场的订单匹配优先原则

证券市场	连续交易时段	集合竞价时段
纽　约	SuperDot 系统：价格 / 时间 / 客户 大厅交易：价格 / 按比例分配	价格 / 时间
纳斯达克	价格 / 时间、价格 / 数量 / 时间、价格 / 客户	价格 / 时间
多伦多	CATS 系统：价格 / 时间 大厅交易：价格 / 按比例分配	价格 / 时间
伦　敦	价格 / 时间	价格 / 时间
德　国	价格 / 时间	价格 / 时间
泛　欧	价格 / 时间	价格 / 时间
意大利	价格 / 时间	价格 / 时间
瑞　典	价格 / 时间 （整手订单优先于零股订单）	价格 / 时间
瑞　士	价格 / 时间	价格 / 时间
澳大利亚	价格 / 时间	价格 / 时间
东　京	价格 / 时间	价格（相同价格订单视为同时到达）
新加坡	价格 / 时间	价格 / 时间
韩　国	价格 / 时间	价格 / 时间、价格 / 客户 / 数量（当开盘价达到涨跌停限制时，不采用时间优先）
中国香港	价格 / 时间（零股例外）	订单类型 / 价格 / 时间（开盘价订单优先）
中国台湾	价格 / 时间	价格 / 随机

　　资料来源：各交易所资料。

　　在纽约证券交易所，买卖订单的第一优先规则为价格优先，但第二优先规则包括时间优先原则和数量优先原则两种情况。具体规定如下：

　　第一，在专家（指定做市商）报价范围内的订单，如价格相同，按时间优先原则处理。但这些订单与大厅经纪人的订单之间的优先权按接下来的方法处理。

第二，对第一笔交易的撮合按时间优先原则，先输入的委托有优先成交权。如果接下来的具有时间优先权的限价买入（卖出）订单的数量足以消化剩余的卖出（买入）订单的话，时间优先规则继续适用。

第三，如果下一个具有时间优先权的限价买入（卖出）订单数量不足以消化剩余的卖出（买入）订单的话，则适用数量优先原则，即数量最大的订单有优先成交权。

此外，纽交所也实行客户订单优先原则，即专家（指定做市商）或经纪商自营的订单必须给客户的订单优先成交权，但该原则只在以上第二优先规则之后适用。

在韩国证券交易所，订单撮合遵循以下基本规则：第一，价格优先原则；第二，时间优先原则；第三，客户优先原则；第四，数量优先原则。价格优先原则适用于所有交易时段。时间优先原则适用于连续竞价时段和盘后交易时段，不适用于集合竞价时段。客户优先原则指当同一价格的订单同时到达市场时，客户的订单优先于会员的订单。数量优先原则指当同一价格的订单同时到达市场后，数量大的订单优先于数量小的订单，数量优先原则适用于集合竞价时段。在集合竞价时段（上午 8:00—9:00，下午 2:50—3:00），所有订单均被视为同时提交，系统将按照优于集合竞价价格的订单全部成交、等于集合竞价价格的订单至少一方（买方或卖方）得到全部成交的原则确定集合竞价价格。

东京证券交易所通常采取价格优先、时间优先的原则进行撮合。但在下列情况下，订单被看成同时达到的（订单没有时间优先）：一是在开盘价格确定之前的订单，二是在临时停牌后重新恢复交易的第一个价格确定之前的订单，三是在每日涨跌停价格上的订单在当日下午收盘（若下午不交易则为上午收盘）时与市价订单撮合的订单，四是所有在上午收盘后留下来的订单在下午开盘时均视为同时订单。同时订单的撮合必须满足价格优先条件，价格相同的同时订单将根据会员的订单总数在全部订单总数中的比重撮合，会员可按照自己制定的原则对其分配到的订单向客户再分配。

第5章
交易矩阵

玉带轻飘忽定，天河淡起银光。杳然云际显孤霜，共我凌波踏浪。

仿佛飞仙初见，怎堪迢递幽香。今朝无酒又何妨，谁个为写惆怅？

——《西江月·珠峰旗云》，刘逖，2006 年

这曲《西江月》，原是描述珠峰旗云的，其缥缈之意，甚难捉摸，借用来言交易机制设计之巧妙，也颇贴切。

交易机制，也叫市场模式或市场微观结构，所涉内容繁多，看起来万分复杂。我在《市场微观结构与交易机制设计：高级指南》专著中，用了近 100 万字，讨论交易机制设计，仍有诸多无奈，未能尽兴。笛卡尔著有《谈谈方法》一书，提出了研究问题的四个步骤：大胆怀疑、化整为零（分解问题）、由简入繁（先解决简单的问题）、严格检验。如果沿着笛卡尔的方法，把交易机制化整为零，各个击破，就显得比较简单了。

交易矩阵，是简化交易机制分析的一种方法，是对交易机制最关键的环节——价格确定机制——各个要素及其多种可能的组合展开的分析。本章在讨论完交易矩阵各种组合后，对当前我国市场比较关心的几项交易机制，如涨跌幅与熔断、"T+0" 交易、大宗交易与平行市场等，做进一步论述。

基本交易机制矩阵

交易机制最核心的内容，就是价格确定机制和交易意愿表达机制。上一章"订单工厂"主要分析交易意愿表达，这一章重点讲价格确定机制。

伊安·多莫维茨（Ian Domowitz）在一篇题为《自动化价格确定过程》的文章中，根据价格确定过程中自动化水平的不同，把价格确定方式概括为七种模式：一是从其他市场引入价格，二是以其他市场的价格为基准并加以优化，三是协商定价，四是做市商电子报价，五是自动双向连续竞价，六是自动集合竞价，七是带有定价模型（如期权波动率定价）的自动竞价。在这七种方式中，第三、四、五、六种均属于有独立价格发现功能的机制。这四种价格确定机制构成了各种不同的证券交易机制的基础，而最重要的又是第四、第五和第六种方式。

买方和卖方表达了交易意愿（下单）后，如何确定最终成交的价格，是价格确定机制要解决的问题。我们可以从两个维度进行分析：

一是时间的维度。交易意愿表达后，是否可以随时参与撮合？如果可以，我们就说交易在时间上是连续的，否则交易就是非连续的。这样，从时间角度，就可以把交易机制分为间断性交易机制和连续性交易机制两种情况。

二是价格的维度。最终的买卖双方是否需要经过价格中介才能成交，还是买卖双方可以直接相互撮合？不存在价格中介、投资者之间可以相互撮合的，叫做订单驱动（Order-driven）或竞价交易机制，反之称为报价驱动（Quote-driven）或做市商交易机制。

这两个维度的不同组合，就构成了如表5.1所示的最基本的交易机制矩阵。

间断性交易市场也称集合交易市场。顾名思义，"集合"就是指汇集了一定数量的交易意愿，集合交易就是汇总交易意愿之后再进行撮合交易。因此，在集合交易市场，证券买卖具有分时段性，即买卖方作出买卖委托后，不能立即按照有关规则执行并成交，而是在某一规定的时间，由交易系统将不同时点收到的订单集中起来，进行匹配成交。

表 5.1　基本交易机制分类矩阵

	连续性市场	间断性市场
订单驱动（无中介）	连续竞价市场	集合竞价市场
报价驱动（有中介）	连续性做市商市场	集合做市商市场[1]

注 1：集合做市商市场在现实中并不存在。

与集合交易相反，在连续性市场，证券交易是在交易日的各个时点连续不断地进行的。只要根据订单匹配规则，存在两个相匹配的订单，交易就会发生。在连续性市场，证券价格的信息连续提供，交易在订单匹配的瞬间完成。

做市商市场也叫报价驱动的市场。在一个典型的做市商市场，证券交易的买卖价格均由做市商给出（双向报价），证券买卖双方并不直接成交，而是从做市商手中买进或卖出证券，做市商在其所报的价位上接受投资者的买卖要求，以其自有资金或证券与投资者进行交易，即做市商将自己的持仓股票（或借券）卖给买方，或用自有资金（或融资）从卖方手中买进股票。做市商买卖价差就是做市商的收入来源。做市商制度的基本特征是：证券成交价格的形成由做市商决定，且投资者无论买进或卖出证券，都只同做市商进行交易，与其他投资者无关。

竞价市场也叫订单驱动的市场。与做市商市场相反，在竞价交易中，买卖双方直接进行交易，或将委托交给各自的代理经纪商，由代理经纪商将投资者的委托提交到交易所，交易所以买卖双向价格为基准进行撮合，达成交易。竞价交易的基本特征是：成交价格的形成由买卖双方直接决定，投资者买卖证券的对象是其他投资者。在中央对手方的情况下，中央对手方充当了临时性交易中介角色，但最终交易者仍是投资者。

根据买卖参与方的人数多少，竞价交易可分为三种基本形式：

一是相对买卖。相对买卖是竞价交易的最简单的形式，即一个卖方与一个买方进行交易的最原始的交易方式。这时，买方和卖方直接就某种证券的价格和数量进行磋商，在双方谈妥价格和数量后，达成交易。

二是拍卖标购。所谓拍卖标购，是指一个卖主对众多买主，或众多卖主对一个买主的交易方式。这种交易方式的特点是，不仅有买主和卖主之间的价格竞争，也存在卖主与卖主或买主与买主之间的竞争。在一个卖方与多个买方的交易中，买方竞相出价，以求购某种出售的标的物，而唯一的卖方和多数买方中的最高报价人成交，这种交易方式称作拍卖。拍卖的报价方式通常采取公开叫价。公开叫价的方法有两种，即普通拍卖和荷兰式拍卖。普通拍卖是指报价（买方的报价）由低向高逐渐提高，荷兰式拍卖则指报价（卖方的出售价）由高向低逐渐下降。与拍卖相反，在多个卖方与一个买方的交易中，卖方竞相报出低价，以求出售他们拍卖的标的物，而唯一的买方和多数卖方中的出价最低者成交，这种交易方式称作标购。

三是双向公开竞价。与拍卖标购形式的竞价交易不同，在公开竞价买卖中，交易的双方，即买方和卖方，都是多于一个人的众多买方与众多卖方。交易则以出价最高的买方与报价最低的卖方达成交易。

一般而言，拍卖标购由于是多数个体的竞争，在达成价格均衡方面要优于相对买卖，但对交易量巨大且交易技术高度发展的证券交易而言，双向公开竞价最有利于实现价格的均衡。因此，在证券交易竞价市场中，一般均采取双向公开竞价。

集合竞价市场

在集合竞价市场，买卖方的交易订单不是在收到之后立刻予以竞价撮合，而是由交易中心（如证券交易所的电脑撮合主机）将在不同时点收到的订单积累起来，到一定的时刻再进行集中竞价成交。

集合竞价也称单一成交价格竞价，竞价方法是：根据买方和卖方在一定价格水平上的买卖订单数量，计算并编制供需表，并按照事先确定的原则计算出均衡价格。以前，期货交易所使用较多的公开喊价（Open Outcry）也是一种集合竞价制度，但公开喊价是在交易大厅通过人工进行的价格确定方式，场内交易员可以根据各交易员的试探性叫价所揭示出的信息修正其价格。

根据集合竞价披露的信息的不同，可将集合竞价区分为两种情况：一是封闭式集合竞价（Blind/Closed Auction），即在集合竞价过程中，系统不披露关于订单和可能的集合竞价价格的任何信息，只在竞价结束后才公开集合竞价产生的价格，如东京证券交易所（但如果订单簿出现不平衡，系统将披露特别报价）；二是开放式集合竞价（Open Auction），即在集合竞价过程中，系统即时披露理论开盘价格和订单总量的信息，如伦敦证券交易所、德国证券交易所、泛欧交易所、斯德哥尔摩证券交易所等。斯德哥尔摩证券交易所的交易系统同时设有开放式和封闭式两种集合竞价模式，封闭式集合竞价用于早市开盘竞价，开放式集合竞价用于下午开盘竞价和收盘集合竞价。

集合竞价的过程一般包括集合过程和价格确定两个阶段。集合是市场收集订单的过程，集合的时间各市场规定不同，有些市场还规定，在经历一段时间的集合过程后，集合过程将随机结束。价格确定时段是系统根据既定的规则进行计算和撮合的过程，价格确定过程将产生集合竞价价格。在有些市场（如法兰克福证券交易所），对流动性较差的股票，价格确定过程之后还有一个订单簿平衡过程，即如果按照价格确定过程产生的价格，符合该价格条件的订单有剩余，则按照所确定的集合竞价价格延长交易一小段时间，在这一阶段，所有订单不得删除或修改，投资者可按照集合竞价价格与剩余的订单成交。订单簿平衡过程分为两个阶段，首先是由指定保荐人接受剩余订单，然后是其他市场参与者。在伦敦证券交易所的 SETS 系统中，集合竞价过程还设有市价订单延长和波动延长阶段，即当市价订单不能全部成交或集合竞价所确定的价格超过规定的涨跌幅时，系统自动延长集合时间。

集合竞价有三方面的优点：一是由此形成的价格可使市场成交数量达到最大；二是不存在买卖价差，投资者的间接交易成本最低；三是汇总了一段时间的交易需求，对不活跃的市场（或股票）而言，有利于市场成交。

在许多证券市场，每日交易的开盘价和收盘价，都是由集合竞价决定的。此外，一些市场对交易不活跃的股票，如泛欧交易所、法兰克福证券交易所的部分股票，也采取纯集合竞价交易方式。

连续竞价市场

连续竞价市场，也叫复数成交价格竞价市场或连续交易市场。在连续竞价市场，交易可在交易日的各个时点连续不断地进行。投资者在作出买卖决定后，通过经纪商下达买卖委托，交易所撮合系统将根据市场上已有的订单情况，即时进行撮合，一旦按照有关竞价规则有与之相匹配的订单，该订单即刻可以得到成交。

在连续竞价过程中，当出价最低的卖出订单价格等于或小于买进价格最高的买进订单价格时，即可达成交易。每笔交易构成一组买卖，交易依买卖组连续进行。每一个买卖组可能形成不同的价格，所以，连续竞价市场的价格具有连续性。

连续竞价的主要优点是，投资者在交易时间内随时有买卖证券的机会，并且能根据市场的瞬息变化，快速进行决策调整。

法兰克福、巴黎、东京、多伦多证券交易所等成熟市场，以及中国香港、新加坡等大多数新兴证券市场，都采用连续竞价交易机制。伦敦证券交易所金融时报 100 指数股票也采用连续竞价交易方式。

做市商市场

在做市商市场，做市商进行双向报价，投资者可以在做市商所报出的价位上，向做市商买进或卖出。

做市商市场的基本特点包括：一是做市商对某支特定证券做市，就该证券给出买进和卖出报价，且随时准备在该价位上买进或卖出。二是投资者的买进订单和卖出订单不直接匹配，相反，所有投资者均与做市商进行交易，做市商充当类似于银行的中介角色。当然，做市商之间也可进行交易。三是做市商从其买进价格和卖出价格之间的差额中赚取差价。买卖差价是衡量市场流动性、价格连续性（每笔交易之间的价格变化）和市场深度（每一定数量的股票交易所引起的价格变化）的重要指标。四是如果市场波动过于剧烈，做市商觉得风险过大，也可以退出做市，不进行交易。在理论上，由于存在大量的做市商，且做市商之间相互竞争，个别做市商的退出不会影响市场的正常运作。五是在大多数做市商市场，做市商的报价和投资者的买卖订单都是通过电子系统进行传送的。六是做市商市场的组织形式有多种，可以是分散在各地的做市商通过电子系统报价（如美国纳斯达克市场），也可以是做市商集中在交易所的交易大厅进行买卖报价（如 20 世纪 80 年代下半期和 90 年代上半期的英国伦敦证券交易所）。

部分股票市场、大多数债券和货币市场是做市商市场。美国的纳斯达克市场最初也是一个典型的做市商市场。纳斯达克市场的做市商是自由进入的，每一支股票均有若干做市商，平均约超过 10 家，个别股票做市商最多有约 70 家。投资者可在这些相互竞争的做市商报价之间选择最有利的报价。

伦敦证券交易所传统上来说也是一个竞争性的做市商市场。但在 1986 年"大爆炸"改革和 1997 年的改革之后，竞价市场和做市商市场并存，目前约 80% 的股票，包括国内股票和国外股票，通过做市商系统进行交易，大宗交易（每笔数额在 5 万英镑的订单）也通过做市商进行。

混合模式

大多数证券市场并不仅仅只采取上述三种交易机制中的一种形式，而是采取这三种形式的不同程度的混合模式。如纽约证券交易所 1870 年以前采取集合竞价交易方式，之后除每日开盘价和每日停市后的重新开市采取集合竞价外，均采取辅之以专家的竞价制度。伦敦证券交易所的部分股票由做市商交易，另一部分股票则采取电子竞价交易。泛欧交易所、德国证券交易所对交易活跃的股票采取连续竞价交易，对交易不活跃的股票采取集合竞价方式或结合做市商的连续交易方式。

亚洲新兴证券市场普遍采取的是电子竞价方式，但一般均结合集合竞价和连续竞价两种形式，通常开盘价由集合竞价方式决定，然后采取连续竞价。有些市场采取集合竞价方式产生收盘价，另一些市场则采取连续竞价方式产生收盘价。新兴证券市场普遍采取了竞价市场，主要原因包括：一是个人投资者占主体，相比之下，在做市商市场（如伦敦证券交易所和纳斯达克市场），机构投资者发挥着主要的作用；二是电子交易系统的成本较低；三是历史上亚洲社会不相信"做市商交易"；四是从监管角度看，对电子竞价的监管相对简单，而做市商制度需要注意做市商风险和资本充足性。

时间、空间和产品

上一节从基本价格确定机制描述了最简单的交易矩阵图。此外，还有若干交易机制，如价格稳定机制、大宗交易机制、开盘机制、收盘机制、交易信息披露等，使得交易机制矩阵变得更为复杂。

这里，我试图从时间、空间和产品角度，进一步深化对交易矩阵的分析。在这样一个矩阵里，基本的分类（纵轴）是交易机制的主要要素，如价格确定机制、订单类型、交易离散构件、价格稳定机制、交易信息披露、资金和证券周转机制等，横轴即时间、空间和产品三个维度，这事实上就产生了几乎无穷的组合。表 5.2 是一些主要组合的概述。时间可分为开盘、盘中、收盘和盘后四种情况，空间可从主市场、平行市场两个角度予以考察，产品可分为高流动性产品、低流动性产品、高波动性产品和低波动性产品四大类。必须明确的是，表 5.2 所列之组合，只是一种近似的说明，并不代表最好或最有效的组合。例如，低流动性的产品可以采取集合竞价，但也可以采取做市商机制。何者最优？各个市场的情况不同，不能一概而论。

表 5.2　交易矩阵举隅

		时间				空间		产品			
		开盘	盘中	收盘	盘后	主市场	平行市场	高流动性	低流动性	高波动性	低波动性
价格确定机制	集合竞价	√	√	√	×	√	√		√	√	
	连续竞价	×	√	×	×	√		√			√
	做市商	×	√	×	×	√	√		√	√	
	混合竞价	×	√	×	×	√		√	√	√	√
	协议定价	×	×	×	√		√		√		
	大宗交易	×	×	×	√	√			√		√
订单类型	市价	√	√	√	×	√		√			√
	限价	√	√	√	√	√		√			√
	止损	×	√	×	×	√	×	√			√
离散构件	最小报价单位						√				
	最小交易单位						√				
价格稳定机制	涨跌幅	√	√	√	×			√			√
	价格保护	√	√	√	×				√	√	
	大盘熔断	√	√	√	×	√					
	个股熔断	√	√	√	×				√	√	
信息披露	交易前信息	√	√	√	√			√			√
	交易后信息	√	√	√	√			√			√
周转机制	日内回转	×	√	×	×	√	√	√		√	
	融资融券	√	√	√	√	√	√	√	√	√	√

注：√表示可以采用，×表示不适用，空白表示可用但多数情况下效果不好。

交易反身矩阵

表 5.2 的重点是从时间、空间和产品三个维度（横轴）和交易机制要素（纵轴）分析交易矩阵。但是，交易机制各要素之间也存在着不同的搭配可能性，我们把交易机制各要素自身组合称为交易机制反身矩阵。在交易机制各要素中，从交易机制设计经验看，主要是价格形成、价格稳定和订单三个方面，其中价格稳定机制与订单类型不直接相关。表 5.3 就是基于这三个方面的交易反身矩阵。

表 5.3　交易反身矩阵

		价格稳定				订单类型							
		涨跌幅	价格保护	大盘熔断	个股熔断	市价	限价	止损	均价	中点	冰山	盯市	条件
价格确定机制	集合竞价	√	×	√	√	√	√	×	×	×	×	×	×
	连续竞价	√	√	√	√	√	√	√	√	√	√	√	√
	做市商	√	√	√	√	√	√	√			√	√	√
	混合竞价	√	√	√	√	√	√	√	√	√	√	√	√
	协议定价	√	×	×	×	×		×	×		×	×	
	大宗交易	√	×	×	×	×		×	×			×	
	平行市场	√	×	×	×	×	√	×	×	√	×	×	×

注：同表 5.2。

价格稳定机制

两种价格波动性

波动性是指价格非预期变化的趋势，或者说是指收益的不确定性或不可预测性，更学术化的定义即收益的概率分布。波动性对投资者、监管者以及对证券市场功能的发挥均具有十分重要的意义。一方面，波动性、风险和利润紧密相关，因此，投资者关心波动；另一方面，市场稳定是证券市场充分发挥其功能的基础，过度波动在一定程度上说明了市场功能可能存在一些问题，因此，监管者对波动也十分关注。

为减少价格波动对证券市场造成的不利影响，不少市场采取了不同形式的价格稳定措施，但由此却引发了理论界和实践界关于价格稳定措施是否有效的激烈论争。赞成者认为，价格稳定机制是一种成本较低的控制投资者风险，降低不确定性、波动性和投资者过度反应的方法。反对者则认为，价格稳定措施将加剧波动，引发助涨助跌效应，干扰市场流动性，并导致价格发现延迟，甚至认为价格稳定措施是一种功利主义的政治决策行为。美国证券交易委员会前首席经济学家拉里·哈里斯（Larry Harris）回顾了相关文献后，感慨道："涨跌幅限制影响了全球大部分股市的运作，但我们对其却所知甚少。这方面的无知是不幸的。"

以上这些论争，在一定程度上均有其合理之处，且各有其统计数据支持，因此很难骤下评断。但必须指出的是，争论的双方似乎都忽略了一个基本的事实：没有区分两种不同的波动性，没有区别价格稳定措施对两种波动的不同影响。

从学术研究和监管需要的角度看，波动性可分为两种情况：基本波动性（Fundamental Volatility）和临时波动性（Transitory Volatility）。

基本波动性，是指由于非预期的证券内在价值变化导致的价格波动。由于市场使用价格信号配置资源，因此，价格应能反映证券的基本价值。当决定证券价值的那些基本面因素发生变化后，证券的价值也将随之发生变化。也就是说，当人们得知基本面因素已经发生了非预期的变化后，价格就会相应地上涨或下跌。这种基本价值的变化将产生基本波动性。在证券市场，知情交易者的交易行为通常会造成流动性提供者（如做市商）的损失。流动性提供者事实上很难知道什么时候他们是在和知情交易者进行交易，因此只能通过订单流的变化来揣测关于基本价值的信息，并通过一个相对较大的价差弥补可能的损失。因此，因买卖报价差中的逆向选择成分而导致的价格变化实际上也属于基本波动性。此外，还应注意的是，预期的基本因素变化通常不导致价格变化，因为，高信息含量的价格（Informative Price）通常已经反映了所有目前可获得的关于未来价值的信息。

临时波动性，是指由于不知情交易者的交易行为而导致的价格波动。与基本波动性不同，临时波动性强调交易行为（主要是流动性交易者的交易行为）对价格的影响。临时波动性已得到了大量的理论与实证检验。相关研究显示，在交易层面的价格波动性包括两个要素：一是由市场机制产生的价格波动，二是由外部信息等引起的价格波动。一些学者把第一种情况称为"专家效应"，把第二种情况称为"信息效应"。这种由于交易机制等因素导致的波动，也可称为超额波动。

对投资者和监管者而言，理解这两种不同的波动性意义重要。对交易者而言，他们可以根据不同性质的波动性来预测证券价格的未来变化，从而决定投资策略。对监管者而言，监管者无须（且不应）对证券的基本波动性施加持久性的影响，但却可以采取有效措施以降低临时波动性。

价格稳定措施（包括涨跌幅制度）的核心目的是限制临时波动性，而不是限制基本波动性。如果某项价格稳定措施在限制临时波动性的同时，严重限制了基本波动性，那么，可以说该项措施不是有效的、成功的价格稳定措施。

基于这一分析，我们这里所说的证券价格稳定机制，专指那些降低证券价格临时波动性的若干制度安排。在这个意义上，证券价格的稳定性，实际上意指股票价格的临时波动程度及其自我调节平衡的能力。狭义上的证券价格稳定性，应排除由于基本价值发生变化后的基本波动性。这样，即使证券价值自身波动很大，但只要证券价格围绕价值上下波动的幅度非常小，仍然可以认为该证券价格是比较稳定的。

从全球主要证券市场的实践看，价格稳定机制大致可概括为两种基本模式：自由式和调控式。自由式稳定机制，指监管当局对市场参与者的交易行为基本不加干预，由市场的参与者通过市场交易自发稳定市场，管理层只是在出现重大突发事件时，才采用一些特殊措施来稳定市场。成熟的证券市场大多采取自由式稳定机制，如美国、中国香港等，美国仅对大盘设有断路器，其余稳定市场的行政措施几乎不存在，中国香港甚至未设立断路器措施。

调控式稳定机制，指监管当局不仅对市场设有若干价格与数量方面的交易限制，而且经常通过行政手段干预市场，以降低市场的波动性。调控式稳定机制大多属于外生性质的，主要是监管者用行政手段建立的抑制市场异常波动的若干临时或非临时的管制措施与规则，这与影响市场稳定的基础制度结构等内生性机制不同，后者包括经济、法律、政治制度以及一个能有效调节证券市场供求、及时反映价格变化的诸要素相互作用形成的有效市场制度安排。新兴证券市场较多使用外生性稳定机制，如韩国、中国台湾、印度、吉隆坡等市场普遍设有各种各样的价格限制措施，如涨跌幅、断路器、市场稳定基金等。

涨跌幅限制与熔断机制

涨跌幅限制措施和熔断机制是各国证券市场运用最多的两种价格稳定措施。

涨跌幅限制在我国又称为涨跌停板，是人为限制股价涨跌的一种措施，是指当证券价格在当日涨跌达到参考价格（通常为前一交易日的收盘价）上下一定幅度时，价格便不能继续上涨或下跌，也就是说，涨跌幅限制规定了证券交易价格在一个交易日中的最大波动幅度。根据世界交易所联合会 1999 年的统计，其 41 家会员交易所中有 22 家采取了涨跌幅限制措施。

涨跌幅限制是针对单个证券的机制，普遍以前一交易日的收盘价作为基准价格，也有个别市场采取最近一个收盘价作为参考价格，如吉隆坡证券交易所曾规定，早市的涨跌幅为前一交易日收盘价的 30%，午市的涨跌幅为早市收盘价的 30%。由于这种涨跌停价格的计算，均根据一个固定不变的基准，因此，我们也称之为静态涨跌幅机制。

近年来，放宽涨跌幅限制已成为境外市场的主旋律。例如，台湾证交所在 2015 年 6 月将涨跌幅限制从 7% 放宽至 10%，韩国证交所于 1998 年 12 月将涨跌幅从 10% 放宽到 15%、2015 年 5 月再次放宽至 30%，东京证交所对部分股票的涨跌幅限制也有所放宽，根据股价不同设定了 10%—30% 的涨跌幅限制。

再说说熔断机制。熔断机制，有针对大盘的，也有针对个股的。大盘的熔断机制，即大盘断路器（Circuit Breaker），起源于美国，其最初设想是在 1987 年 10 月美国股灾后布拉迪（Brady）主持的检讨报告中提出的。多数市场的断路器，是指当市场下跌超过预先设定的一定幅度时，中断（暂停）整个市场的交易。这些断路器的特点是不止涨，仅止跌，主要目的是防止市场的非理性的大幅度下跌，以维护市场的相对稳定。

大盘断路器机制主要涉及四方面问题：

一是基准的选择，即选择什么样的指标作为交易暂停的触发器，如选择哪个大盘指数、按照哪个价格（如前一日收盘或当日内前一盘收盘等）作为基准。

二是触发临界点，即偏离基准多大距离才触发断路器，这种偏离既可以是百分比表示的相对数涨跌幅度，也可以是指数涨跌的绝对数。偏离幅度可以是对称的，也可以是不对称的，在不对称的情况下，一般是涨幅大于跌幅。

三是交易暂停的时间。通常的做法是，第一次触发断路器引起的暂停交易时间相对较短，之后的暂停交易时间相对较长，最长会一直停市至收市。例如，韩国证交所于 1998 年 12 月 7 日启用的断路措施规定，若 KOSPI 综合指数下跌 10% 达 1 分钟，则所有股票暂停交易 30 分钟（先停市 20 分钟，然后用 10 分钟时间收集订单以进行集合竞价复市），但在收盘前 40 分钟不执行，以顺利收盘。泰国证交所规定，若大盘指数较前日收盘下跌 10%，则停止交易 30 分钟；若下跌 20%，则停止交易 1 小时；若停市时间超出余下交易时间，则不启动断路器。印度国家证交所和孟买证交所把启动断路器的指数下跌幅度分为 10%、15% 和 20% 三档，并分别规定了不同的暂停交易时间。

四是交易暂停后恢复交易机制。目前主要有两种做法：一种是按原有的交易制度恢复交易，如纽约证交所、纳斯达克交易所等；第二种是连续交易暂停后，采用集合竞价方式恢复交易，如韩国、印度市场等。一般来说，采取集合竞价恢复交易，更有利于形成新的均衡价格。

个股断路器，也叫波动性中断（Volatility Interruption），是针对个股的交易暂停或交易限制的措施，指如果证券交易价格超过（或即将超过）参考价格的规定的涨跌幅度时，则自动对该证券引发断路器，暂停或限制该证券的交易。

个股断路器的触发参考价格分为两种情况，即静态参考价格和动态参考价格，相应地，波动性中断也可分为静态和动态波动性中断两种。静态波动性中断的触发参考价格是相对固定的，一般是最近一次集合竞价价格；动态波动性中断的触发参考价格则根据行情变化不断实时更新，通常采用最新成交价、之前一段时间的成交均价等。当前，境外市场多采取静态和动态波动性中断相结合的机制。例如，纽约证交所采取动态波动性中断机制，规定当股价偏离前5分钟已成交订单算术平均价格的10%、20%或0.15美元与75%的较低者时，暂停交易5分钟。伦敦证交所规定，股价偏离前一次集合竞价成交价格的10%—200%或最新成交价的5%—150%时，暂停交易5分钟。印度国家证交所和孟买证交所根据股票的不同，分别设有2%、5%、10%和20%四档触发阈值。韩国规定，股价偏离前一次集合竞价成交价格的10%或最新成交价的2%、3%、4%、6%时，暂停交易2分钟。台湾证券交易所规定，股价偏离最新成交价的3.5%时，暂停交易2—3分钟。

另外，从结果上看，即触发中断后所采取的措施，还可以将波动性中断机制细分为交易限制型和价格限制型两种情况。前者即暂停一段时间的交易，是大多数市场的做法。后者不暂停交易，交易仍然可以继续，但在一段时间内对交易价格进行限制，只允许一定价格范围内的成交，例如香港交易所拟推出的市场波动调节机制规定，当相关股价（股指期货合约）偏离5分钟前最后一次成交价10%（5%）时，进入5分钟市场冷静期，期间交易只能在5分钟前最后一次成交价10%（5%）范围内进行。

围绕价格稳定机制的论争

涨跌幅限制和熔断机制自其推出之后，就一直存在着关于是否有必要设立外生价格稳定措施的争论。

赞成稳定股价的论点主要有价格稳定效应论和冷却效应论两种。前者认为稳定股价的措施可在市场剧烈波动时将价格波动维持在一定程度内，抑制市场上的过度投机，是一种成本较低的控制投资者风险、降低不确定性和波动性的方法。后者认为当价格达到涨跌幅限制或熔断后，交易者将有较多的时间重新思考、评估有关信息，从而可避免恐慌和过度反应。

反对价格稳定措施的学术研究相对更多一些，主要论点有四：

一是波动性溢出效应（助涨助跌）论。例如，交易停止后，特别是由于涨跌停导致的事实上的单边交易暂停，阻碍了股价新的供需平衡的形成，限制了原本应在一天之内完成的价格大幅变化，从而使股价波动持续更长的时间，这种效应称为波动性溢出效应。此外，停市和涨跌幅限制等价格稳定措施只是对市场走势加以暂时抑制，但并不能阻止其运动方向，因此，在有关信息不明的情况下，市场焦虑的情绪可能不减反增，反而会加剧市场波动。此外，噪音交易者在这种情况下很可能会采取正向反馈交易策略，即当股价涨就买进，股价跌就卖出，并把涨跌停视为买卖信号，产生助涨助跌效应。

二是价格发现延迟效应论。一些学者从市场有效性理论出发，认为价格稳定措施将延迟股价反应信息的速度，因此影响市场的有效性。价格发现延迟效应也称天花板效应，其基本观点是，当股票基本价值发生较大变化时，可能造成股票均衡价格的变化幅度超过涨跌幅上下限，这时涨跌幅限制制度的存在将使本应在当天达到的均衡价格无法及时实现，不得不在随后的交易日继续向均衡价格靠拢，从而延迟了价格发现的时间。相关研究显示，信息只有在连续交易时才能广泛发散和传播，因此涨跌幅限制并不能降低信息的不对称性，相反会阻碍新信息的发散，从而增加信息的不对称性和噪音交易行为。2013年诺贝尔经济学奖得主尤金·法玛曾于1990年指出，涨跌幅限制将抑制正常的价格发现过程和基本波动性，使得股价变化不能完全反映基本经济因素的影响，增加投资者的不确定性和股价的波动性。

三是流动性干扰效应论。当股价达到涨跌幅限制时，交易暂停，投资者无法通过提高买入报价或降低卖出报价来调整持有的股票，股票交易的流动性就会受到人为干扰，这种效应就是流动性或交易干扰效应。国际证监会组织新兴市场委员会的一项研究认为，尽管断路器可能在短期内防止价格的剧烈波动，但长期而言，它会降低市场的流动性，加速股价下跌并影响其他相关市场。

四是磁吸效应论。涨跌幅限制具有拉动价格接近限制的"磁吸效应"，即当价格即将接近涨跌幅限制时，交易量放大，涨跌幅限制进一步拉动价格接近涨跌停板。法玛在研究美国市场股价的巨幅变化时，最早提出了磁吸效应。之后许多研究均发现，当价格向着涨跌停方向的变化超过一定程度时，会出现加速达到涨跌停板的效应。

围绕价格稳定机制的争论已经持续了若干年了，未来这一争论显然还将继续下去。我对价格稳定机制的基本观点有两个：

第一，对一个已经存在价格稳定机制的市场，功利主义的政治考虑可能是支撑该机制继续存在的核心理由。1998 年，拉里·哈里斯提出了一个关于价格稳定机制的政治学分析思路。他认为，监管者可选择采取有涨跌幅限制和无涨跌幅限制的政策。在不采取涨跌幅限制措施时，如果股市非常稳定，则监管者不会受到责难，但也没有功绩；如果股市出现非理性的暴涨或暴跌，甚至引发系统金融风险，此时公众将责难监管者没有采取稳定措施，尽管涨跌幅限制不一定真正有效。在采取涨跌幅限制后，如果市场运行正常，则监管者将以此为功；如果市场出现非理性的暴涨或暴跌，公众将难以就此责难监管者。显然，在这种情况下，如果缺乏合理的民主决策过程，则监管者无疑倾向于采取涨跌幅限制措施。

在我国，由于券商等金融机构主要依据股票收盘价进行风险管理，涨跌幅限制在特殊时期对市场的不利影响尤其严重。例如，2015 年股市异常波动期间，大面积的股票价格跌停，导致券商融资和银行的证券质押业务风险控制失灵，指数的计算也严重失真，市场的真实风险暴露被掩盖。同时，大面积跌停引发投资者对权益类基金的大规模赎回，又进一步加剧了市场下跌，形成负反馈效应。

第二，各种价格稳定机制不是割裂、分立的，而是一揽子工程，需要综合考量不同价格稳定机制之间的相互作用，价格稳定机制的改革应配套进行。我国在经历 2015 年股市异常波动后，于 2016 年 1 月 4 日仓促推出了针对大盘的指数熔断机制，但是由于没有充分考虑到大盘熔断机制四方面要素，没有对相关量化指标作全面的分析，特别是没有考虑到已有的较窄（10%）的涨跌幅限制机制和我国市场散户为主导致的明显的"羊群效应"，使得推出后效果不佳，4 个交易日出现了两次大盘熔断，最后于 1 月 8 日起暂停实施指数熔断机制。

就中国当前市场而言，10%的个股涨跌幅机制对维护市场稳定具有一定的意义，但是对于公司基本面发生重大变化的股票，这种措施具有明显的助涨助跌效应，也易于为大户和机构所利用。近年来，我国股市由于基本波动导致的涨跌停占比超过60%，说明当前涨跌幅制度已经对市场流动性造成了影响。涨跌幅限制对形成均衡价格的阻碍逐渐增大，对流动性的干扰日渐严重，某些时候甚至可能成为操纵价格的助推器。2015年以来，连续涨跌停次数较往年大幅增加，涨跌停后次日涨跌幅超过8%的比重较之前也有大幅提高，因此，放宽涨跌幅是提升市场效率，不影响基本波动，避免出现特殊情况下的流动性枯竭的重要手段。我们的调研也显示，80%的投资者赞同放宽涨跌幅。

考虑当前的市场环境，平日10%的涨跌幅限制可以保持不变，但当涨跌停持续一段时间后，启动放宽涨跌幅措施。可以考虑有两种思路：

一是日内动态扩大涨跌停范围。例如，日内出现涨（跌）停且持续1小时后，暂停连续交易，启动5分钟集合竞价（波动集合竞价），以起到冷却市场的作用，防止过度反应，集合竞价最高（低）价格为现有涨（跌）停价加（减）前收盘的10%。

二是连续涨跌停后次一交易日放宽，同时引入波动性集合竞价机制。例如，在股票连续两个交易日涨（跌）停后，第三个交易日放宽涨（跌）幅至50%，同时引入10%的动态波动集合竞价机制，即股价比基准上涨或下跌10%时，暂停连续交易，启动5分钟集合竞价。新股上市首日交易也可以采取类似措施，涨（跌）幅的放宽幅度可以相应增加至30%。上述涨跌幅放宽均为单边调整，即如果日内出现涨停并持续1小时的，只是将涨停幅度放宽至20%，跌停幅度不变，仍为10%。相关研究显示，利用"8·16"光大乌龙指发生当日的历史数据，对波动集合竞价效果进行验证，结果显示，当天异动的个股，均能及时触发波动集合竞价，近90%异动个股的价格波动幅度明显降低。

日内单次回转交易

日内回转交易，是指投资者就同一个标的（如股票）在同一个交易日内各完成一次买进和卖出的行为。简单地说，就是当日买进的股票在当日卖出，或者当日卖出（卖空）的股票再在当日买进的交易行为。因此，日内回转交易可以概括为三种情况：一是当日买进某股票后于当日卖出，二是当日卖空某股票后于当日买进并归还，三是当日卖出之前持有的股票后于当日买进。

第三种情况一直都是允许的，没有特殊的称谓。第二种情况较为特别，在2015年股市异常波动前也是允许的，但是考虑到融券卖空后当日买券还券再融券卖空这个过程可以无限反复，与买入或融资买入行为不对称（当日买券后不能卖出再买入），有利于市场做空力量。因此，在2015年8月3日下午上交所一次专题会议上，我们建议对融券卖空的，规定最快只能在次日还券。当天晚上，沪深交易所修改了交易规则，规定融券者当日不能还券。后来，市场人士将之前的做法称为融券"T+0"，之后的做法称为融券"T+1"。这种叫法并不准确，因为当日融券卖出后，仍然可以当日买入（只是不能归还），资金可以实现一次回转，因此，更准确的叫法应该是日内单次"T+0"。

我国投资者习惯于把第一种情况称为"T+0"。"T+0""T+1""T+3"等本来是结算上的概念，"T+0"指资金或证券结算在当日完成。遵循市场习惯，我们也把第一种日内回转交易概念称为"T+0"。

"T+0"是国际市场一项通行交易制度。美国、欧洲、日本、中国的香港和台湾地区等证券市场均允许日内回转交易，而且不少市场的日内交易十分活跃。欧美、中国台湾等市场日内回转交易比重约在20%左右。

上海证券交易所在1990年成立之初禁止"T＋0"。1992年12月24日，上交所在取消涨跌幅限制7个月后，率先对A股和基金实施"T＋0"交易。1995年1月1日，A股和基金"T＋0"交易再次被禁止，且延续至今。1992

年，B 股开始在上交所挂牌交易，考虑到国际投资者的交易习惯，允许 B 股"T＋0"交易。2001 年 12 月 3 日，随着 B 股市场对内放开，对 B 股开始采取与 A 股一致的禁止"T＋0"交易制度。

境内投资者对"T+0"总体上看是十分肯定的。2016 年 6 月，我们做了一次投资者调研，84% 的投资者表示需要对股票实施"T+0"交易。但是，也有少数人士对"T+0"持怀疑态度。他们对"T+0"交易的指责主要集中在四个方面：第一，"T+0"有利于提升市场流动性，但中国股市的流动性不是不足，而是过度，实施"T+0"于事无补，反而加剧市场投机炒作；第二，"T+0"交易加剧了价格波动；第三，"T+0"交易更加便利市场操纵；第四，"T+0"交易增加了投资者和市场风险。

2008 年，我们撰写了一篇题为《日内回转交易的市场效果》的论文，对这些观点进行了讨论和实证分析。主要结论如下：第一，推行"T+0"交易，不仅不会加剧价格波动，相反对活跃交易、提高市场流动性和定价效率有重要意义。第二，"T+0"交易并未加剧价格波动。从沪市几次"T+0"制度改革前后比较看，多数情况下"T+0"反而使波动降低。对同一时期允许和禁止"T+0"的特定品种波动率的横向比较则显示，波动性与产品特征有关，与"T+0"制度无关。第三，"T+0"并没有助长市场操纵行为，因为"T+0"增加了市场供给，反而是中小投资者对抗主力操纵股价的一大手段。第四，"T+0"并未增加市场风险，相反为投资者提供了更加灵活、便利的投资手段，有助于减少损失，降低交易风险。

关于中国市场的流动性问题，我们在《对我国股市流动性问题的几点思考》一文中，明确指出中国股市流动性不是过剩，而是严重不足。第 3 章对此已有充分讨论。我国投资者和市场专家习惯用换手率指标来衡量股市流动性，并由此认为中国股市相比国际市场流动性更高。这一认识十分片面。流动性应包括交易价格合理性和成交即时性两方面含义。价格合理性通常用价格冲击成本或买卖价差指标衡量。从这些指标看，我国股票市场的流动性是严重不足的。因此，流动性过剩不能成为反对"T+0"的理由。相反，实施"T+0"有助于大幅度提高市场深度，对降低价格操纵可能性和避免特殊情况下流动性枯竭有重要意义。

考虑到部分监管和市场人士的疑虑，以及与融券的单次"T+0"相配套，我们提出了一种限制性的"T+0"方案，即对股票交易实施日内单次"T+0"交易。简单地说，就是允许当日买入的股票在当日卖出，但卖出所得的资金当日不可用，即资金在一天内可回转一次。这种机制，既有效保护了中小投资者利益，使中小投资者买入股票后，在市场出现不利变化时，有了规避风险的手段，也避免了多次回转可能导致的过度投机现象。市场对股票单次"T+0"交易机制十分期待，我们的调研显示，约2/3的投资者认为该机制切实可行。

大宗交易与平行市场

大宗交易，是指那些由于订单数量过大，从而难以用通常的电子竞价交易方式予以撮合的证券交易。从境外市场实践看，对大宗交易的标准没有统一的规定。理论上看，大宗交易数量标准的界定与市场规模、流动性有关，在市场规模越大、流动性越高的市场，大宗交易的数量标准通常也较高。换言之，大宗交易标准是大额订单的市场影响成本的函数，造成较大市场影响成本的订单数量应该作为大宗交易的数量标准。但在实践中，由于测度流动性成本的方法不统一，且不同时间变化也不同，为便于管理，各交易所倾向使用一个相对固定的标准。目前主要有四种做法：

一是以交易品种的绝对数量（如股票数量）为标准，如台湾证券交易所界定超过5万股的交易为大宗交易。

二是以交易金额为标准，如澳大利亚交易所规定大宗特别双边订单的金额必须超过100万澳元。

三是大多数证券交易所采取的结合交易数量和交易金额的标准，如纽交所规定1万股及以上或金额超过20万美元的股票交易为大宗交易，韩国交易所界定超过 5 万股或金额在 1 亿韩元以上的交易为大宗交易，新加坡交易所界定 5 万股或 15 万新元以上的交易为大宗交易。

四是相对规模标准。由于仅依靠一个固定的数量来界定大宗交易很容易忽略股价的影响，例如在美国，对低价股而言，即使超过 1 万股也很容易被作为普通订单处理，而每股价格高达数万美元的高价股即使低于 1 万股，也很难在场内撮合。因此，一些学者和交易所认为，把大宗交易的标准规定为该股票平均每笔交易规模的若干倍数，可能比统一规定要合理一些。伦敦证券交易所以正常市场规模为标准界定大宗交易，它首先界定股票的标准市场规模（Normal Market Size，NMS），把标准市场规模划分为 12 档，根据过去一年各股票交易量的情况分别归档，规定超过标准市场规模 50 倍（对 NMS 在 500 或 1 000 股的股票）或 75 倍（对 NMS 在 2 000 股或以上的股票）的交易称为大宗交易。

大宗交易在证券市场中具有十分重要的地位。尽管从订单的绝对个数看，大宗交易占市场比重不大，但由于大宗订单的规模均很大，因而大宗交易的交易量占比在英美等市场甚至超过 50%。

证券市场本质上是一个不完善的市场，市场在时间上和空间上存在着若干要素（特别是信息）的分割，因此，不可避免地存在间接交易成本，如搜索成本、信息成本、执行成本和市场影响成本等。也就是说，在这样一个不完全的市场中，交易机制无疑将影响市场的变化，或者说，二级市场的交易机制将影响市场的价格波动、流动性和潜在的投资者数量。大宗交易正是这样一种情况。从交易市场实践看，大宗订单的执行与小额交易存在很大差别，正是这些差别决定了大宗交易应采取不同于小额交易的特殊交易模式。

大宗交易这些不同于小额订单的特性，被学术界称为"大宗交易价格之谜"，包括大宗交易对市场价格的影响、大宗买进与大宗卖出对市场影响程度的不对称、大宗交易市场在价格决定中的作用和大宗交易自身定价等方面。拉里·哈里斯指出，大宗交易发起者面临四个方面的交易难题：一是潜在需求不足问题；二是订单披露的不利影响问题；三是价格歧视问题，如流动性提供方担心可能还会有更多的订单涌入，而不愿与大宗交易者进行交易；四是信息不对称问题，如流动性提供方担心大宗交易发起方拥有很多有用的信息。

从投资者进行交易的角度看，这四方面的交易难题进一步表现为以下三个方面：第一，大宗交易可能会逆向影响市场价格；第二，大宗交易可能无法保证及时成交；第三，大宗交易可能导致交易退出（撤单）困难。

因此，在绝大多数市场，对大宗交易都有一些特别的制度安排。从境外市场已有机制看，涉及大宗交易的机制主要有场外交易、场外协商场内确认、场外交易与场内竞价结合、盘后交易、做市商交易、大宗交易专用竞价系统、交易大厅模式、交易隐形化（隐藏数量订单等）、交易信息延迟披露等九种制度安排。从定价角度看，有议价、定价和竞价三种情况。我在《市场微观结构与交易机制设计：高级指南》一书第十五章，对大宗交易的各种模式有较详细的论述，有兴趣的读者可以参考。

这里重点讨论一下大宗交易与平行市场的关系。平行市场是我们针对中国散户为主的投资者结构提出的一个概念。交易所的核心是汇聚流动性，提供交易便利，因此，主市场（主订单簿）无疑应该是流动性最好且定价效率最高的市场。但是，考虑到大宗交易的逆向影响，即使是在欧美等以机构为主导的市场，大宗交易通常也不在主市场进行。

然而，在中国这样一个散户为主、"羊群效应"显著的市场，反而缺乏有效的大宗交易机制。这造成了两个方面的恶劣影响：第一，机构和大户对市场价格有了非同寻常的影响力，极易造成价格操纵，严重损害中小投资者利益；第二，与第一点相联系，股价波动特别是日内波动巨大，日内大幅震荡和暴涨暴跌现象普遍，导致市场高度投机，资本市场定价和价格信号功能弱化。

造成缺乏有效的大宗交易机制的原因是多方面的。一方面是历史的原因，交易机制存在较大的惯性，不到市场出现大问题，缺乏改革的必要性；另一方面是动力上的，交易所和监管机构改革交易机制的激励不足，相反责任重大。

此外，观念上的因素也很重要。我国资本市场对于交易机制的认识，普遍存在一些认识上的误区。未来交易机制改革，迫切需要突破如下三个不恰当的观念：

一是交易机制不能轻易改的观念，或称交易机制谨慎改革论。这种观点涉及对交易机制的基本认识，认为交易机制是市场的基本法则，不能轻易改变。但纵观境外主要市场，尤其是近十几年来，证券市场交易机制发生了翻天覆地的变化，各交易所通过一系列对交易机制的变革，不断推进市场向高透明度、高交易效率、低交易成本的方向发展。以德交所为例，其股票交易系统从1997年至今已经升级了16个版本，几乎每年升级一次，而每次版本升级都伴随着相关交易机制的调整与变革。在美国，纽交所于2006年由专家制度转向混合交易机制，2008年又将专家制度改为指定做市商制度。纳斯达克也开始从纯做市商机制转向混合机制。反观我国，交易机制推陈出新速度缓慢，特别是当市场环境发生较大变化、产生许多重大的新需求时，交易机制很难迅速做出反应。

二是认为沪深交易所的交易机制应基本一致的观念，即交易机制一致论。绝大部分市场人士认为，上海与深圳两家证券交易所，都是同一机构监管下的证券交易所，绝大多数投资者均同时参与两家交易所的交易，因此，两家交易所的交易机制应基本一致。但从境外市场的经验来看，不仅同一国家内不同交易所的交易机制存在巨大差异，如美国纽约证券交易所的竞价机制与纳斯达克的做市商机制，而且，即使在一家交易所内，针对不同特征股票设计的交易机制也不尽相同，例如，伦敦证券交易所对大盘股和小盘股就采取了完全不同的交易机制。

三是认为交易机制改革不能解决根本问题的观念，即交易机制改革无用论。不少市场人士认为，我国股票市场的核心问题，是发行机制改革和投资者结构等问题，交易机制的改革不会改变市场基本结构，对完善市场的作用不大。但事实上，交易机制不仅会影响二级市场流动性、稳定性等市场质量，也会对投资者的交易行为、投资者结构产生深远影响。合适的交易机制往往能够显著改善市场结构，也能够间接为一级市场改革等创造条件。

在这种背景下，完善大宗交易机制，建设一个和主市场并列的平行市场，意义就格外重大。与场外的大宗交易市场不同，我们设想的平行市场是与主市场紧密相连的一个市场。平行市场具有自身无定价机制、强制性和回流功能三个特点：一是平行市场是在主市场之外的一个市场，自身没有定价机制，成交价格从主市场引入，通常是按照主市场的买卖价差中点予以撮合成交。二是与境外市场大额交易机制不同，平行市场具有若干强制性要求。例如，单笔数量达到一定标准或当日交易达到一定数量以后的交易只能进入平行市场予以撮合。这种数量标准可以是绝对的，如一定股数以上，也可以是相对的，如超过相关股票过去一个月日均交易规模的一定百分比等。三是主市场和平行市场之间建立有效联通机制。例如，平行市场中的订单在一定时间内没有成交，可按照冰山订单或日内量加权均价订单形式回流到主市场。我们认为，这样的平行市场，很可能成为改变目前交易市场不良习气、形成良好股票交易秩序的关键一环。

第6章
产品仓库

云暮斜阳远，落日化金闲。不知九万里外，是怎样山川？剪去万千飞绪，又恐无人能解，相伴醉时眠。可去凌绝顶，信步落霞间。

山不尽，天无涯，夜空寒。不应有憾，是男儿浪荡瀛寰。冷雾蛮烟渐起，飞鸟苍鹰归寂，逍遥胜从前。愿借边风劲，吹见几重天。

——《水调歌头·珠峰晚霞》，刘逖，2006 年

交易机制和产品创新是交易所市场发展中最重要的两个环节。产品是交易所交易的标的，也是支持交易所市场运作、业务发展乃至盈利的源泉。丰富的交易品种、健全的产品结构，不仅为投资者提供了多元化的投资选择，也是交易所发挥市场功能和增强竞争力的根本。

"产品仓库"一词，用来表示交易所产品线的广度和深度。广度是指交易产品的大的类别，深度是在某一类产品中的细分品种。简化、标准化、组合、剥离和新建，是金融产品创新和构建产品仓库的基本方法。在产品创新过程中，我们应充分考虑产品价值、生命周期和相关风险因素，同时还必须关注产品的可替代性与协同效应、创新环境以及交易机制和合约设计方面的问题。

交易产品概述

诺贝尔经济学奖得主肯尼思·阿罗在《证券在风险最优配置中的作用》一文中提到，当独立证券的种类数达到未来可能的经济状况数时，即形成完整市场，这时，人们可以利用市场上的证券创造出未来任何的偿付形态，使个体可以对未来的任何不确定性进行保险，实现整个经济领域的帕累托最优。对交易所而言，产品链的拓展就起到了这一作用，使市场更为完整。

在一个完整的市场中，不仅众多投资者对收益和风险组合的不同偏好，还有投资、套期保值和套利等不同需求，都能得到较好的满足，充分发挥交易所网络外部性的正反馈效应，而且，不同产品之间构成的多种多样的投资策略，如对冲交易、套利交易、价差交易等，将在不同产品之间建立起一套错综复杂却又有规律可循的价格关系，因之有着较强的价格发现功能，在有效提升基础产品流动性的同时，发挥交易所市场的经济功能。

交易所的交易产品主要包括两大类：第一类是基础性现货产品，因交易所性质不同，现货产品可以是股票、债券、基金、外汇等金融工具，也可是黄金、大豆、木材等一般实物；第二类是衍生性产品，包括可转换债券、交易所交易基金（ETF）等合成型金融工具，期货、期权等契约型衍生品，以及与特定市场挂钩的结构型产品等。

以证券交易所为例，基础性现货产品主要有股票、债券和基金三种形式。股票是股份公司在筹集资本时发行的用以证明出资人的股东身份和权益，并据此获得股息和红利的法律凭证。股票以法律形式确定了股份公司的自有资本以及公司与股东之间的关系。股票分为普通股和优先股两种。普通股是股份有限公司发行的标准股票，也是发行量最大、最为重要的股票。普通股股东拥有经营参与权、利润分配权、优先认股权、资产分配权等全部股东权利。优先股是公司在筹集资金时，给予投资者某些优先权的股票。这种优先权主要表现在两个方面：一是优先股有固定的股息，不随公司业绩好坏而波动，并且可以先于普通股股东领取股息；二是当公司破产进行财产清算时，优先股股东对公司剩余财产有先于普通股股东的要求权。但是，优先股股东没有表决权，即不参与公司的经营与管理。

债券是政府、金融机构、工商企业等机构直接向社会借债筹措资金时，向投资者发行的，承诺按约定条件以一定利率支付利息和偿还本金的债权债务凭证。债券的本质是债的证明书，在债券所体现的债权债务关系中，债券发行人即债务人，投资者（或债券持有人）即债权人。常见的债券类别有十余种：一是政府债券，由政府发出的债券；二是公司债券，由工商企业发行的债券；三是资产证券化债券，即以某种资产（如住房按揭贷款、信用卡应收款等）作抵押发行的债券；四是记名债券（Registered Bond），发行机构对债券持有人资料加以记录的债券；五是不记名债券（Bearer Bond），不用记录拥有权转让的债券；六是抵押债券（Secured Bond），债券发行具有抵押品保证，若发行机构违约，持有人可将抵押品出售，所得款项用以清还欠款；七是无抵押债券（Unsecured Bond，Debenture），债券以无抵押形式发行，投资者信息全系于发行机构的信用；八是零息债券（Zero Coupon Bond），指不附利息的债券，这类债券以折扣价格发行，期满时则以面值赎回，投资者所得即折扣价与面值之间的差值；九是可转换债券（Convertible Bond），允许债券的持有人在未来指定日期内，按预先定下的条款向发行机构以债券换取其他议定的股份，实际上是一种兼具股票和债券特征的合成型证券；十是熊债券（Bear Bond），即赎回价值跟随某一既定挂钩对象（如货币、指数）价格的下降而上升的债券；十一是牛债券（Bull Bond），赎回价值与某一既定挂钩对象价格走势一致的债券。

基金是一种利益共享、风险共担的集合证券投资方式，即通过发行基金单位，集中投资者的资金，由基金托管人托管，由基金管理人管理和运用，从事股票、债券、衍生品等投资。从基金的运作与组织形式看，主要有契约型和公司型两种。共同基金是契约型的投资基金，即根据一定的契约原理组织起来的代理投资制度。公司型投资基金不是按照一定的信托契约，而是按照公司法组成以盈利为目的的股份有限公司进行营运，投资者通过购买公司的股份成为股东。按照基金是否可赎回这一点来划分，基金可以分为封闭式与开放式。开放式基金是指基金发行总额不固定，基金单位总数随时增减，投资者可以按基金的净值申购或赎回基金单位的一种基金。封闭式基金则指基金发行总额固定的一种基金，封闭式基金通常不得提前赎回。

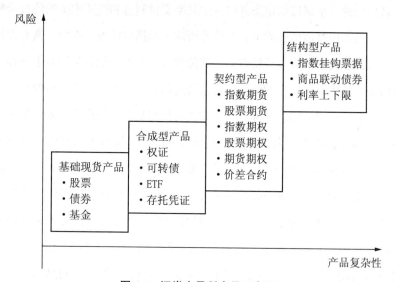

图 6.1　证券交易所产品示意图

衍生证券泛指一切以现货产品为基础并由此衍生出来的投资工具。合成型产品是最基础的衍生工具，如可转换债券、权证、ETF、存托凭证等，这类产品通常存在一个特定的发行者。从交易方式看，合成型产品通常按照现货方式交易，因此，交易所通常把其列入现货产品。可转换债券是一种可以在特定时间，按特定条件转换为公司普通股股票的特殊企业债券，兼具有债券和股票的特性。权证包括认股权证和衍生权证。认股权证是最初级的股票衍生产品之一，是由上市公司发行的承诺在一定期限内，以某个约定的价格，向持有人出售（或购入）一定数量的股票；而持有人有权利（但无义务）在有效期内行使认股（或出售）权利。持有人为获得这个权利，需向发行人支付一定的费用，这个费用就是认股权证的价格。衍生权证是由上市公司以外的第三方所发行的权证。存托凭证也称存股证，是由投资银行发行的一种证券，通常以本国货币定价，在本国交易托管于国外的外国发行者发行的股票等基础证券。ETF是一种指数化投资工具，是在交易所买卖的代表一揽子股票所有权的基金。

除基础衍生证券外，契约型衍生品主要可分为远期、期货、期权和互换四大类。远期合约是最简单的一种衍生资产，主要在场外进行交易。买卖双方分别许诺在将来某一特定时间购买和提供某种商品，买方处于多头地位，卖方处于空头地位。远期合约的特征在于，虽然实物交割在未来进行，但交割的价格在合约签订时就已经确定。

与远期合约一样，期货合约也是买卖双方就未来以某种价格交易某种商品或资产而签订的协议。但与远期交易不同的是，期货合约是一种标准化的远期交易方式。在期货合约中，交易的品种、规格、数量、期限、交割地点等，都已经标准化，唯一可变的就是价格。期货主要可分为商品期货和金融期货两大类。商品期货有农副产品、金属产品、能源产品等几大类；金融期货是以金融产品为标的物的期货合约，包括利率期货、货币期货、股票期货和股票指数期货等。

与远期或期货交易中买卖双方均需承担义务不同，期权的基本特征在于它给予合约持有人的，是一种权利而非义务，即合约持有人有执行或放弃合约的权利，投资者为此必须支付一定的权利金。期权合约的基础资产包括股票、股票指数、外汇、期货、互换合约等多种形式。

互换主要在场外交易，但近年来场内互换渐露头角。互换的基本原理是，利用互换双方在不同金融市场上所拥有的优势，按照市场行情订立合约，在一定时期内双方对金融债券或债务进行相互交换。互换的基本类型有两种：一是货币互换，二是利息互换。

近年来，不少市场还陆续推出了标准化的价差合约（Contract for Difference，CFD）产品。价差合约最早的名称是"股票互换"，是交易双方（买方和卖方，或多头和空头）交换特定标的资产在未来一段时间内价格差额的合约。价差合约是不涉及实物商品或证券交换，仅以标的资产一段时间内价格的差额作现金结算的交易方式。价差合约没有到期日，只要投资者的账户余额足以满足保证金浮动要求并足以支付融资利息，投资人就可以无限期地持有价差合约。投资者要结束一份价差合约，只需进行反向操作平仓。

　　除以上所述衍生性产品外，市场上还出现了一些联接型的结构化金融工具，如商品联接债券（如 1986 年标准石油公司发行的根据到期日石油价格的不同而支付不同利率的债券）和指数外汇期权票据（Index Currency Option Note，如 1985 年银行家信托公司发行的债券利息随某一种外汇汇率变化的债券）等。利率上限和下限（Interest Rate Cap/Floor）也是一种新型的衍生合约。利率上限或下限的目的，在于限定浮动利率制度下的借款者或贷款者的利率风险。如果贷款利率超过了规定的利率上限，则利率上限合约的卖出者将向合约

表 6.1　全球证券期货市场产品演进表

产　品	出现时间	地　　点
股　票	1551 年	英国 Muscov 公司股票
国　债	1672 年	荷兰联省共和国国家债券
商品期货	1865 年	芝加哥交易所
基　金	1868 年	英国"海外殖民地政府信托基金"
指　数	1884 年	道尔 11 种股票指数（道指 30 的前身）
抵押担保证券	20 世纪 60 年代	场外市场
外汇期货	1972 年	芝加哥商业交易所
股票期权	1973 年	芝加哥期权交易所
国债期货	1976 年	芝加哥商业交易所
掉期交易	1980 年	场外市场
指数期货	1982 年	美国堪萨斯期货交易所推出价值线综合指数（Value Line Average）期货
指数期权	1983 年	芝加哥期权交易所
担保债务凭证（CDO）	1983 年	场外市场
交易所交易基金（ETF）	1990 年	加拿大多伦多证券交易所
ETF 期权	1998 年	芝加哥期权交易所
信用违约互换（CDS）	1998 年	场外市场
价差合约	1999 年	英国场外市场
……	……	……

表 6.2　全球主要交易所产品一览表

	德国	纽约	纳斯达克	伦敦	泛欧	瑞士	斯德哥尔摩	赫尔辛基	雅典	华沙	多伦多	澳大利亚	东京	孟买	韩国	台湾	香港
股票	√	√	√	√	√	√	√	√	√	√	√	√	√	√	√	√	√
外国股票	√	√	√	√	√	√	√	√	√	√	√	√	√				√
债券	√	√	√	√	√	√	√	√	√	√	√	√	√	√	√	√	√
可转债	√				√	√						√					√
资产抵押债券																	
投资基金				√	√							√					√
房地产信托基金												√	√				
ETF	√	√	√			√					√	√					√
债券回购/逆回购												√					
股票借贷/回购	√								√								
权证	√	√			√	√						√					√
认股权证	√				√	√		√	√								
政府债券权证						√											
商业票据			√													√	
存单																√	
期票																	
期货	√			√	√	√						√	√		√		√
股票期货	√					√											√
股指期货	√				√	√						√	√		√		√
债券期货	√					√						√					√
利率期货	√					√											√
货币期货						√				√	√						
商品期货						√											
通胀指数期货																	
天气期货						√											
ETF 期货	√																
期权	√		√	√	√	√			√	√		√	√				√
股票期权	√		√	√	√	√						√	√				√
股指期权	√		√	√	√	√						√	√		√		√
债券期权	√											√					√
利率期权	√					√											√
货币期权						√											
ETF 期权	√																
期货期权	√				√												
结构化衍生品			√		√	√											√

注：" √ "表示相关市场有该产品。
资料来源：根据各交易所网站资料整理。

买入者（借款者）补偿实际利率与利率上限之间的差额，即借款者应支付的最大利率为合约规定的利率上限；反之，如果贷款利率下降到了利率下限以下，则贷款者可通过买入利率下限合约，获取实际利率与利率下限之间的差额补偿。投资者也可以将利率上限和下限结合起来，从而构成一种新的金融工具，即利率上下限（Interest Rate Collar）。基本做法是在买入一个利率上限合约的同时，卖出一个利率下限合约，从而一方面可固定在合约有效期内的借款利率成本，另一方面可通过出售利率下限合约获取一定的收入，以补偿买入利率上限合约的成本。此时，如果实际利率上涨，则借款者的最大支出为合约规定的利率上限；如果实际利率下跌，则借款者的最大支出为合约规定的利率下限。

产品仓库

我们可以用"产品仓库"一词，来表示交易所产品线的广度和深度。广度是指交易产品的大的类别，如权益产品、债券产品、结构化产品、衍生产品等。深度是在某一类产品中的细分品种，如债券中的政府债、公司债、可转债、私募债等。

2012 年，我在负责上交所基金市场业务时，就按照这一思路，提出了上交所基金产品仓库的战略规划。基于对当时市场形势的判断，结合上交所发展战略，我提出了上交所基金市场"一所连百业，一市跨全球"的战略定位，以及建设成为具有较大规模的标的资产覆盖股票、债券、商品和衍生品，连接场内和场外，跨越境内和境外交易市场的枢纽市场的战略目标。所谓"一所连百业"，就是说，投资者通过上交所基金市场，可以实现对各行各业的投资，例如通过购买黄金 ETF 投资黄金市场、通过债券 ETF 进入债券市场等；"一市跨全球"，是指可以通过上交所基金市场投资境外市场，如通过买卖德国 DAX ETF 间接投资德国股票。

基于这样的战略定位，我们提出了上交所基金市场发展的指导方针，包括

"调结构、促交易、稳运行、拓渠道"四个方面。"调结构"是指通过产品链拓展，及 ETF 回购和创新市场等市场群的开辟，实现上交所基金市场和产品结构的战略性调整。"促交易"是指通过多种配套措施和交易机制的改进，如之后推出的 ETF 流动性服务商和部分 ETF "T+0"机制，实现市场流动性再造工程。"稳运行"是指通过理顺运作流程、采取多样的风险管理手段，降低运营和操作风险，实现运行机制优化。"拓渠道"是指通过整合基金销售、交易、结算和信息平台，积极探索多样化的基金销售途径，同时拓宽投资者结构，培育合格投资者，实现投资者队伍的壮大。

表 6.3 产品仓库规划：上交所基金市场

		类　　别	子类：标的	子类：模式	子类：市场
大众市场	现货市场	ETF（现货 ETF）	股票 ETF 债券 ETF 货币 ETF 黄金 ETF	全复制 ETF 抽样 ETF 主动 ETF 杠杆 ETF 反向 ETF	单市场 ETF 跨市场 ETF 跨境 ETF
		ETC（商品期货 ETF）	能源 农产品 金属	期货复制	跨期货市场
		ETX（外汇 ETF）	外汇期货	外汇期货复制	外汇市场
		ETL（挂钩 ETF）	任何指数	现金复制	任何市场
		LOF （上市开放式基金）		普通 LOF 分级 LOF	
		封闭式基金		创新封闭	
专业市场	回购市场	基金回购 基金逆回购			
	创新市场	ETF 延期交易（T+D） ETF 分期交易			
	衍生市场	ETF 期权			

"调结构"主要就是产品仓库建设，重点包括两个方面：产品链拓展和市场群开辟。前者主要是完善基础基金品种，针对现货市场而言；后者的重点是 ETF 回购和衍生性创新产品。如果从交易产品特征和投资者准入要求看，也可予以大众市场和专业市场的分类。大众市场基于集中竞价交易，投资者范围

广泛，主要包括现货和回购市场。专业市场仅限于合格投资者参与，重点是带有衍生品性质的基金产品。

新股发行：交易所基础产品之源

证券交易所是公开交易股票等证券的场所。股票是证券交易所最重要的产品，各种股权类衍生产品，如股票期权、股指期货等，也都是在股票这一基础产品之上发展起来的。因此，各证券交易所都把吸引上市资源作为一项重点工作。除境内上市资源丰富程度、市场开放情况等内在因素外，新股发行制度是影响交易所上市资源最重要的外在因素。在欧美和中国香港等市场，新股发行相对市场化，上市资源的竞争主要是交易所之间的商业竞争。在中国内地，由于政府对新股发行管制相对较多，交易所吸引新上市资源的动力和能力均受到了较大的限制。

一般而言，新股发行制度包括三个环节：谁能够发行？以什么价格发行？发行给谁？第一个问题即发行准入制度（发行审核等），第二个问题即新股发行定价机制，第三个问题即新股分配机制。在这几个方面，中国市场都有一些不同于境外成熟市场的特点。

首先，从发行准入制度看，我国政府事实上控制了新股发行的规模与过程。在 2000 年以前，我国对新股发行采取额度制。该额度由计委和证监会共同决定，并分配给各省、市、自治区和部委。地方政府和各部委选择符合条件的企业，该企业经证监会发审委通过后即可公开发行股票。2000 年，根据《证券法》的要求，证监会废除了额度制，改行核准制，但发审委的批准仍是企业首次公开发行股票的必要条件。

其次，在发行定价方法方面，我国先后采取了多种方式，经历了"非市场化—市场化—非市场化—市场化"之间的多次反复。在 1999 年中期以前，固定市盈率定价是最主要的新股定价方法，大多数新股的发行市盈率在

12—15 倍之间。1999 年 7 月，证监会允许总股本在 4 亿股以上的企业可与承销商协商定价。2000 年 4 月，所有股票均可以协商定价。2001 年后，询价（Bookbuilding）方法得到了广泛的应用。在这种方法下，发行公司与承销商协商确定一个初始价格范围，然后由承销商根据机构投资者的需求情况调整发行价格。在这一阶段，又先后经历了区间范围内累积投标竞价方式、区间累计投标询价方式且询价上限按照严格的市盈率预定范围发行、累计投标询价定价方式三个阶段。目前，新股发行定价的上限为不超过 23 倍市盈率。

最后，中国的新股分配机制十分独特。在 1996 年以前，诸如认购证、与存款挂钩、网上竞价等多种方法，都曾被用来分配巨大的新股认购需求。1996 年，新股开始以抽签方式进行分配，中签率取决于申购者投入的资金量。在 1998 年和 1999 年，证监会规定证券投资基金和战略投资者具有新股认购的优先权，他们可以分配到 25%—75% 的新股，这就是俗称的"网下配售"，其他投资者只能通过交易所交易系统进行网上新股认购。2000 年，证监会引入了新股申购与申购者持有的二级市场股票市值挂钩的分配方法，但抽签方法依然适用，只是中签率不是取决于申购者投入的资金量，而是取决于申购者持有的股票市值。2002 年，按市值配售的方法得到了强化，但之后由于紧接而来的数年熊市，发行的新股很少。在 2006 年股权分置改革基本完成且恢复新股发行后，按市值配售的方法事实上被废止。目前，又恢复了按市值申购新股的做法，但同时允许符合条件的个人投资者参与网下配售。

概括而言，当前新股发行制度最主要的问题有以下三个方面：第一，发行定价市场化程度不够。在询价环节中，由于各种因素和利益的制约，询价往往流于形式。在国际市场，新股跌破发行价是司空见惯的。当然，个别股票上市后出现大幅度涨幅并不奇怪，但如果所有新股上市后都出现巨大的涨幅，那么也许只能说明询价机制有问题。第二，对发行主体控制过严。尽管发行审核由过去的"审批制"改为"核准制"，但行政控制的本质没有改善，这极大地限制了新股市场的供给，客观上助长了新股市场高收益的现象。第三，新股配售过程有违公平原则，过度向机构投资者和大户倾斜。由于发行分为网下申购与网上申购两部分，而中小个人投资者只能参与网上申购，相对机构投资者来说，其中签的比例就低了不少，导致明显的不公。我国之前的新股分配以资金量（目前是股票市值）作为配售的主要依据，还使得大量资金囤积股票一级市场，形成一级、二级市场割裂局面。

这种情形，不仅对资本市场健康发展造成不利影响，形成"劣币驱逐良币"效应，也严重损害了投资者的利益。一方面，个人投资者（特别是中小投资者）对新股的需求非常巨大，但由于新股申购以资金量或市值为中签基础，因此，个人投资者往往较难获得新股，故只能在二级市场高价买入，这不仅直接影响了投资者福利，也为个别企图影响新股上市交易价格的交易者制造了机会；另一方面，一级市场和二级市场的价差巨大，且这些收益的很大一部分为专业打新股的机构或大户获得，而没有转变为我国最有效率的资产——上市公司的营运资金，这对资本市场而言，是资金的净漏出，对投资者而言，是福利的净损失（上市公司的资产本质上、最终也是投资者的资产）。

鉴于中国新股市场存在的上述不足以及其"高收益"和"无风险"两大外在表现，多年来各界人士对改革新股发行制度的讨论和呼吁不绝于耳。

新股发行制度最核心的是新股准入或审核机制，发行准入市场化后，发行定价和新股分配必将市场化。本质上看，我国新股发行机制的改革方向应该是不断市场化和去行政化。然而，当前国内不少人士认为，鉴于发行机制市场化可能对当前二级市场造成巨大的冲击，对发行制度进行全面改革的条件尚不成熟。我不完全认同这种观点，不改革，问题将会更加严重。当前，可以从以下三个方面尝试推进发行机制市场化改革：

一是建立有效的预期管理和补偿机制，尽可能降低发行市场化改革对现有二级市场投资者的冲击。所谓预期管理，是指及早明确未来新股改革的时间表和分阶段安排，例如，在宣布的当年基本政策不变，第二年新股发行数量增加50%，第三年增加100%，第四年全面实施市场化改革等。所谓补偿机制，是指通过特定的形式，给予在已有政策下持有股票的中小投资者一定的补偿。目前的按市值配售新股机制，应该说就是一种较好的补偿安排。合理利用预期管理和补偿机制，将最大限度降低新股改革对现有投资者的影响。

二是运用经济手段引入优胜劣汰机制，杜绝"劣币驱逐良币"现象。例如，可尝试引入附加认沽期权的新股发行机制。具体做法是，在发行新股时，由发起股东向认购新股的投资者赠送行权价高于发行价一定比例（如30%）的认沽期权，该期权可在两年后的一段时间内行权，由发起股东按约定的高于发行价的行权价回购。附加认沽期权的新股发行申请将纳入快速审核通道。这一措施，不仅有助于保护中小投资者的利益，更为重要的是，可有效遏制包装或造假上市动机，鼓励优质公司上市。

三是可以尝试从外围进行突破，从交易机制设计或产品创新等角度，推进发行机制的创新。股票市场最根本的制度包括发行制度和交易制度两个方面，通过交易制度的改革，例如，通过建立市场化买卖平衡机制、限制大资金对市场的不当影响等，尽快形成一个公平、有序的交易市场，必要时可设立一个全新板块——创新交易机制试点板，为发行机制改革奠定基础。

产品开发原理

创意来源与客户定位

从本质上看，金融产品创新的来源不外乎两个方面：供给侧的主动创新和需求侧的推动。供给侧创新的市场动力可能来自竞争的需要、监管的放松和技术的进步，需求侧动力主要包括转移风险、降低成本、交易便利、增强收益等需要。当然，更多的金融创新源自供给和需求多种因素的结合。事实上，如果仅存在需求侧的需要，但是供给侧没有足够的供给激励，或者是制度或技术存在限制，产品创新终将难以实现；反之，如果供给侧有能力也有动力开发新产品，但却不符合市场需求，其最终结果也必然不理想。因此，成功的产品创新必须找到供给侧和需求侧之间的利益结合点。

尽管如此，在金融创新中，除少数供给创造需求的例外，大多数金融创新都源自供给方对市场潜在需求的快速反应：必须有潜在的市场动力，才有可能产生成功的创新。对需求的考虑，应当在金融产品创新中占有更重要的地位。获取市场需求信息，不仅需要对市场和投资者开展广泛深入的调查研究，也需要敏锐的市场洞察力。学术专家也许能够提供一些建议，但单纯理论分析可能不够可靠。例如，曾经为外汇期货的诞生做出重要贡献的诺贝尔经济学奖得主米尔顿·弗里德曼，就曾提出过一个最终失败了的金融产品建议——消费价格指数期货。

从交易所角度看，产品创新的来源或动机，主要是需求导向的，例如市场对新收益或风险特征的需求、流动性需求和交易便利需求等。推出具有新的收益或风险特征的产品，属于创新产品构造技术，将在后文中专门讨论。

流动性需求有两个方面：一是投资者的资金需求或对闲置现金管理的需求，上交所推出的债券回购产品和上市货币基金（货币 ETF 等）就源于这类需求；二是提升产品变现能力和降低买卖价差成本的需求，交易所上市交易的标准化金融衍生品大多源出这类需求。

交易便利需求包括时间、空间和难度三个维度。从时间便利性上看，主要为了满足不同时区的投资者交易需求，如在德国交易所上市的韩国指数期权等。从空间便利性上看，主要为了满足不同国家或地域的投资者交易需求，如交易所上市的跨境 ETF、存托凭证等，就极大便利了本国投资者配置境外证券的需求。从难度上看，主要是降低投资者交易的复杂性，例如，投资者希望获得一揽子股票或某个指数的收益，购买相关的 ETF 就比购买一揽子股票和全部指数成分股要简单得多。

产品构造原理

在制造业，一般有两种形式的创新：工艺的改进和产品的创新。前者类似证券交易所的交易机制创新，产品本身没有或几乎没有变化，但可能生产效率更高，制造成本更低，或者产品运营模式出现了较大的变化（小米手机就是一个典型的案例）。后者即推出一种新的产品。这种新产品，从质上看，包括改良和革命两种情况。改良主要是质量上的提升、外观上的改进或者功能上的较小变化，如苹果手机的升级换代。革命属于全新功能的推出，如手机之于台式电话机。

证券产品的创新和制造业的类似，也存在改良和革命这两种情况。当然，由于证券产品的属性特点，其追求的功能主要局限于投资和风险管理两个方面，因此，我们说，当一种证券产品的推出，改变了原来的在各种可能状态情况下的收益或风险特征，该产品就属于革命性的创新产品，否则，如收益或风险特征没有或基本没有改变，就属于改良型创新产品。基于这一逻辑，证券产品创新主要有五种构造方法：简化、标准化、组合、剥离和新建。

简化和标准化属于改良型创新。简化是指将比较复杂的多种证券产品的内容优化，优化后的产品不改变投资收益分布，但可能更加便利投资者的交易，或让市场更具有流动性和效率。ETF是一种典型的简化型创新产品，让一般投资者能够方便地买卖证券指数组合，获取与整个指数一样的收益。

标准化是简化的一种特殊形式，主要是将场外交易产品的某一个或几个变量标准化，从而开发出适合交易所交易的产品。例如，在场外交易的股票期权，交易双方可以就合同期限、合约规模、行权方式、权利金等多个要素进行协商，其优点是可以满足投资者的个性化需求，其缺点是较难寻找交易对手，市场流动性差，且对手方信用风险较大。交易所将合同期限、合约规模、行权方式等要素予以标准化，只保留价格（权利金）一项要素作为买卖双方竞价基准，因此，就创造了可以匿名撮合、流动性高且对手方风险小的场内期权产品。

组合、剥离和新建都属于革命性的创新。组合是指通过现有的证券，复制出一种具有全新收益和风险特征的创新产品的方法。例如，可转换债券，就是通过复制债券和股票的收益特征而设计出的一种创新产品。

剥离是一种特殊的组合形式，指从现有证券中分解出一个或多个要素，构成一种具有新的收益或风险特征的产品，如零息债券就是从普通债券中分解出来的一种创新产品。

当具有市场需求的一种特定的收益和风险特征，无法通过现有的证券产品进行复制时，则必须采取新建模式。新建的两种情况：一是推出一种具有不同风险和收益特性的产品类型，如外汇期货等；二是在同一个产品类型中推出新的标的，如市场上已有美元计价的欧元外汇期货产品，新推出以美元计价的人民币外汇期货等。

在以上五种产品构建模式中，组合和剥离是目前应用最多的产品创新方法。各种结构化产品，事实上都是利用基本的现货证券（股票和债券）和契约型金融衍生工具（如远期、期权、期货和互换）进行组装的。如果用现金流表述证券产品的收益或风险，则这种组合和剥离技术，实际上就是重组不同证券产品的现金流，以构造一种能够满足市场需要的新的现金流分布。一般而言，这种新产品的现金流分布，与构成新组合的"零件"产品相比，往往在现金流的纵向时间分布或横向风险分布具有较大的差异。

产品价值分析

无论从交易所还是从投资者的角度，产品创新都是为了创造新的价值。一般而言，对产品价值的评估，既要考虑到与项目进度相关的所需资源的成本，也需要按关键功能或产品变革进一步细分成本，对单个的变化进行成本收益分析。以德交所为例，其把产品创新区分为主动改进、新产品和基于监管要求等的强制改进三种情况，并对单个功能点和单个产品，从直接收益、间接收益和强制性要求等维度，分析每一项创新的净价值（参见图 6.2）。

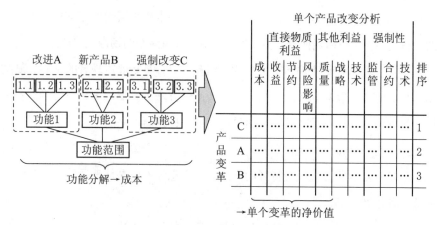

图 6.2 德交所产品发展的价值分析方法

资料来源：德国交易所集团内部培训资料。

对产品价值的分析，通常还需要结合产品生命周期进行。一般商品的生命周期通常包括早期（培育期）、大规模应用期（成长期）、成熟期和晚期（衰退期）四个阶段，产品的更新换代速度通常较快。对金融产品特别是金融衍生产品而言，其生命周期虽然也可以分为这几个阶段，但产品更替的速度相对较慢，处于成熟期的时间可能相当长。在新产品推出的早期阶段，产品的净价值相对较低。这一阶段，也是判断产品是否成功，或能否进入下一阶段的测试期。大规模应用期、成熟期是创造净价值的关键阶段。

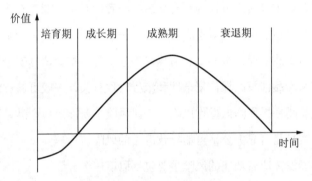

图 6.3 金融产品生命周期

结合产品生命周期和产品开发过程的价值分析，还必须进一步区分创造价值和维护价值两种情况。前者是就开发新产品过程中涉及的价值、行动和结果而论，后者重点关注目前处于成熟期产品的价值维护。

表 6.4 欧洲期货交易所（Eurex）产品价值阶段划分

价值链	创 造 价 值				维护价值
	了解客户需求	产生创新	设计新产品	产品上线	产品优化
基于价值链的行动	就计价货币、区域和客户角度等选择目标市场；及时响应市场，了解客户短期和长期需求	将观察到的客户需求转化为具体想法和概念，并能够在现有框架下付诸实践	利用现有组织框架和人力资源开发产品和服务，以满足市场需求	产品上线、产品销售	在变化环境下，优化现有"现金牛"产品；加速发展高潜力产品；重新评估和调整低潜力产品
结果	对于新的客户需求和市场发展的清晰认识	在如何精准满足市场需求方面形成具体想法	形成最终的产品和服务	形成销售和利润来源	成功的产品组合具有稳定且高的销售和利润水平

资料来源：德国交易所集团内部培训资料。

风险分析

交易所上市交易的产品，绝大多数是面向非特定对象即公众的产品，因此，产品设计之初就必须充分考虑相关风险因素。从交易所组织市场的角度看，与产品开发有关的风险主要有两大类：市场运营风险和产品不能发挥应有效果的风险。

运营类风险主要包括对手方风险、操作风险和法律风险等。通过建立中央对手方机制，让中央对手方作为所有交易参与者的对手，能够有效解决对手方风险，但同时也给承担中央对手方的机构（一般为清算机构）带来了流动性风险，因此，需要建立保证金制度、清算保护基金等一整套清算安全机制。操作风险主要与新产品涉及的操作复杂性和流程管理有关，一般可通过建立电子化系统实现产品闭环操作降低操作风险。法律风险主要涉及新产品是否存在合规风险，以及产品是否显失公平可能导致诉讼的风险。

产品不能发挥应有功能的风险主要包括以下三个方面：

一是流动性风险。流动性是金融产品设计中首要考虑的一个重要问题。这是因为，一种新产品，即使能够满足一部分投资者的交易或风险管理需求，但是如果缺乏流动性，难以在市场上低成本地买进或卖出，则它必然无法获得普及，最终成为失败的产品。一般而言，高流动性的产品意味着较大的市场容量和市场规模，有较大数量的投资者参与，特别是需要一定数量的投机者参与。当然，通过合理的交易机制设计，能够在一定程度上提升产品的流动性。本书第3—5章已经讨论了这一问题。

二是定价效率低下或价格操纵风险。定价是证券产品设计必须考虑的第二个重要问题。特别是对于通过组合、剥离机制构造的金融产品，其定价必须满足无套利均衡定价的原则。产品的市场价格，使得市场不存在无风险的套利机会，就是无套利均衡定价原理。无套利定价的基本逻辑是，可以构建两种投资组合，如果其终值相等，则其现值也应该相等，否则的话，就可以进行套利，即卖出现值较高的投资组合，买入现值较低的投资组合，并持有到期末。这种套利行为应该具有便捷性和低成本的特点。当然，无套利并不是指市场上不存在套利机会，而是指这种套利机会即使存在，也总是暂时的，因为一旦有套利机会，投资者就会很快实施套利而使得市场又回到无套利机会的均衡中。

三是过度投机风险。为确保产品定价合理，市场上必须存在不同类型的参与者：对产品有真实需求的风险对冲者和投资者、确保价格合理的套利者，以及提供交易流动性的投机者。做市商也是十分重要的市场参与者，在满足基本流动性方面发挥着重要作用。从成熟市场的经验看，对冲、套利和投机这三类参与者必须相对平衡，各自交易占比通常在30%—40%之间。如果市场上投机者的交易占有绝大部分比重，就容易发生过度投机的风险，从而使相关产品较难发挥其经济功能，沦为纯粹的投机赌博工具。合理的交易机制和交易成本设计，以及投资者适当性制度，是控制过度投机风险的有效手段。本书第7章将展开对交易所风险及其控制的讨论。

三个相关考虑因素

除上述市场需求、产品价值和风险分析要素外，金融产品设计还必须至少关注以下三项因素：

一是产品的可替代性与协同效应。通常，在新产品开发时，我们需要问自己一个问题：市场上是否已经存在与拟开发产品相类似的交易工具？或者，与现有产品相比，拟开发的产品是否具有成本、效率或是其他方面的显著优势？这就是产品替代性问题。对交易所产品开发而言，最重要的就是与已有的场外产品进行竞争力方面的比较，同时还要考虑拟开发产品是否适合标准化、是否适合电子化交易、是否能够整合进现有的交易清算系统等问题。

与产品可替代性相关的另一个问题是产品的协同效应，即拟开发的产品是否有助于提升现有产品的竞争力。一般来说，交易所应优先开发具有较高协同效应的产品，从而提升整个市场的流动性和效率，扩大整个市场的规模和竞争优势。较高协同效应的产品，通常也是与现有产品的收益特征存在互补性的产品，例如，股票和股票期权就是两个互补性很强的产品。

二是创新环境。创新的环境因素包括法制环境、监管制度、技术能力、现货市场基础等多个方面。一般而言，良好的法律与监管体制，能够清晰界定市场参与各方的权利和义务，尽可能降低规则和监管上的不确定性，对新产品的公平和效率起到保障作用。税收也是重要的制度变量。诺贝尔经济学奖得主默顿·米勒就曾提出，在 20 世纪 80 年代中期之前的 20 年，监管和税收是金融创新的最重要的动力。技术也是必须考虑的重要环境因素，系统的容量、性能、稳定性和扩展性都是影响新产品开发的重要变量。

对证券交易所而言，还有两项市场环境因素对新产品开发有着重大影响。一项因素是现货市场基础，包括市场规模、透明度和效率等。特别值得一提的是基础证券（股票）的卖空机制，因为，如果基础证券缺乏卖空机制或卖空机制不顺畅，则相关衍生产品的均衡定价将难以得到保障。例如，当期货价格出现贴水（低于现货价格）时，套利者将买入期货，卖空现货，但如果现货市场卖空机制缺乏或无效，套利者无法卖空现货，期货价格的贴水就很难消除。另一项因素是投资者基础，包括是个人还是机构为主的投资者结构、投资者对产品的需求结构等。我们将在第 8 章专门讨论投资者问题。

三是交易机制和合约设计。本书有三章讨论交易机制设计问题，此不赘述。这里简单讨论一下衍生产品的合约设计问题。合约设计需要重点考虑的问题包括标的选择、交易货币、合约规模、合约到期期限、交割方式等，对期权而言，还包括行权方式、行权价格间距等要素。其中，合约规模和交割方式是最重要的两项要素。一般而言，合约规模越小，市场上参与交易的人将更多，市场流动性会更好，但是出现过度投机风险的概率也更大。交割方式包括实物交割和现金交割两种情况，采用实物交割更有利于发挥产品的经济功能，现金交割在定价效率方面更有优势，但易于助长投机。

和期权合约设计相关的重要因素还包括行权履约方式、行权价格间距和数量等。欧式和美式为两种主要的期权行权履约方式。欧式期权的买方只能在合约到期日提出行权，美式期权的买方可在合约有效期内的任何时间提出行权。当前，欧式和美式两种行权方式在交易所期权市场都得到了广泛的应用。其中，欧美市场主要采用美式期权，而除中国香港外的亚洲市场大多使用欧式期权。根据期权定价理论，如果期权合约根据公司现金股利情况进行充分的调整，则欧式和美式期权的价值应该相等，但欧式期权的运作管理相对简单，风险对冲也较为容易。

行权价格间距，是指合约标的相同、合约类型相同、到期日相同的一系列期权合约相邻行权价格的差值。行权价格间距过大，则会遗漏一些市场需要的价格，投资者对冲风险的精确性就将打折扣；行权价格间距过小，则会造成行权价格密集，形成冗余，可能分散流动性，不利于期权的交易。

行权价格数量是与行权价格间距密切相关的一个要素，指相同标的、相同到期日的期权对应的不同行权价的合约个数。在设计合约行权价数量时，应在预先设定的行权价格间距的基础上，重点考虑标的证券在到期时间内的波动性，合约数量应该可以基本覆盖相关价格变动幅度，以满足投资者在相关价位上的风险管理需求。

对于股票期权，还必须特别注意分红、并购等公司行为给产品设计带来的影响，以及当现货股票发生"逼仓"而无法交割时的极端情况下的处理机制。

产品开发流程

系统化和体系化的流程管理是有序推进产品创新并保障创新成效的关键环节。产品创新主要有两种情况，前面谈到的简化、标准化、组合、剥离和新建五种产品构建原理，是就开发新产品而言的，此外，对现有产品功能的改进和完善也可以视为产品创新的另一种形式。这两种形式，并非是决定流程复杂与否的关键，更重要的是每种形式所需技术的开发难度的不同。因此，我们把产品开发流程分成完整流程和简略流程两种情况。前者适用于需要较多技术开发的产品创新，后者主要用于不需要技术开发或技术开发难度较小的创新。

在借鉴境外市场特别是德国交易所集团经验的基础上，我们把上交所衍生产品开发的完整流程划分为七个阶段，即创意、提议、概念设计、细化设计、实施、运行和评估阶段。各阶段的具体任务和成果如下：

第一，创意阶段。创意阶段属于前期的分析研究和确定创新方向的阶段。这个阶段主要涉及产品创新、市场推广和机构管理等业务条线工作人员，他们通过各种形式收集、分析市场需求，跟踪研究境内外相关产品的发展进展，最终形成产品开发创意。

第一阶段的关键，是如何建立产生创新思想萌芽的机制。这不仅是产品开发人员之职责，也属于各个层级全体员工之事。事实上，只有绝大多数人了解创新的重要性，并能够接受创新——提出创新和接受创新之间还存在一段距离——创新萌芽才有可能转化为有效生产力。凯恩斯在《就业、利息和货币通论》的序言中曾写道："我们大多数都是在旧说下熏陶出来的。旧说已深入人心。所以困难不在新说本身，而在摆脱旧说。"

一般而言，产品创意来源可能有如下五种情况：一是内部研究，如针对境外市场产品发展和境内市场情况进行研究，进而提出相关产品的发展建议；二是客户与市场需求，如定期与市场参与者和专家进行交流，通过沙龙、会议、论坛、调研、问卷等形式，收集市场客户或潜在客户的需求和建议，在分析客户短期和长期需求的基础上，提出产品创新建议；三是竞争对手分析，如通过分析竞争对手的产品情况，包括同类产品所处的生命周期等，提出产品创新计划；四是法律与监管环境的变化，如放松监管导致新机会的产生，从而需要新的产品；五是战略考虑，如出于确立战略优势的需要提出新产品开发计划。

产品创新部在充分考虑各产品创意后，形成《产品创意方案》。在这个过程中，产品创新部需要进行两方面的评估：

一是明确创意方向，重点需要考虑四个问题：第一，所涉及的需求，是否需要另行设计新产品解决，还是能够用现有产品满足？第二，如果必须通过新产品满足，需要达成哪些具体目标？第三，针对目标需求，如果有多种新产品均能满足，那么哪一种新产品最佳？第四，新产品推出后，能否切实解决原有问题，是否会引发新的需求？

二是进行简单的可行性评估，重点考虑三个问题：第一，新产品的目标市场是什么？市场接受度如何？第二，开发成本有多高？技术和运维系统能否支持设计需求？第三，开发至产品上线需要多长时间，时效上能否满足目标需求？

如果境外交易所或境内其他交易所有同类产品，那么还需要开展相关比较研究。比较研究的内容包括但不限于发展现状、法律和监管环境、投资者结构、产品合约设计、市场模式和交易机制、业务规则等。在此基础上，如有必要，也可选择若干待深入的研究问题，如标的物选择、合约设置、交易机制、价格稳定等风控措施、收费、市场功能、法律问题、市场推广和培训方式等。

产品创新部形成《产品创意方案》后，提交衍生品部市场发展委员会讨论，通过后进入第二阶段。

第二，提议阶段。提议阶段由产品创新部主导。首先是形成《简要业务方案》，内容包括产品新颖性、市场需求分析、目标市场或客户、产品和竞争者状况描述、SWOT（强项、弱项、机会与威胁）竞争战略分析、收益和成本预估、产品设计思路等。市场发展委员会批准《简要业务方案》后，产品创新部着手制定《概念设计阶段工作计划》，内容包括概念设计阶段所需资源、时间进度安排、出现冲突时的备选方案、对其他产品或系统的潜在影响等，经市场发展委员会批准后，进入第三阶段。

第三，概念设计阶段。概念设计阶段由产品创新部主导。首先，由产品创新部指定产品经理，产品经理的职责是负责完成《业务方案》。《业务方案》的主要内容包括合约条款设计、交易和结算安排、风控和监管机制设计、投资者适当性安排、组织和业务流程设计、对交易所和市场参与人技术系统和业务流程的影响、市场容量估计、更详细的成本收益分析等。《业务方案》还应包括详细的风险评估报告，全面评估运行风险、法律风险、流动性风险、信用风险、价格操纵风险、系统性风险等风险因素，并给出相应的防范炒作和市场操纵、结算和交易对手方等风险的机制安排。

一名优秀的产品经理是产品团队的管理者，是产品的"CEO"。产品经理必须具备较强的跨部门协调能力，极其了解市场需求和已有产品情况，清楚产品开发所需的时间、进度和资源，同时，对目标有清晰的看法，始终从用户角度理解产品设计的重点和可能存在的缺陷。对于产品开发过程中碰到的困难和问题，不是回避，也不是合并打包所有问题并提交上级解决，而是积极拆解问题，提出真正的解决方案。

衍生品部批准《业务方案》后，产品经理着手制定《细化设计阶段工作计划》，主要内容包括细化设计阶段所需资源（以及预估实施阶段所需资源）、时间进度安排（以及实施阶段预计时间进度）、资源冲突时的备选方案等。《业务方案》和《细化设计阶段工作计划》需报交易所批准。交易所批准后，需要向监管机构报批的项目，启动报批程序。之后，进入第四阶段。

第四，细化设计阶段。细化设计阶段由交易所指定的项目负责人主导。技术部门需要指定一名技术经理。技术经理和产品经理一起负责完成《产品功能规格说明书》，包括详细的各项功能和业务流程的描述、业务参数配置需求、所需技术系统的特点和要求等。技术经理还负责相关技术文档的撰写，如系统架构、各业务或技术模块说明、逻辑数据模型、外部接口描述等。在过程中涉及业务方案调整的，由产品经理提出后协商技术经理解决，重大变更需报项目负责人批准。之后，由项目负责人提出《实施阶段工作计划》，报交易所批准。

第五，实施阶段。本阶段主要由衍生品部、技术部门和会员部等负责。衍生品部和会员部负责组织相关市场参与者（如经纪商、做市商等）业务和技术的同步准备工作，技术部门负责软件开发、网络建设和硬件部署。在过程中，涉及业务或技术需求变更的，需报项目负责人批准。交易所和相关市场参与者基本准备就绪后，由项目负责人提出《上线计划》，包括规则就绪、业务运行就绪、技术就绪、舆论就绪等各项任务及其时间进度安排。《上线计划》报交易所批准后实施。

第六，运行阶段。本阶段分为上线组织、上线初期运行特别保障和常规运行三个子阶段。上线组织和上线初期运行特别保障由项目负责人总负责，制定《特别保障卷》，内容包括各项任务的分解和落实责任人，以及向上线计划负责

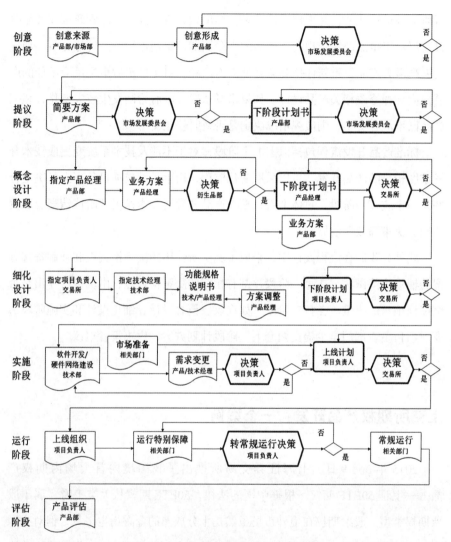

图 6.4 上交所衍生品产品开发流程图

人的各汇报时间点安排等。产品上线后，按照《上线计划》进行任务细分，由相关部门各自落实。经过一段时间的平稳运行后，项目负责人可决定是否转入常规运行阶段。常规运行由衍生品部负责。

第七，评估阶段。产品进入常规运行阶段后，相关部门（如研究所、内审等）可定期或不定期对新上线的产品进行评估，对其功能发挥、成本收益、运行风险等进行评估，并根据评估结果，提出相关市场推广、监管政策或产品改进建议。衍生品部结合现有各产品的生命周期，定期进行产品价值分析，加速发展高潜力产品，重新评估和调整低潜力产品。对于推出后市场反应不佳的产品，应立即修改相关产品设计。如果市场状况、政府管制发生较大变化，相关产品已不适合交易，则应视情况决定是否暂时停止交易。

标准产品开发流程包括以上七个阶段，对于不涉及技术系统变更或技术开发难度较小的产品开发，可以采取简化流程，衍生品部或项目负责人可决定合并某一个或几个阶段。总体上看，整个产品开发流程遵循了"阶段清晰、职责明确、决策高效"的原则。

此外，我们在流程设计中，采取了德交所使用的决策检查点和强制备选方案的辅助决策做法。在每个阶段，都有相应的决策检查点，由决策者作出是否继续该项目的决策。在特定阶段（如提议、概念设计、细化设计和实施阶段），要求项目负责部门至少提交两套下一阶段计划方案，供决策者审议。

上交所期权产品开发：一个案例

2015 年 2 月 9 日，上海证券交易所推出了我国境内首个场内期权产品——上证 50ETF 期权。根据中国的法律，50ETF 期权从大类上看，属于股票期权类型。股票期权在境外市场虽然是十分成熟的金融衍生工具，但对我国资本市场而言仍然是一项无先例、无实践的重大创新。事实上，期权作为非线性的衍生品，比现货和期货都要复杂很多，以致有人说，如果说衍生品是金融产品中的皇冠，那么期权以其复杂性和策略多变性当之无愧为这顶皇冠上的明珠。

考虑到期权产品的复杂性和中国资本市场现阶段的特点，上交所确立了偏谨慎的产品开发思路，提出了"高标准、稳起步、严监管、控风险"十二字总的指导思想和"规则、系统、账户、资金、风控、运行"六个独立的产品设计原则，目标是在合理借鉴国际期权市场和国内期货市场经验的基础上，建设符合中国市场实践和投资者需要的股票期权市场。因此，上交所在股票期权产品设计上，没有直接照搬境外的做法，而是基于中国市场的特点做了很多创新性制度安排。主要体现在以下六个方面：

一是期现联动发展的出发点和基本思路。基于"实体为本"这一我国资本市场发展旨归，上交所在期权产品设计方面，始终贯彻期现联动发展的原则，不是为了期权而进行期权产品开发，而是希望通过期权产品的推出，完善现货股票市场功能和定价效率，以充分发挥股市的价格信号功能，提升现货证券市场服务实体经济的能力。

二是兼顾效率和平稳起步的合约设计。我们在设计 ETF 期权合约时，既充分考虑了股票期权经济功能的有效发挥，同时也兼顾了运作初期的平稳起步。例如，在合约标的选择上，选择我国最早上市、流动性较好、规模相对较大的上证 50ETF 作为期权合约标的。在合约类型方面，同时上市认购期权和认沽期权两种类型。在合约单位（规模）方面，以 10 000 份 ETF 作为每张合约对应的标的证券数量。在行权价格方面，为便于实现初期投资者熟悉期权产品，初期合约行权价系列相对较少，只包括 5 个不同行权价格的合约，即 1 个平值合约、2 个实值合约和 2 个虚值合约。在合约到期月份方面，境外市场既有按月的期权合约，也有按星期到期的期权合约，上交所设置了 4 个期权合约到期月份，包括当月、下月和接下来的两个季月。按照认购和认沽两种期权类型、五个行权价格、四个月份计算，首次挂牌一个标的证券的期权合约数计 40 个。在合约到期日上，境外市场合约到期日没有固定的做法，境内股指期货设为每月的第三个星期五，我们考虑到股票期权采取实物交割模式，买卖双方需要一定的时间准备钱券，为避免出现跨星期交收现象，将合约到期日设为相应到期月份的第四个星期三。在行权履约方式上，我们在期权上市初期，采用相对简单的欧式期权，同时根据公司除权、除息行为对期权合约进行充分的调整，在不牺牲定价效率和确定性的条件下，满足平稳起步要求。在合约交割方式上，从期现联动角度出发，采取实物交割方式，以更好地发挥股票期权的经济功能，同时，降低通过到期日操纵现货价格获利的动机。

三是偏严格的风控机制设计。基于我国股票市场以散户为主的这一现状，上交所在股票期权推出初期实施较为严格的风控机制：首先，制定了严格的投资者适当性管理制度，包括"五有一无"的投资者准入要求和投资者分级管理要求；其次，设置了初期较为严格的限额管理，包括限仓、限购、限交易等；再次，采取循序渐进的持仓限额管理机制，即对任何一个新进入的投资者，都要经历持仓限额从小到大这样一个循序渐进的过程；最后，与国际市场相比，上交所对股票期权卖出方提出了较高的保证金要求。

基于同样的考虑，上交所在标的选择上率先选择 ETF 期权进行试点。股票期权包括个股期权和 ETF 期权，二者都是国际市场的成熟品种。通常，个股的波动大于 ETF，期权作为对未来波动率的交易，个股期权的精准避险价值更大。但是，相比个股期权，ETF 期权价格波动风险相对较小，交易运行管理相对简单，更有利于投资者熟悉期权产品和市场初期的平稳运行。

四是技术为先的设计逻辑。上交所的技术系统对资金和仓位进行双重前端检查。一方面，资金不足不能开仓，从而可避免现货证券交易中可能出现的买空风险，杜绝类似"光大 8·16 事件"的发生；另一方面，对投资者的持仓数量进行限制，从而有效降低错单交易引发的市场风险。这些措施均为境内市场首创、境外市场所缺失，它们在一定程度上不利于培养市场主体的自律性，但就如以前国外银行卡不设密码，后来借鉴我国银行业实践实施密码管理一样，其功过是非尚待评价。

五是交易机制上的若干创新安排，如熔断机制和非对称涨跌幅制度等。目前境外市场已有针对整个市场和某个现货证券的熔断机制，但由于期权的定价追随相关标的证券，因此不对期权单设熔断标准。上交所首次将熔断机制引入单个期权合约层面。我国 A 股市场有 10% 的涨跌幅限制，理论上股票期权可以不设置涨跌幅。但是由于期权价格通常远低于标的证券价格，其价格与标的价格的关系是非线性的，期权价格的涨跌与标的证券涨跌的绝对值有关，而不是简单的 10% 涨跌幅，因此，其相对百分比的涨跌幅度可能会非常大。熔断机制通过暂停涨跌幅度较大的单个期权合约的连续交易，在市场价格大幅波动时，给市场一个冷却和反应的时间，起到缓冲的作用，同时，也可有效防范过度炒作或错单交易导致的剧烈波动。此外，上交所对实值和虚值期权合约设置了不同的涨跌幅限制，尤其对价格很低的严重虚值期权合约，限制了其绝对涨幅，从而可有效遏制"爆炒"行为。

六是考虑期权产品供需特点而采取的创新机制。首先，创造性地将做市商的流动性服务功能、评级和激励三者有机结合，将做市商的交易区分为提供流动性和消耗流动性两种情况，并根据其做市绩效评级的不同，给予不同程度的减免和激励，实现了以市场化、经济的手段鼓励做市商更多地提供流动性的目的。同时，考虑到期权买卖双方权利义务的不对等，卖方需要交纳较高的保证金且面临较大的市场风险，因此，在期权市场推出初期，很可能出现供给和需求不平衡的局面。为防止出现过度投机，上交所和中国结算均采取了按合约张数收费且对卖出开仓暂免收费的措施。

总体上看，上交所期权产品设计体现了中国特色资本市场的特点和要求。因此，产品上线以来，市场运行平稳，规模和效率稳步提升，同时市场功能逐步发挥，实现了试点初期的目标。

第7章
监管与风险控制

　　山裂城倾涂炭，彼苍肆虐猖狂。恶雨难掩孤子泪，残垣深处怆伤亡。触目人断肠。

　　心绪常远千里，梦里几度凄凉。靖难降魔男儿志，一腔热血证炎黄。誓相决短长。

　　——《破阵子·汶川》，刘逖，2008 年 5 月为悼汶川大地震遇难者并歌抗震勇士而作

　　风险是金融生活的一部分。金融市场，从某种意义上看，就是交易风险和管理风险的场所。金融风险具有多面性和复杂性，且通常互相关联，一旦发生重大风险，后果往往十分严重。2008 年全球金融危机和 2015 年我国股市重大异常波动，均充分说明了这一点。

　　风险的实质是一种不确定性，但经济学家（如弗兰克·奈特）通常认为存在两种不同性质的不确定性：可以计量的不确定性称为风险，而不确定性专指不可计量的不确定性。我们一般所说的风险管理，主要是就前者而言的。正是在这一意义上，我们说，风险管理是针对不确定性进行的斗争：虽然风险不可避免，但却完全可以管理。

　　风险创造价值，利润来自冒险，这正是我们必须尊重风险、学会与风险共存共舞的原因。自 2008 年全球金融危机以来，金融机构越来越认识到风险管

理是金融业务的核心，是金融机构稳健发展的基石，也是金融机构的核心竞争力。对于组织市场的交易所而言，监管和风险管理实为一体两翼。监管和风险管理的目标都是维护市场正常交易秩序，监管更侧重市场的公平公正方面，风险管理更注重市场运行层面。

不过，需要反复强调的是，市场功能是更高层面的目标，监管活动应当有助于促进资本形成和经济增长。如果实施过于严苛的监管和风险控制，则导致市场无法发挥其正常功能，无论如何也是不能为其唱赞歌的。如果监管机构不考虑这一事实，只是一味强调保护投资者和避免系统性风险，导致市场功能丧失，最终很可能加剧整个金融和经济系统的不稳定。

在互联网引致的脱媒时代，金融业态发生了较大的变化，但是，金融业务的本质没有变化。互联网金融的本质是金融，而不是互联网技术。因此，对互联网金融，不能豁免对其的监管和风险控制。相反，考虑到互联网金融的简单化、分散化、隐蔽化、扩散快的特点，应该实施某种程度上比传统金融更加严格的风险控制和监管措施。

认识风险

风险管理的第一步，就是识别风险。从防范风险的角度看，无论如何，一项被识别出的风险要小于未被识别的风险。从交易所市场运营和交易组织角度看，涉及的风险主要包括三大类：交易所自身业务风险、市场参与者的风险和宏观层面的风险。

交易所风险

第一类是交易所自身或需要交易所直接面对的风险。这类风险主要有如下六项：

一是操作风险。操作风险是指由于人为失误、不当的流程设计和内部制度、不完备的控制体系或控制系统失灵等导致的风险。《巴塞尔协议》将操作风险分为由人员、系统、流程和外部事件所引发的四大类，以及内部欺诈、外部欺诈、聘用员工做法和工作场所安全性、客户与产品及业务操作、实物资产损坏、业务中断和系统失灵、交割及流程管理等七种表现形式。

操作风险主要是机构特有的，较之汇率、利率等市场风险和信用风险，操作风险往往不易辨别，且难于分散。操作风险问题几乎每天都在发生。因此，对操作风险的控制，往往与优质业务和流程管理密切相关。良好的操作风险管理，不仅是防范危机、增强交易所声誉和市场满意度的关键，也越来越指向交易所全面管理包括风险管理的核心能力。

完善交易所的操作风险管理主要有两个途径：第一，将操作风险管理纳入全面管理之中，采取更加聚焦的经营方法，实施从"防范型"迈向"主动出击型"的操作风险管理机制；第二，建立相对有效的操作风险量化模型，对一些易于发生事故的操作风险予以量化和规范化。

二是结算风险。交易结算风险主要是指因无法及时完成资金支付或证券交割引起的风险，主要是经纪商或客户信用风险，如经纪商对客户准入和保证金管理不当导致的客户违约而无法支付或交割的风险。有时，结算风险和流动性风险息息相关，因为，如果市场流动性不足，则经纪商可能难以对客户实施平仓。

三是内幕交易、炒作与操纵风险。交易所组织产品交易，需要秉持公开、公平、公正之立场，需要维持良好的市场交易秩序。内幕交易、炒作和价格操纵严重扰乱了正常的交易秩序，使产品的合理定价和投资者利益难以保障。内幕交易，主要是指内幕人员或其他获取内幕信息的人员，利用相关内幕信息或未公开的重大交易信息，以获取利益或减少损失为目的，进行交易。炒作，主要是指通过频繁交易，炒作交易价格，以期引起其他投资者盲目跟风，进而使自己牟利的行为。操纵，主要是指利用资金、持仓或信息等优势，人为操纵产品价格，以牟取不当利益。

四是高频交易风险。目前，学术界和市场实践部门对高频交易、算法交易、程序交易并没有专门的定义，只是模糊界定为自动交易的不同形式。从近10多年的市场实践看，自动交易大致可区分为两种情况：决策型交易和执行型交易。前者强调基于计算机的帮助，通过寻找市场上的各种交易机会，作出一个买进什么或卖出什么的交易决策。后者强调交易订单的执行，即买进什么或卖出什么的投资决策是已知的，只是负责如何快速、低成本地完成该投资决策，实现相关订单的执行和成交。程序交易是典型的决策型自动交易，算法交易是典型的执行型自动交易。在程序交易和算法交易中，都可能涉及高频交易，但通常所说的高频交易是程序交易中的一种，即借助高速计算机技术，捕捉市场上的微小价格变化，实现超短期"趋势交易"盈利等的买卖策略。

由高频交易或程序交易引发的大规模的错误交易和错价交易，在国际市场上时有发生。这类交易策略的特点是，一旦生成策略，交易指令（通常是市价单）立刻以最快的速度发出，且高频率地发出，所以一般不会有人工操作来对这些指令进行检查复核。这种特点使得错误交易指令被发现的难度大大增加，往往是被发现时已对市场造成了很大的影响。

对交易所而言，高频交易导致的风险，主要包括错误或错价交易、对交易所交易系统造成冲击和对交易价格造成瞬间冲击等三个方面。如果涉及衍生品市场，由于衍生品的高杠杆特性，一旦现货市场因高频交易导致错单、错价，就会对相关的衍生品市场产生更大、更严重的影响。

五是经纪商和做市商风险。经纪商从事经纪业务、做市商从事做市双边报价业务时，均存在相应的涉及自身的风险，如操作风险、信用风险等。但对交易所而言，经纪商和做市商的风险主要在于其可能给市场带来的风险，如其行为对交易所市场秩序的影响等。从这个角度看，经纪商风险主要包括两个方面：一是因经营不当导致严重亏损甚至破产，并影响客户交易和资金安全的风险；二是诚信风险，如欺诈客户、挪用客户资金等违规违法行为风险。做市商风险主要包括四个方面：高频交易风险、错单操作风险、模型风险以及市场操纵与价差合谋风险。

六是法律风险。法律风险是指因经营活动不符合法律规定，或者外部法律事件导致风险损失的可能性。法律风险不仅可能来自内部，也可能源于外部。从内部看，主要是交易所自身法律意识淡薄，对法律环境认知不够，在组织交易、制定规则时，违反了相关法律法规。从外部看，可能存在诸多情形，如法律法规跟不上市场创新步伐，使市场创新的合法性难以保证，或者由于法律或监管规定的变化影响交易所相关产品交易等。

市场参与者风险

第二大类风险是市场参与者的风险。交易所市场的参与者大致有三种情况：投资者、经纪商和做市商。投资者面临的风险主要有两类：

一是市场风险，主要包括价格波动风险和流动性风险两个方面。前者指因市场因素变化所引起的产品价格变动的风险。例如，股票期权价格会受到基础证券价格、市场对波动率的预期、利率变化等因素的影响。这些因素的变动，会对期权的价格产生不同方向、不同程度的影响。这是投资者需要承担的价格风险。后者指因流动性不足导致难以成交的风险。流动性是指能够在价格变化甚小的情况下迅速达成交易的能力。以融资融券和股票期权业务为例，如果市场流动性不足，那么一旦出现投资者保证金不足的情况，不仅投资者自身难以了结头寸，经纪商也无法及时对其进行平仓。

二是信用风险，包括经纪商信用风险和对手方信用风险。前者主要是因经纪商（对互联网交易所而言即交易所本身）破产倒闭等导致投资者资金损失的风险。后者包括两种情况，一对一交易时对手方违约风险和中央对手方违约风险。

中央对手方是交易所场内交易的一项特殊制度安排，通常也称结算所或清算所。在中央对手方制度下，所有参与交易的人都不是和最终需求方进行交易，而是和中央对手方进行交易。例如，某产品的最终买卖双方在交易所达成交易，卖方把产品过户给了买方，但是从法律上看，买方是从中央对手方买入了产品，卖方是把产品卖给了中央对手方，最终的买卖双方均是匿名的。中央对手方通过约务更替，直接介入每一笔交易，成为买方的卖方和卖方的买方。

中央对手方大大简化了对手方关系，在提高效率的同时，使得一般意义上的对手方风险不复存在。但是，中央对手方也面临对手方信用风险，此外还面临诸如法律风险、操作风险、流动性风险等风险。事实上，如果中央对手方风险管理能力较弱的话，也可能造成自身巨大损失，进而影响相关投资者。历史上，中央对手方也曾发生过倒闭事件。例如，1974年，由于白糖期货暴跌，导致大量结算会员无法支付保证金，使法国商品清算基金宣告关闭。1983年，吉隆坡商品交易所，由于棕榈油价格暴跌，一些交易成员无法支付保证金，从而宣告关闭。

经纪商和做市商作为市场的中介机构和自营商，不仅和交易所一样面临操作、法律等风险外，还有着一些自身独有的风险。对经纪商而言主要是客户管理风险，如对客户准入和保证金的管理等。对做市商而言，除了需要承担一般投资者必须承担的市场风险、流动性风险和信用风险外，还面临着模型风险（定价风险）、对冲和存货管理等风险。

宏观风险

第三大类风险属于宏观方面的风险。以股票市场为例，宏观重大风险主要是两个方面：一是由股票市场自身引起的系统性金融风险，二是从宏观上看股票市场丧失其应有功能的风险。

从系统性风险看，与股市有关的重大风险可能有两个方面：一是重要金融机构（如结算机构、券商等）倒闭导致的系统性风险，二是股市风险溢出导致的系统性风险。目前，我国已经建立了一套较为严格的结算风险管理体系，特别是建立了针对证券公司客户的第三方存管制度，实现了客户资金安全与证券公司经营风险的隔离，因此，发生因结算公司或证券公司倒闭引起系统性风险的概率较小。然而，由于整个金融系统是一个相互影响的整体，当前我国仍然可能发生股市风险溢出导致的系统性风险。例如，2015年出现的过度抵押、质押和杠杆交易，在互联网等新工具的推动下，导致股市出现重大异常波动，如果不及时制止，就有可能使股市风险蔓延至其他金融系统甚至实体经济，酿成系统性风险。

从市场功能来看，当前我国股市还存在不能有效发挥其核心功能的风险。股票市场最核心的功能有两个方面：一是对于国家和企业而言的引导资源有效配置功能和融资功能，二是对个体而言的风险管理和资产配置功能。实现这两项功能的前提条件是股市具有良好的定价机制，因之，一方面，能够充分发挥股市价格信号在引导资源配置方面的作用；另一方面，能够使投资者可以按照公平合理的价格进行投资和风险管理。

基于我国目前股票市场以散户为主体的投资者结构，我国股市有着两个鲜明的特点：一是投资者跟风或"羊群效应"极度明显，二是大资金对市场的影响较大。这两个特点，加上市场化平衡机制不足、大额交易安排缺失、价格稳定机制僵化、交易权受到较大限制、差异化程度低等制度缺陷的存在，使我国股票市场（包括股指期货市场）成为一个结构性利空和内生性炒作的市场。结构性利空具体表现为三个方面：一是从长期看股市涨幅远远低于经济增长和二级市场股价高估，二是"熊长牛短"的市场表现，三是市场易于暴涨暴跌且下跌速度往往远快于上涨。此外，在个人投资者占主体的情况下，两方面因素使得我国股市事实上成为内生性炒作市场：一方面，市场失衡导致市场易于聚集做多力量，易于形成资产泡沫和暴涨暴跌局面，最终导致市场失去投资价值，成为偏好炒作的市场；另一方面，分红、临时停牌等机制的不完善，也对市场的价值或价格发现造成干扰，成为市场投机行为的理性基础。

2015 年我国股市重大异常波动期间，股票市场功能基本丧失，其后果至今仍未能全面消除。因此，市场核心功能丧失可能是当前我国股市面临的更重要的风险。这一风险可能长期存在，尽管其在不同时期表现出的严重程度差别很大。

风险控制基本原则和方法

认识风险是为了更好地管理风险。自 2008 年全球金融危机以来，金融机构越来越认识到风险管理是金融业务的核心，是金融机构稳健发展的基石，也是金融机构的核心竞争力。在这个意义上，我们说，风险管理不仅仅是风控部门的一项业务，也是对金融机构高管的基本要求。

对于交易所这样一个平台型的金融中介机构而言，一旦发生重大风险，将对市场造成巨大的影响，因此，风险控制尤其重要。风险，从本质上看，是无法消除的。从交易所角度看，风险管理的核心是防范操作风险和交易风险（投机、炒作、违规交易等）。因之，一般来说，交易所风险管理应当贯彻如下九项原则：

第一，公平、公正和公开原则。基本要求是，在制度设计过程中，贯彻机会平等、程序公正、规则公开、结果透明等基本要求，切实保护投资者利益。

第二，事前、事中与事后相结合原则。重点是建立事前防范、事中发现、事后及时处置的风险防控与处置机制。

第三，快速处置原则。即在风险发生后的较短时间内，快速进行核查、认定和处置，提高风险处置的及时性，确保风险不扩散，防止风险传导和局部性风险发展成系统性风险。

第四，不利影响最小原则。即在风险处置过程中，采取适当的方式，确保受影响的投资者范围等最小，尽可能降低发生投资者纠纷的可能性。

第五，开放原则。风险控制机制是一套开放的系统，因之，风险管理是一个过程，而不是一项事先全部能够预测并拟定应对措施的业务，需要保持开放的逻辑，及时发现、分析新的潜在风险，在风险苗头初现时，及时遏制，防微杜渐。

第六、整体性原则。金融市场的不少风险是相互关联的，需要基于整合的数据信息，对风险保持整体性观察。

第七，人与模型结合原则。风险管理不仅是科学，也是艺术。在风险管理中，人是成功的关键。这是因为，即使是最先进的风险量化模型，也具有天然的局限性：一方面，风险并不都是相关的和可以量化的，很多情况下要依赖人的判断；另一方面，模型是有前提假设的，而假设往往具有很大的局限性，存在"错进—错出"效应。风险管理人员的专业才能和敬业态度，其对风险和市场趋势的直觉和敏感，在很大程度上塑造了企业风险管理的文化底蕴。清晰的组织架构、严密的职责分工以及对自律精神的倡导，也是风险管理文化的重要内涵。

第八，及时纠错原则。在风险管理过程中，判断错误难以杜绝，及时纠错属于风险管理文化的一个重要组成部分。当然，对重大疏忽和违规行为，采取与之相匹配的惩罚措施，也属于纠错的一个方面。

第九，尊重风险原则。风险是关于未来结果的不确定性，无疑是我们生活中的一部分，因此，对待风险的态度，不应该是惧怕，而是予以足够的尊重。只要市场在创新，在发展，风险就不可避免。即使完全无所作为，风险也不会彻底消失。相反，如果市场坏境发生了较大的变化，仍然墨守成规，将招致更大的风险。此时，不创新，将是最大的风险。

在尊重风险、学会与风险共舞的同时，仍然必须牢记的一点就是，千万不要忘记极端事件的风险。极端事件，俗称"黑天鹅"，是指那些发生概率很低、影响力大且几乎无法预测的事件。在信息化时代，此类事件似有日渐增加的趋势。对于极端事件，不要试图通过预测来化解风险，考虑到市场、经济和社会变化的随机性存在，要想预测重大变化几乎是不可能的。企图预测极端事件，并总结"典型失败"或"典型成功"之类的极端事件处理案例，这是我们人类所犯下且不断再犯的最为严重的错误之一。我们要做的，不是试图去预测它们，而是设法增强自己对这类事件的抵抗能力。风险管理的目的，就在于努力减少未知事物所带来的冲击。因此，更有效的方法，应该是紧密关注事件的后果，评估极端事件可能造成的影响，在此基础上，做出相对合理的决策。

风险控制有四种基本方法，即风险规避、风险转移、风险保留和损失控制。风险回避，是一种消极的风险处理办法，指有意识地放弃某种风险行为，以避免产生特定的损失。选择风险回避，往往也意味着放弃了潜在的业务收益。风险转移，是指通过契约，将风险转移给受让人的行为，保险、期权是主要的市场化风险转移机制。风险保留，即准备承担风险，并通过风险准备基金、损失计提等方式做好各种资金安排，以确保风险出现后能及时获得资金以补偿损失。损失控制，也是不放弃风险的一种做法，但与风险保留不同，它是事前制定计划和采取措施降低发生风险的概率，事中和事后采取措施尽可能减少实际发生的损失。

流程、运营管理与操作风险控制

在交易所自身直接面临的六大类风险中，操作风险是交易所需要重点关注的两大类风险之一，另一类属于交易风险，如市场过度投机、炒作、违规交易等。有效的运营管理和合理的流程设计，以及对操作风险进行量化管理，是控制操作风险的两个关键环节。我们先讨论流程及与流程密切相关的运营管理。

所谓流程，是工作流转过程的简称，是指一种或一组活动，这些活动利用一个或多个输入要素，对其进行转换并使其增值，最后向客户提供一种或多种产出。一个完整的业务流程包括五个环节：资源输入、一系列活动及其相互作用、输出结果、用户、价值。后两个环节是流程设计的目标，是对"流程的客户是谁""流程能够给客户带来什么价值"这两个问题的回答。

交易所属于服务行业，其业务流程与传统的制造行业存有较大的差异。在流程产出的性质方面，服务流程提供的是隐性的、不易储存的服务，制造流程提供的是可见、可用的商品。此外，服务流程通常与顾客接触更多，虽然在电子化交易时代，交易所已很少与客户直接面对面接触，但电子空间的交易仍然需要买卖双方的互动。

完整的流程设计必须关注质量控制、生产效率、人力资源配置等环节，同时，有必要引入安全和价值链两项因素。安全涉及质量控制，对管理操作风险尤其重要。价值链涉及生产效率。由于流程需要消耗资源，在交易所行业主要是人力资源，因此，对流程的评价要着重分析在创造价值过程中人员的作用和消耗。

在引入安全和价值链因素后，我们可以将交易所业务流程区分为两大类：一类流程是属于外部服务流程，是交易所向外部客户（如经纪商和投资者）交付价值的一系列活动；另一类流程是内部支持流程，为外部服务流程提供所需资源和输入要素，以确保外部服务流程能够有效运转。对于外部服务流程，在初始流程设计和持续优化时，需要考量的重要变量包括交易所发展战略、竞争优先级、开发新产品或对现有产品进行重大改进、当前业绩状况、市场需求、新技术等。与操作风险相关的主要是内部支持流程，最主要的考虑因素是质量控制、效率和人员投入。

无论是内部支持流程，还是外部服务流程，在流程设计时都必须遵循一些基本的原则。例如，第一，流程应与业务相匹配，每一个单独的流程，都是最终交付给客户的价值链的一个重要环节；第二，纵向一体化的流程整合具有重要意义，流程在交易所内部完成得越多，而不是由外部机构（如经纪商）或客户来完成，总体上看将有助于提升交易所的安全运行能力和市场效率；第三，避免流程之间的目标冲突，例如，流程设计不应该形成相互冲突的目标，不能以牺牲其他流程为代价，来优化某一个流程。

流程管理还必须回答以下五个问题：

第一，流程如何与交易所战略和业务发展目标紧密结合？如何切实避免流程和业务相互脱节、"两张皮"的现象？做好这一项要求的关键在于，依据交易所发展战略，明晰核心业务，同时，依据核心业务细化业务流程，建立流程与业务的对应关系表，避免不同个人对业务细节理解不一样和流程描述口径不一致。

第二，如何判断流程的好坏？考核流程好坏的主要依据，应该是其对价值链的贡献。而且，对流程好坏的判断，不应该由流程执行部门决定，而是由流程输出的对象，即内部或外部客户来衡量。此外，也可以对流程设定一些量化的绩效考核指标，开展流程绩效测评并分析改进，如设定结果性量化指标（新产品上市后市场占有率、利润或销售额，以及反映实际市场表现与目标设定值关系的目标达成率等）和过程性指标（开发计划完成率、平均新产品开发周期）等。

第三，如何实现流程优化，包括从单一流程优化转向体系化的流程优化？概括地说，实现整体流程优化需要关注三个环节：一是建立流程清单，树立整体思维，跳出流程来认识流程，并对流程依据价值链进行分类，避免各个活动之间、各个流程之间关系不清晰；二是建立流程闭环，对流程进行从开始到结束的端对端的流程描述；三是流程细化，对流程的各个环节（活动）进行记录、跟踪和分析，对流程进行自上而下或自下而上的分解，寻找流程的盲点和冗余点。

第四，当流程不能适应业务需要时，如何有效推动流程变革？对于交易所而言，流程变革可能会引发来自安全运行方面的顾虑。因此，在流程变革的过程中，首先要形成共识，明确流程优化的紧迫性和任务；其次，明确流程责任人至关重要，必须让流程责任人成为流程优化的责任者，而不是让现有流程管理部门越俎代庖。

第五，如何保障流程执行效率？流程不能落地的原因，大致有三种情况：一是不知道，即不知道有相关流程或不知道如何执行流程；二是不愿意，即主观意识上抵制流程，不愿意受流程的约束，希望发挥主观能动性；三是不合理，即流程与业务脱节，执行起来十分困难。提高流程执行效率，一是要加强流程培训，建立流程刚性的组织文化，将流程文化理念"内化于心"；二是实现流程电子化，建立流程管控系统，将流程保障"外化于形"；三是要明确流程的责任人，让需要得到流程产出的人自己执行流程，将流程执行"行化于利"。

运营管理和流程设计紧密相关。狭义上的交易所运营管理几乎与流程管理同义，指对流程进行系统化设计、指挥和控制，使这些流程把输入要素有效地转化为提供给内部顾客或外部顾客的服务或产品。从广义上看，运营管理是交易所所有部门工作的基础，因为这些部门的工作都是由许多流程组成的。运营管理人员通常对企业的关键绩效（如成本、质量等）负责。正是在这一意义上，运营管理也可以视为一项战略层面的工作，特别是在设计具有战略意义的新流程、开发新的能力和维护现有能力，以期为外部客户提供最好的产品或服务方面。运营管理将外部供应商、外部客户与公司内部流程紧密整合在一个完整的价值链之中。这也是为什么企业内部的首席运营官职责重大的原因。一项对制造业企业的调研显示，有 45% 的公司首席执行官有在公司运营部门工作的背景。

基于流程设计和运营管理的基本逻辑，上海证券交易所针对股票期权市场，建立涵盖合约标的调入调出、合约管理、持仓管理、风险处置、资格管理等各个方面共 115 项业务流程，包括 66 个跨业务条线流程、15 项应急流程和 34 项各业务条线内部流程。从流程发起逻辑看，这些流程大致可分为四大类：

第一类流程按既定规则和预定参数自动生成。这类业务流程没有上游工单，需要系统根据规则自动生成信息，并辅以人工检查并确认的形式来完成。涉及的主要流程有合约新挂、合约摘牌、波动加挂、合约调整、合约到期加挂、合约盘后限开仓流程、合约盘后解除限开仓流程、合约标的除权除息时期权业务流程等。

第二类是发起方发起的流程。这是有明确的操作单驱动的业务流程，包括合约标的调入、合约标的调出、交易参数调整、账户类、结算价调整等流程。

第三类是由于标的发生变化导致的合约操作流程。这类流程，有明确的业务规则，并有相关操作工单，需要人工操作。主要流程有合约标的停牌业务流程、合约标的在行权日全天停牌或临时停牌到收盘处理流程、合约标的在行权交收日全天停牌或临时停牌到收盘处理流程、合约标的复牌业务流程等。

第四类是除以上日常业务运行流程之外的各种应急场景下的应急处置流程。例如，出现合约参数、合约挂牌摘牌、持仓限额、资金出入、标的证券除权除息信息等错误或异常、标的连续涨跌停、取消全部交易等情况下的处置流程等。

为进一步保障流程和运营管理的可靠性，我们尝试按照流程保障"外化于形"的原则，试图通过建立流程管控系统实现流程电子化。期权运行流程管控系统的目标，是减少对手工操作的依赖，实现业务流程电子化、数据闭环化、流程可视化三项要求，在提高运营效率的同时，有效防范操作风险，确保所有业务流程在执行过程中做到"不漏、不误、不错"的目标。

流程与组织架构设计

美国著名管理学家迈克尔·哈默曾指出,"流程决定组织结构"。对于交易所而言,组织设计包含两个方面的内容:

一是交易所自身治理机制。例如,是采取会员制还是公司制,这个问题现在已经基本解决。当前,除中国等少数国家证券交易所没有公司化外,绝大多数证券交易所均已实现公司化并挂牌上市。公司化的主要目的,是通过分离所有权和交易权,解决封闭式会员结构和利益冲突导致的效率低下问题,筹集所需资金以应对技术发展和全球化带来的竞争压力,以及建立能够更好响应市场需求的治理架构。公司化后,交易所开始采取商业化经营政策,但同时也面临着交易所商业经营和自律监管之间以及交易所自我上市带来的新的冲突。

二是交易所内部组织管理架构。企业内部组织形式,主要有直线职能制和事业部制两种。前者是"集中决策、集中经营"的紧密型组织管理架构,具有分工明确、管控力度大的特点;后者是企业内部根据不同产品线、不同地域、细分市场等组建的具有经营性质的利润中心,具有"集中决策、分散运营"的特点。一般而言,直线职能制比较适合企业发展初期,或规模相对较小、业务比较单一的阶段。当企业规模发展壮大到一定程度,在直线职能制的情况下,就很容易出现信息失真、决策拖拉、创新乏力、运行效率低下、部门间协调困难、管理混乱等弊端。此时,事业部制提供了一个较好的解决方案,通过内部事业部的建立,形成了"大规模、小经营"的分散的战略单元,为企业继续做大创造了条件。

在直线职能制下,流程是基于交易所整体设计的。在事业部制下,不仅需要考虑交易所整体的流程设计,还需要建立事业部内部的流程体系。部门和流程的关系,理论上有两种情况:一是重部门、轻流程,把内部部门作为管理对象；另一种是重流程、轻部门，把流程作为关注的重点。我们认为，在直线职能制下，以及在事业部内部，基于业务的流程是更加重要的方面。迈克尔·哈默提出的流程再造理论，就是要求以工作流程为中心，重新设计企业的经营、管理和运作方式。

以上交所期权市场内部组织设计为例，它是充分考虑了业务性质和业务流程的组织管理安排。上交所衍生品部下设三个专业委员会和六条业务线。专业委员会分别是安全运行、市场监管和市场发展委员会，分别对期权市场的安全运行、市场监管和市场发展等方面的重要事项、监管措施等进行协调，并在部门授权范围内提出决策意见。六条业务线分别是产品创新、运行管理、风险控制、机构管理、市场推广和综合管理业务条线。产品创新条线，负责规划交易所未来衍生品市场发展和新产品开发，负责对已有产品进行评估和完善。运行管理条线，负责衍生品生产环境和全真模拟交易环境的日常运行管理，负责交易运行异常情况的应急处置，保障衍生品业务的安全稳定运行。风险控制条线，负责衍生品市场的风险控制与自律监管，包括风控制度的建立和完善、风控指标设计、实时监控、结算价管理以及风险处置和违规行为处理等。机构管理条线，负责交易参与人资格准入管理、持仓限额管理、做市商准入和日常监管等。市场推广条线，负责衍生品推广与市场拓展，树立交易所衍生品市场品牌，全方位做好交易参与人的市场服务工作。综合管理条线，负责合规审核、规则评估与完善以及人力资源和公文管理等综合性事务。

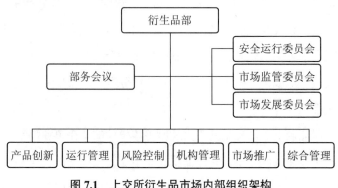

图 7.1　上交所衍生品市场内部组织架构

操作风险的量化

量化是增进透明度的可靠工具。20多年来，学术界和金融机构对操作风险量化的兴趣与日俱增，召开了无数次专业研讨会，不少顶级专家亦参与其中。但总体上看，迄今所取得的进展仍很有限。从可能性看，操作风险的频次和影响是相对较易量化的方面；从局限性看，不同事件间的因果关系和相互影响，对操作风险量化又形成了较大的制约。

实施操作风险量化，首先需要对风险进行分类。风险分类的方法很多，如基于风险的性质，可分为操作风险、市场风险、法律风险等。我认为，基于量化风险的考虑，从风险发生概率和风险发生后的影响两个维度进行分类，将更具操作性。这样，我们可以将风险分为五种情况：低概率低影响风险、低概率高影响风险、高概率低影响风险、高概率高影响风险和低概率极高影响（极端事件）风险。在这五类风险中，我们应重点量化低概率高影响、高概率低影响这两类风险。低概率低影响风险，一方面因其影响较小，另一方面也因为低概率意味着历史数据不充分，因此在分析上有一定的困难，无需太过关注。高概率高影响风险，因其发生频次高且影响大，通常已经成为高度关注和防范的重点，量化这类风险，不过是锦上添花之举。极端事件的风险，往往难以量化，因此，重点不是如何防范，而是充分认识其后果，实施风险预案，一旦发生这类"黑天鹅"事件，尽快采取适当措施，尽量降低损失和影响。

对操作风险进行量化，大致有三类可用的模型。

第一，指标型模型。这类模型，建立在不同指标和风险之间存在一定的因果关联基础之上。例如，新员工往往容易出现操作差错，故人员流动或新员工占比就可以作为风险量化的一个指标。指标型模型的优点是操作性强，容易建模，可较快建立操作风险量化的分析框架，不足是对事件前后因果关系依赖严重，可能误用对操作风险的诸多解释性变量。

第二，统计学模型。这类模型，依据历史上已经发生的风险事件，通过统计概率分布和实际损失情况，建立量化模型。这类模型，在操作风险量化上使用最多，特别是使用随机模拟的蒙特卡罗方法。蒙特卡罗方法，也叫统计模拟法或随机抽样方法，是一种使用随机数，用电子计算机实现统计模拟或抽样，以获得问题近似解的方法。统计学模型的优点是可靠性相对较强，对人为判断的依赖较小，缺点是模型通常十分复杂，且严重依赖于一个数据质量较高的操作风险数据库。

第三，定性定量模型。这类模型，实际上是建立在不同于量化的质化评估基础上的，是对多人或多种定性评估的量化。定性定量评估的方法较多，例如，德尔菲法、决策树法和贝叶斯法等。德尔菲法，是专家们在背对背不相互联系的情况下，给予独立的意见，经过整理、匿名反馈、再集中、再反馈等几轮征询后，使专家小组的预测意见趋于一致的一种方法。决策树分析法，是一种运用概率与决策树图表对决策中的不同方案进行比较，从而获得最优方案的风险型决策方法。贝叶斯分析法，是一种基于假设概率的方法，通过综合假设的先验概率、给定假设下观察到不同数据的概率和观察到的数据本身，去推断所需的未知参数。定性定量模型的好处是操作性强，缺点是带有较强的主观性。

上交所期权运行团队尝试使用以上三种方法，建立了操作风险量化模型。我们首先将操作风险分为两大类：运行体系中的固化风险和运行工作中的偶然风险。固化风险主要包括运行规则风险和技术系统风险两类，前者指运行管理操作手册规定的操作内容，与实际业务或技术系统的实际情况存在不一致，后者指运行所依赖的技术系统存在功能瑕疵、参数配置错误等风险。偶然风险主要是人员操作失误、人员保障失误和人员应急处置失误三种情况。在此基础上，对各个单项风险，进行专家评估和分级，并参考历史统计数据，最终汇入我们自主编制的上交所期权运行操作风险指数。编制运行操作风险指数的目的，一方面，是为了度量各种相对静态的运行操作风险，跟踪各种动态场景下业务运行的安全性；另一方面，也是为了及时采取风险防范措施，完善运行管理机制，持续提升运行体系的质量。

宏观风险管理

宏观风险主要是指系统性风险和市场不能发挥其应有功能的风险。金融市场的系统性风险，是金融市场因外部因素的冲击或内部因素的故障，发生剧烈波动、危机或瘫痪，使一系列的单个金融机构不能幸免，连续遭受重大损失的可能性。系统性风险最典型的特征，就是风险的溢出和传染效应。另一个特征，就是系统性风险不能通过分散投资来消除，因此，系统性风险又被称为不可分散风险。

系统性风险和市场功能丧失风险关系密切。在出现系统性风险时，市场自然是难以发挥功能的。但是，市场功能不能正常发挥还可能有其他一些原因，例如，非正常的行政干预和过于严厉的监管等。

防范金融市场宏观风险需要建立一套机制。以防范股票市场的宏观重大风险为例，我认为，可以考虑从以下五个方面多管齐下，建立涵盖事前、事中和事后的股市重大风险预警和防控体系，以充分发挥股市服务实体经济功能，推动资本脱虚向实，促进社会资本形成。

一是编制风险预警指数，构建重大风险预警体系。风险是可以量化的不确定性。设立相关预警指标，是防范股市重大风险的第一步。股票市场功能与合理的定价是分不开的，因此，可以从股票定价有效性检测角度，设定风险指标。影响我国股票市场定价效率低下（甚至出现大幅波动）的主要因素有以下三个方面：一是过度投机与炒作因素，二是价格操纵与内幕交易因素，三是流动性因素。因此，可以从这三个方面设定风险指标，编制风险预警指数。

风险预警指数是基于股市定价效率编制的股市风险的度量。我认为可以包括三方面指标：一是过度投机与炒作风险指标，包括中小散户换手率（成交量与持仓量比）、中小散户参与率（账户数和成交额）、两融规模与市值比、持仓账户结构、大资金客户换手率和参与率等，这类指标总权重为 50%；二是价格操纵与内幕交易类风险指标，如大资金客户对价格涨跌的贡献度等，权重为 25%；三是流动性风险类指标，如涨停或跌停股票数量占比等，权重为 25%。通过历史数据回测与检验，设置指数的警戒阈值，将市场分为过热、趋热、正常、趋冷、过冷等市场风险级别，以密切监测股市风险状况及其动态变化，在可能出现重大异常前起到预警作用。

二是建立逆周期调节和快速反应机制。在编制风险预警指数后，有必要建立基于快速反应的逆周期调节机制。所谓逆周期调节机制，是指当市场出现严重估值泡沫或过热风险预警后，应及时采取降温措施（如增加供给、抑制需求），让风险预警指数逐步恢复到合理运行区间；反之反是。从历次金融危机情况看，市场具有一种天然的正反馈机制，容易出现加剧的暴涨暴跌效应，逆周期调节是降低正反馈、促使市场平稳运行的重要措施。

必须指出的是，逆周期调节机制本身是市场运行机制的延伸，因此，逆周期调节机制也必须遵循市场化原则，这主要体现在两个方面：一是逆周期调节的适用条件和主要调控措施应事先予以明确，尽可能避免临时性的人为抉择；二是监管干预不能过度，尽量使用经济杠杆等市场手段，尽可能减少直接的行政干预。

三是健全股票市场基础制度。制度建设是风险防范的重要事前措施，可以从根源上防范甚至杜绝股市重大风险的发生。从股市功能角度看，股票市场最根本的制度包括发行制度和交易制度两个方面，故制度建设也应重点围绕这两个方面进行。当前，我国对发行制度进行全面改革的条件尚不成熟，因此，可以考虑率先实行交易制度改革，以交易制度改革带动发行制度改革，通过适当的交易机制改革推动发行机制创新。

总体上看，当前我国股票交易机制与市场发展存在较严重的不匹配，特别是不能适应以散户为主体的投资者结构，具体表现在买卖平衡机制严重不足、大资金对市场影响过大、价格稳定机制僵化、交易权限制较多等方方面面，已经对市场功能发挥形成严重的制约。这些交易机制弊端，在 2015 年股市重大异常波动过程中得到了充分的暴露。习总书记在 2015 年 12 月中央经济工作会议上谈到股市波动时也指出，"不完备的交易制度、不完善的市场体系、不适应的监管制度"和"资本市场发展不成熟"是股市异常波动的重要原因。

当前，引入单次"T+0"交易和盘后交易，完善价格稳定机制，推出交易所证券借贷合约，探讨建立平行市场，可能是交易机制改革的重点方向。整体协调推进各项交易机制改革，是一项意义重大、影响深远之事。考虑到由于无法完全预见改革的后果，除个别措施外，通盘改革不宜在现有板块中全面推开，可选择部分公司或在交易所内部新设一个板块进行试点，实现改革风险与现有市场的隔离。

四是完善风险管理产品体系。从成熟资本市场的经验看，基础性的风险管理产品越齐备、越有效，市场的定价效率就越高，内生稳定性就越强，爆发重大风险的概率就越小。一个完备的风险管理产品体系，不仅需要股票、债券等现货品种，还需要可以对冲或转移风险的衍生产品；不仅需要只能做多的单向交易品种，更需要可以多空双向交易的产品。

在我国股票市场，做多性质的产品规模远远超过多空双向性质的产品，总体上看是助长买入，极易推动股价上涨，在特殊情况下最终形成系统性股市泡沫。因此，大力发展证券借贷、基于单个股票的衍生品、配合新股发行的附带认沽期权等在内的可双向交易的各类风险管理产品，是建立市场自发平衡机制，促使股票合理定价的关键环节。这些产品的综合运用，能够从根源上大幅减少市场投机力量比重，防范股市暴涨暴跌风险。

当前，加快发展股票期权产品是完善股市风险管理产品体系的关键环节。股票期权是和现货联系最为紧密的衍生产品，是资本市场中类似保险的市场化风险转移工具。境内外实践表明，股票期权在改善现货流动性和波动性、促进理性投资、强化内生稳定性、降低爆发重大风险的概率等方面作用显著。目前，我国已成功推出 50ETF 期权试点，近两年来，市场运行平稳，功能开始初步发挥。下一阶段，可重点从以下两个方面加快发展股票期权产品：一是增加 ETF 期权标的，推出沪深 300ETF 期权；二是积极探索基于大盘蓝筹股的个股期权，发挥个股期权的精准风险管理功能。

五是进一步完善对重大风险监管的分工和协作机制。相关单位和部门能够各司其职，紧密合作，从而能对重大风险监测信息进行快速响应，及时作出决策，这是对股市重大风险进行有效监管的基础。目前，证监会内部已基本建立了相应的风险监管体系，例如，中证监测中心负责全面、系统性风险的监测，证券期货交易所负责各自市场的一线监管，投保基金和期保中心分别负责现货和期货市场的资金安全，会内各部门负责各自领域的监管。但是，这些机构之间的职责分工和协作仍有优化的空间，例如，可进一步加强相互间的数据共享，明确各单位在应对股市重大风险时各自的监管职责。此外，随着互联网等技术革命的加速，各种类型的金融创新也层出不穷，混业经营的态势愈加明显，在缺乏有效监管协调的情况下，极易产生监管"真空"和监管套利，容易产生跨市场的风险溢出效应，也需要证监会和其他金融监管部门之间建立跨部门的数据交换和风险监管协调机制。

自律监管与交易风险控制

交易所需要重点关注的另一大类风险，属于市场交易秩序方面的风险，如市场过度投机、炒作、违规交易等。这类风险主要通过监管来解决。证券市场监管通常有两个层面，一是政府层面的行政监管，二是交易所等自律机构实施的一线自律监管。交易所自律监管和针对市场行为的风险控制在一定程度上有重合之处。风险控制的重点是采取各种措施和方法，消灭或减少风险事件发生的可能性，或者减少风险事件发生时造成的损失。对市场的监管，一般是指代表公众利益，依据相关的法律法规和自律规则，对有关机构或市场参与者的合规性，进行持续的和专门的监督管理，以限制参与者的行为不损害其他参与者的利益，或避免产生有违市场公平公正的后果，并对不合规行为实施监察或处罚，确保市场运行有序和稳健发展。

监管是市场经济发展的必然结果。学术界在政府对市场特别是金融市场监管作用的问题上，主要有两种看法：一种观点认为，政府监管和干预会阻碍金融和经济的健康发展，如罗纳德·麦金农和爱德华·肖认为，减少政府对金融业的干预，培育一个竞争性的金融体系，允许非国家化、非银行的金融机构的进入，让市场发挥资源配置的作用，既有利于金融业的技术进步，也有利于投资质量的提高。另一种观点则强调，政府应在金融市场积极发挥作用，以促进金融和经济的发展，如新凯恩斯学派等的观点。不过，多数学者认为，由于市场失败的存在，如信息不完善、外部性和规模经济等，监管的作用将不可或缺。尽管自由市场经济可能会促进经济的静态或配置效率，但市场失败使自由市场不能有效地增进长期效率（或动态效率）。因此，从长期发展战略看，政府干预或供给主导型的政策更易获得成功。特别是在发展的早期阶段，供给主导型的金融能更积极地促进工业化与经济增长。

市场失败的表现有若干个方面。斯蒂格利茨指出了其中的八个方面：一是竞争的失败，存在垄断权力；二是存在一些私人无法经营或经营无效率的商品和服务——公共商品；三是外部性的存在；四是市场不完全（如在保险市场和期货市场方面，及互补性生产厂商的合作不够等）；五是信息失败；六是宏观经济不均衡；七是贫困和不平等问题；八是个人行为与其自身的最佳利益也许不一致等。此外，除上述"配置性"市场失败外，还存在可称之为"动态"或"创造性"的市场失败，即由于规模经济的存在使得生产、投资和创新不能达到最优水平。

具体到金融市场，斯蒂格利茨概括了七个方面的市场失败，即：

第一，作为公共品的监管问题。这又引起关于金融机构清偿力信息和金融机构管理信息两方面的信息问题。前者会影响投资者和存款者，后者将影响投资的风险与收益。

第二，监控、选择和贷款的外部性问题。金融机构的一项重要功能是选择项目与监控贷出资金的使用，但由于投资者信息的不完善，一家银行的倒闭将影响其他银行，而且，第二个借款人将影响第一个借款人，因为银行的风险与其总贷款成正比。此外，信贷市场的行为也将影响权益市场，反之反是。

第三，金融机构破产的外部性问题。例如，某一家银行的破产将会引起连锁反应，导致整个金融市场的不稳定，引起投资的减少。

第四，市场不完善和缺乏的问题。斯蒂格利茨认为，由于风险保险市场的缺乏，及资本市场信息的不完善，政府理应介入。政府在承担风险上具有三方面的优势：一是可以强迫有关机构加入保险计划；二是政府可通过一系列的间接手段，如税收、补贴和管制等，强制有关机构披露信息，减轻贷款者的信息缺乏问题；三是政府可以承担私人市场无法处理的，与宏观经济稳定相关的社会风险。

第五，不完全竞争问题。信息问题自然会导致不完全竞争，因为银行对客户项目的了解不一，银行与客户的关系也各不相同，竞争是有限的。一家银行认为是优良的项目，另一家银行可能认为是有风险的，因此，即使市场上存在若干家愿意提供贷款的贷款者，也并不意味着每一个借款者都有同样多可供选择的贷款者。

第六，竞争性市场的帕累托无效率问题。金融市场的一个重要功能是收集信息，另一个重要功能是分担和转移风险，但在市场不完善的情况下，由政府承担信息成本可使所有人都获益。

第七，投资者缺乏信息问题。因此，政府需要进行干预，强化信息披露机制，以增强投资者的信心。

当然，针对"市场失败"理论，也有人提出"政府失败"的概念，如美国加州大学洛杉矶分校的麦克斯维尔·弗莱教授认为，金融市场上也存在大量政府失败，如寻租行为、出于政治目的的干预、政府不胜任等。不过，如果政府为矫正市场失败而进行的监管和干预，导致公共行政的失败和寻租行为，那么，解决的办法是改革公共行政，而不是返回市场，坐视市场失败。

我们以为，金融市场，特别是股票市场，是一个天然需要监管的市场。市场的本质是交易。与其他所有市场一样，价值规律或价格机制也是股票市场发挥作用的基础。但是，与商品市场等相比，股票市场存在一些独有特点：

第一，信息不对称程度高。投资者对上市股票的观察与其对普通商品的观察方法和效果迥异，缺乏有效的规避信息不对称的手段。

第二，产品无差别性和可替代性强。资本市场的产品是证券，对同一家公司同一类别股票而言，每一股都是同质的，因此，市场的流动性通常更好。

第三，违法行为危害程度大。产品的无差别性带来的流动性差异，以及不对称信息带来的行为隐蔽性，使得市场违法行为（如虚假信息披露、价格操纵等）的危害性极大。

这些特点，使得股票市场的市场失败更为普遍，且影响也更大。事实上，当股票市场发展到一定规模后，将和实体经济息息相关。但是，股票所反映的是"虚拟资本"，其价格运动一方面遵循实体资本的规律，同时又在一定程度上与实体资本相脱离，在某些条件下甚至可以背离和扰乱实体。因此，如果股票市场秩序紊乱，违规违法行为盛行，不仅会对实体资本形成和资源配置效率造成不利影响，还可能波及整个经济体系，甚至影响社会稳定。

由于市场失败的存在，政府理应积极介入并监管金融市场。但是政府在处理与市场的关系上，应是补充市场，而不是取代市场。政府拥有私人所缺乏的能力，但同时也可能会效率较低。因此，政府干预金融市场的目的，应是保障金融市场的正常运行，或者说使金融市场更有效地运作，并矫正资源的不当配置。斯蒂格利茨强调，政府对金融市场应采取非直接的控制机制，如"谨慎性"管理等，并确立监管的范围和监管的标准。在这种情况下，交易所层面的一线监管，将对政府监管起到有效的补充作用。

无论是政府的行政监管，还是交易所的自律监管，监管的目标均是为了维护市场的正常秩序。国际证监会组织在《证券监管的目标和原则》报告中指出，证券市场监管有三个基本目标：保护投资者，确保市场的公平、高效和透明，以及降低系统风险。国际证监会组织并指出，这三个目标是紧密相关的，在某些方面甚至会有重叠。如许多有助于确保市场公平、高效和透明的要求，同时也能起到保护投资者、降低系统风险的作用。同样，许多降低系统风险的措施也有利于保护投资者。换言之，一旦实现了这三大目标，交易所需要重点关注的市场交易秩序风险，也将同时得到较好的控制。

在移动互联时代，金融业态发生了较大的变化，但是，金融业务的本质没有变化。互联网金融的本质是金融，而不是互联网技术。因此，对互联网金融，不能豁免对其的监管。考虑到互联网金融的简单化、分散化、隐蔽化、扩散快的特点，从某种意义上看，反而需要采取比传统金融业更加严格的风险管理和监管措施。

上交所股票期权自律监管体系

2015年2月9日，我国首个场内期权产品——上证50ETF期权正式上市。期权与期货虽然是国际市场成熟的基础金融衍生品，但两者存在明显差异。因此，结合期权市场的特点，上交所在上线之初就提出了"底线监管、动态监管、联动监管、功能本位监管"四项基本监管原则，并在实践中建立了全球首个涵盖"宏观风险监控、交易行为监管、做市商监管、期权经营机构监管、市场运行风险监控"的五位一体自律监管体系，逐步总结探索出了"宏观监管、超前监管、全面监管、精准监管、大数据监管、预防性监管"六条较为有效的监管实践经验。

在这个过程中，我们进行了多项创新监管。例如，全球首次编制了衡量市场总体风险状况的市场风险指数和投机指数，首次对程序交易严格执行报备、准入制度并重点监控，建立投资者交易行为分类识别（如保险、投机、套利、增强收益等）模型并实施分类监管，首次将做市商的流动性服务、评级和监管有机结合，首次对个人投资者实施限购、限仓、限交易制度等。上线近两年以来，总体来看，期权市场风险可控，监管工作有序开展，成效显著。

四项基本监管原则

期权与期货虽然同属国际市场成熟的基础性金融衍生品，但两者之间仍存在明显差异。概括而言，主要存在以下五方面的不同：

一是产品特性不同。期货是一种交易方式，而期权是权利的证券化，属于一种特殊形式的证券。期权合约类似保险合同，买方为了获得未来买入或卖出标的资产的权利，需要向卖方支付类似保险费的权利金。权利金就是期权合约的价格或价值，因此，期权是一种有价证券。

二是经济功能不同。期货主要用于风险对冲，没有风险转移功能。期权不仅可以用于对冲风险，还可以转移风险，为投资者提供保险功能，在规避亏损的同时保留未来盈利的可能性。期货作为风险管理工具，对现货市场的影响应该是中性的。而股票期权无论从理论还是实践上看，对股票市场的影响都是中性偏正面的。

三是合约数量与交易策略不同。期权合约众多，仅上证50ETF一个合约标的，就有认购期权与认沽期权之分，还有不同到期月份、不同行权价之分，此外，随标的价格的波动还需要增挂合约（上证50ETF期权挂牌合约最多达224个，境外成熟市场单个标的的挂牌合约数量可达上千个）。同时，期权交易策略丰富多样，不同合约之间的价格存在很强的联动性，投资者常常通过组合策略进行交易。常用的期权策略就有几十种，如牛市价差、熊市价差、跨式、宽跨式、蝶式策略等。

四是收益特征不同。从收益来看，期权买方的盈利潜力是无限的，而最大亏损仅限于购买期权的权利金；期权卖方的盈利仅限于其获得的权利金，而最大亏损是无限的，因此，期权的收益呈非线性。期货的盈亏是线性的，买卖双方都可能面临无限的盈利与亏损。期权的交易价格也进一步体现了期权收益的非线性特征，期权价格即权利金，不仅受标的价格的影响，还与波动率、利率、合约行权价等多种因素有关，其价格变化程度与现货价格相差巨大，且变化方向也不尽一致。

五是参与群体不同。以我国为例，期货市场的参与者主要包括投机者、套期保值者和套利者；期权市场的参与者主要包括组合套利者、保险者、投机者、增强收益者、做市商等五类投资者，其中，做市商作为流动性提供者发挥了重要作用。

总体上看，与期货、现货相比，期权在市场组织、运行、风险管理、定价等方面更为复杂。因此，我们建立了一套不同于期货，也不同于现货的自律监管制度安排。结合我国股票市场的发展阶段和投资者特点，以及在上交所同时交易现货和股票期权的制度安排，我们提出了四项基本自律监管原则：

一是底线监管原则。上交所确定了三条监管底线：严守不发生系统性风险的底线，严防风险溢出、防止期权市场风险蔓延至现货市场的底线和严防过度投机的底线。

二是动态监管原则。上交所定期评估各项风控制度的实施效果，不断细化、完善风控制度和监管手段，并根据市场环境及时调整监管重点。

三是联动监管原则。上交所作为组织现货与股票期权交易的自律监管机构，可以实时监察证券和期权的交易，实现期现联动的无缝监管，达到有效防范市场操纵和内幕交易行为的目的。

四是功能本位原则。上交所发展股票期权市场的根本宗旨，是为投资者提供高效的风险管理工具，提升资本市场定价效率，发挥资本市场价格信号功能，提升资本市场服务实体经济的能力。上交所在开展监管工作、防范市场风险的同时，不忘初心，注重促进期权经济功能的发挥，更多地采取市场化的经济手段实施监管，避免简单粗暴的行政管制。

五位一体自律监管体系

基于上述四项基本监管原则，我们针对股票期权市场建立了涵盖宏观风险监控、交易行为监管、做市商监管、期权经营机构监管和市场运行风险监控五个方面的五位一体自律监管体系。

一是宏观风险监控。为了从宏观上准确把握市场整体运行状况，综合评估市场整体风险水平，我们自主编制了一系列期权市场宏观监控指数，如市场质量指数、市场风险指数等。

市场质量指数衡量流动性和定价效率，使用相对买卖价差、价格冲击成本、平价关系套利空间、垂直价差套利空间和水平价差套利空间等指标进行编制。市场质量指数达到100以上表示市场质量较好，目前，该指数稳定在100—110的区间，表明市场质量良好。

市场风险指数衡量投机风险、流动性风险和信用风险，使用期现成交比、成交持仓比、近月深度虚值成交占比、投机行为占比、相对买卖价差、价格冲击成本、会员信用风险、投资者信用风险和市场资金缺口等指标进行编制。市场风险指数在60以下表示风险较小，处于60—100表示风险警戒但总体可控，超过100表示风险较大。上市以来，该指数的平均值为32.6，目前处于45—50的区间。

在市场风险指数中，我们专门独立出了投机指数，使用期现成交比、成交持仓比、近月深度虚值成交比和投机行为占比等指标进行编制。投机指数在60以下代表投机较少，60—100代表风险警戒但总体可控，100以上代表投机严重。上市以来，该指数的平均值为29.6，目前处于40—45的区间。

二是交易行为监管。我们基于投资者账户层面，对投资者的交易行为进行多方面、多维度、深层次的监管，涵盖了程序交易监管、异常交易监管、跨市场交易监管、套保账户监管等各个方面。

在程序交易监管方面，我们是全球首个对期权市场程序交易制定全面监管制度，进行事前、事中、事后监管的交易所。境外交易所对于程序交易，一般采取事后监管的方式，并不注重事前和事中监管。事前监管方面，我们要求所有程序交易必须报备，并在制度和流程上明确了报备范围、报备程序与审核流程，对程序交易账户的企业性质、交易员背景、资金来源、技术系统、交易策略、风控措施、应急处置等多方面进行审核把关。在事中监管方面，上交所采取严格的风控措施，专门设计了监控指标，专人专岗监控，做到实时发现、核查与处置。事后监管方面，建立了程序交易未报备筛选排查机制，并开发了专门的监察系统，能够及时发现并处置未报备程序交易账户。同时，明确要求期权经营机构加强对程序交易接入和交易行为的管理，并不断完善应急处置措施。

在异常交易监管方面，我们重点在细化异常交易行为的认定标准、实施"看穿式"监管、主动研判异常交易行为等多方面，加大了力度。我们设计了全面的期权市场风险预警指标体系，共 9 个子类，近 200 个指标，对影响开盘价、影响结算价、影响熔断集合竞价、频繁报撤单、虚假申报、拉抬打压价格、账户组自成交、利益输送等异常行为进行重点预警监控。

在跨市场交易监管方面，上交所充分发挥现货与期权在同一交易所交易的优势，实施无缝隙的期现联动监管，并利用先进的技术手段、庞大的期现交易数据，对投资者现货和期权的申报、成交及持仓等数据进行大数据挖掘，设计了高效、精准的风险预警和违规交易识别模型，能够及时有效地监控可能存在的跨市场异常交易行为，有效地防范了跨市场风险。

在套保账户监管方面，上交所相关业务规则对因进行套期保值交易需要申请提高持仓限额的流程进行了严格规定，并加强对这些账户的监管。为防止套保账户利用申请提高持仓限额的机制进行其他性质的交易，我们制定了相应的监控方案，从套保账户的投机交易占比、Delta 值、现货和期权持仓量的比值以及交易行为是否偏离申请时提交的套保方案等多个方面，对套保账户进行监控。

三是做市商监管。上交所对做市商的监管主要体现在准入资格管理、实时交易监控、定期压力测试和评级考核等四个方面。第一，严格准入标准，通过规则制度、现场检查、实验室测试、专业评审等方式全面考核做市商业务资格；第二，实时监控做市商交易行为，对自成交、异常报价、希腊字母指标、单位时间内申报笔数、持仓集中度、保证金占用比例等指标进行监控，建立快速反应和处置机制；第三，建立定期压力测试机制，要求做市商按季度进行风控和系统压力测试并提交相应报告，确保做市商业务风险可测、可控；第四，建立了一套量化的做市商考核、评级和激励机制，将做市商的流动性服务、评级和监管有机结合起来。

四是期权经营机构监管。上交所对期权经营机构监管的重点是资格准入、保证金监控和投资者适当性管理等方面。首先是对期权经营机构准入实施严格的准入标准，发布期权经营机构经纪和自营业务现场检查工作底稿，通过机构自查、现场检查等形式，全面考核期权经营机构的业务资格；其次是通过保证金和强平等监控，对期权经营机构的经纪、自营业务保证金进行全方位监控，做到问题及时发现、及时处置；再次是投资者适当性管理，要求期权经营机构全面了解自己的客户，通过盘后核查、现场检查等方式监管期权经营机构是否严格执行投资者适当性管理制度。

五是市场运行风险监控。上交所着重监控结算风险和行权交收风险，保证市场运行平稳有序。对于结算风险，主要对保证金、出入金异常进行监控，并进行盘中试算和压力测试。首先，当期权经营机构出现盘前、盘中、盘后保证金不足，盘中、盘后保证金占用比例过高等情形时，上交所将采取电话提醒措施；其次，当市场出现大额或异常出入金时，上交所与中国结算、期权经营机构及时进行联系，确保市场出入金正常、准确；再次，当盘中现货出现大幅波动时，上交所启动盘中保证金试算，提前评估风险；最后，每日盘后，上交所对全市场保证金风险进行压力测试，及时发现并处理相关风险。

对于行权交收风险，主要在行权前、行权日、交收日进行监控和提醒，并保持后续跟踪。首先是于行权前四个交易日开始连续发布五次行权提醒公告、一次行权交收提醒公告。其次是在行权日实时监控客户行权情况，对持有实值期权较多的账户通过期权经营机构进行提醒。行权结束后，上交所将进一步跟踪深度实值期权未行权、深度虚值期权行权、交收违约的账户对应的期权经营机构，视情况采取相关处置措施。再次，在交收日实时监控被指派行权账户的备券情况，通过期权经营机构提醒投资者备券。上述监控措施较好地控制了行权交收风险。自上线以来，上证 50ETF 期权行权交收有序进行，未出现重大交收违约事件。

六条监管实践经验

基于上述四项基本监管原则和五位一体自律监管体系，上交所自上线以来，对股票期权市场进行严格的监管，取得了较好成效。在这个过程中，我们也总结探索出了六条效果较为明显的监管实践经验，作为日常监管工作的指导思想。

一是宏观监管。我们率先编制了一系列具有中国市场特色的宏观监管指数，包括市场质量指数、市场风险指数、投机指数等，从流动性、定价效率、投机风险、信用风险等方面迅速、准确地反映市场整体运行状况，并划分为不同等级进行预警，为制定监管政策提供依据，确保期权市场平稳运行。

二是超前监管。我们始终强调监管的主动性和前瞻性，及时遏制潜在风险和风险苗头。一方面，深入研究投资者交易行为和期现风险传导机制，对可疑账户提前关注，并采取相应监管措施。例如，日常监管中重点加强对存在疑似利益冲突、利益输送交易的监管。同时，定期进行市场形势研判或风险趋势分析，建立前瞻性的防控措施。另一方面，对于目前存在争议的程序交易，进行严格的事前事中事后监管，防患于未然。

三是全面监管。全面监管的指导思想是严控过度投机，严防风险溢出，严守风险底线，不留下风险隐患。从监管对象上，全面覆盖做市商、期权经营机构、套保投资者、程序交易投资者等。从监管内容上，涵盖流动性风险、违约风险、投机炒作风险、保证金风险、结算价操作风险、价量异常、期现联动异常、程序交易异常、套保行为异常、压力测试等各个方面。

四是精准监管。事中精准发现问题，精准定位风险事件原因，并及时采取相应的监管措施，是实现高效监管的重要环节。我们设计了比较全面的风险预警指标体系，涉及 9 个子类约 200 个指标。同时，风险监测模型能够快速识别风险点，精准定位到账户、交易行为或某笔订单，能够及时排查或定位风险事件原因，以"精准手术"的方式处理潜在风险。例如，2015 年 2 月 11 日下午，两个期权合约突然触发熔断，我们通过风险预警系统，迅速定位到是由于中信证券做市商报价出错所致，随后及时采取相关措施。

五是大数据监管。上交所运用大数据、人工智能等手段推动监管方式创新，建立了强大的风控系统，形成了网状矩阵式监管体系。一方面，利用大数据挖掘，不断丰富、完善投资者行为识别模型，对投资者进行分类监管，如建立订单级的组合策略识别模型、利用风险概率建立盈亏分析模型等。另一方面，通过三库（指标库、特征库和策略库）建设，不断提升对市场参与主体交易行为的识别能力，全面构建网状矩阵式监管。

六是预防性监管。如何采取有效措施预防各种风险事件的发生，对于监管工作至关重要。对此，我们重点采取了三个方面的措施：首先是强化风险提醒，反复向市场提示临近到期日、行权交收等风险，在50ETF分红前，也多次进行了合约调整提醒和相关事项的解释说明；其次，全面梳理可能面临的应急处置场景，并定期进行沙盘推演和应急演练；再次，大力推进投资者教育工作，增强投资者的风险意识，并举办多次期权经营机构风险控制与合规经营培训，强化期权经营机构风险控制意识。

第8章
投资者定位与适当性管理

南风沥沥百花开，凤鸣锵锵黄金台。犹记千金买马日，不负凌云万丈才。

——《凤鸣》，刘逊，2010年

在交易所的市场创新特别是产品创新中，投资者定位至关重要。这个问题，实际上有正反两个方面。正面来看，是如何选择投资者？需要考虑的问题是，拟开发的产品是为了满足哪类投资者的需求？在脱媒时代，定位理论发生了巨大的变化，用户体验渐始成为核心法宝。互联网时代的长尾上赢家通吃法则，更加说明了这一点。

从另一方面看，则是基于适当性管理的禁止性定位，或者说，哪些投资者不能参与哪些产品的交易？这种禁止性规定，即使在商品市场也普遍存在，比如，很多国家禁止未成年人购买烟酒。在交易所交易的证券及其衍生品，其复杂性和价格多变性远胜于普通商品，因此，不少市场均有投资者适当性管理方面的要求。投资者适当性管理，实际上是以时间换空间，让投资者有一个熟悉、认识金融产品的过程，以提升认知能力、风险识别和承受能力。这种做法，通常有助于确保金融产品创新风险的可测和可控，是降低金融创新成本，促进资本市场创新发展的重要保障措施。

投资者定位

定位理论源于美国商业战略和营销专家杰克·特劳特发表于 1969 年的论文——《通用电气为何不听忠告》的论文。之后，艾·里斯与杰克·特劳特合作出版了《定位》一书，提出定位是同质化时代的产品竞争制胜之道。

在第 6 章讨论产品创新来源时，所说的获取市场需求信息的过程，实际上也是一个客户定位的过程：谁是拟开发的创新产品的使用者？

证券类投资与交易的市场，与一般商品市场存在较大的差异。一般商品市场交易的对象，多是各种具有不同使用价值、能满足人们某种特定需要的产品，这些产品通常具有直观性、易比较性、价格波动小和市场前景可预测性强的特征，而证券市场交易的是代表权益凭证的股票、债券、投资基金等有价证券及其衍生品，市场参与者交易的目的主要是实现投资收益或管理风险，本身不具有使用价值，且影响这些产品价格的因素复杂多变，价格波动性大且很难预测。因此，证券交易的客户定位实际上就是投资者定位。

从交易所组织市场的角度看，投资者定位主要涉及两方面内容：一是产品设计的使用者定位，二是基于适当性管理的禁止性（准入）定位。我们先讨论使用者定位。这是交易所在设计产品时必须予以充分考虑的基础问题：拟开发的产品主要是为了满足哪类投资者的需求？为了满足这类投资者需求，是否还需其他类型的交易者？等等。

以交易所交易的场内衍生品为例，由于衍生品相较于股票、债券等现货证券产品，产品创新频率更快，更加需要形成精准的使用者定位。衍生品市场的交易者通常包括套期保值者、投机者和套利者三种，他们在选择何种市场、何种方式进行交易时有着多种选择，例如，在同一场外交易市场中与不同交易对手方交易的选择，在交易所市场和场外市场之间的选择，在不同交易所之间的选择，等等。交易所市场和场外市场最大的区别，就在于场外交易是买卖双方之间的协议交易，合约定制特点较强，且大部分合约只能持有到期，而交易所交易的衍生品合约标准化程度高，流动性较好。有时，交易所将场外市场交易的衍生品合约的部分条款进行标准化，辅以适当的流动性机制安排，就能够吸引一部分场外市场的客户。

在交易所衍生产品开发中，客户定位至关重要。衍生品市场三类客户发挥的作用不同：套期保值者的风险管理需求是产品的源驱动力，套利者在其中发挥了保证定价合理的功能，投机者发挥了提供流动性的作用。在产品开发的各个环节，均需要密切关注各类参与者，并从以下四个方面重点定位客户需求：一是从场外市场现有需求中寻找和甄别套期保值者的真实需求；二是与套利者共同研究定价、交易、清算等产品设计细节；三是与券商研究流动性提供等问题；四是在市场推广阶段对套利交易和方向性交易进行推广。

在衍生品市场各类参与者中，特别值得一提的是套利者的需求和作用。套利交易者是市场公平价格的"监督者"，衍生品市场如果没有套利者的存在，将意味着没有公平合理的价格，市场将缺乏功能和活力。套利者的套利行为高度依赖于交易效率和清算环节的可靠性，因此，交易和清算环节的设计必须充分考虑套利者的需求，甚至应从套利交易的角度出发去设计产品。

在移动互联和脱媒的时代，基于使用者的投资者定位发生了很大的变化。最核心的变化就是由公司/产品导向转向用户体验导向。传统定位理论的核心，是所谓的"一个中心、两个基本点"，即以"打造品牌"为中心，以"竞争导向"和"消费者心智"为基本点，从而使产品在预期客户头脑中占据一个真正有价值的地位。定位理论的基础是基于其对消费者心智模式的认识，如认为消费者只能接收有限的信息、喜欢简单、缺乏安全感、对品牌的印象不会轻易改变等。因此，定位理论特别强调广告和渠道的作用，"营销为王、渠道为王"就是这种理论带来的直接产物。

这种做法在工业化时代，产生了十分好的效果。但是，这种理论的不足是过于强调公司和产品的品牌，极容易忽视用户的体验。因此，在当今移动互联时代，就显得有些不尽合时宜了。这主要表现在以下几个方面：

　　第一是用户体验问题。传统定位理论是竞争导向的，重点关注对象是竞争对手，而不是用户，其主要杀招就是通过强势营销抢占第一，或通过与其他公司的强势品牌关联成为第二。例如，七喜定位为非可乐，让用户购买可乐的同时联想到自己。这种做法，假设消费者是被动的独立的个体，容易受到大规模宣传的影响，这在工业化时代无疑是对的。但是，互联网带来的重大改变之一是"去中心化"，每个用户都是一个中心，谁能满足我的体验，我就认同谁。而且，移动互联网使得人与人之间的连接成本几乎降低到为零，消费者开始变得主动和相互影响。例如，用户可以通过自媒体，在社交网络上评论各种产品，千千万万用户自发的议论在一夜之间造成的效果，有可能比之前长期强势营销的效果还要好。

　　第二是赢家通吃问题。传统定位理论是二元法则，认为市场竞争的结果最终只会留下两家最大的企业，"数一数二"的企业能够得以生存，因此，品牌关联也是非常重要的营销策略。互联网时代颠覆了"二元法则"，这里的游戏规则是"赢家通吃"，老大占据80%甚至更大的价值空间，老二老三均很难生存。

　　第三是长尾问题。美国《连线》杂志的主编克里斯·安德森，在2004年10月号《连线》上发表了《长尾》一文，提出用户对非热门的产品有着无限的需求，只要产品的存储和流通渠道不是问题，需求不旺或销量不佳的非热门产品所共同占据的市场份额，可以匹敌甚至超过那些少数热销产品，即众多利基市场（Niche Market）可以产生与主流市场相匹敌的价值。这种现象恰如以数量、品种为二维坐标的一条拖着长长尾巴的需求曲线，符合统计学上的大数定律。互联网让长尾型公司成为可能。亚马逊、iTunes等都是典型的长尾型公司。亚马逊最早是一家网络书店，一般而言，一家大型实体书店摆放的图书很难超过10万种，但在亚马逊的图书销售额中，有1/4来自排名10万以后的书籍，而且这些"冷门"书籍的销售占比增长十分迅速。这意味着渠道彻底改变了消费者的选择，现在，消费者面对着几乎是无限的选择，长尾所涉及的冷门产品涵盖了几乎所有人的需求，从而催生了一种全新的商业模式。

当然，传统定位理论存在的这些不足，并不是说今天我们不需要定位，而是说在移动互联时代，定位必须充分考虑用户体验。长尾上赢家通吃，更加说明了互联网时代的核心竞争法则是用户体验。当然，去年，在网上看到一篇金错刀的评论，说互联网时代的杀招是爆品战略，打造爆品有一个中心和三个法则。一个中心就是"一切以用户为中心的用户体验创新"。三个法则包括：一是痛点思维，如何找到用户最痛的那一根针，而不是靠渠道；二是尖叫点思维，如何让产品会说话，而不是靠品牌；三是爆点思维，如何用互联网引爆用户口碑，而不是靠广告。这种说法，实际上并不是全盘否定定位，而是说如何在新时代进行定位。

投资者适当性管理

投资者适当性管理是基于负面准入的客户定位，即禁止部分人群成为某种产品的销售对象。这种禁止性规定在商品市场也十分普遍，比如很多国家禁止未成年人购买烟酒。前面已经讲到，在交易所交易的证券及其衍生品，其复杂性和价格多变性远胜于普通商品，因此，设定一定的准入门槛，就显得颇为必要。这种准入门槛的设定，也就是通常所说的投资者适当性管理，即金融机构所提供的产品和服务，应该与投资者的财务状况、投资目标、风险承受能力、投资需求及知识和经验等相匹配。投资者适当性管理的目标，简而言之，就是让金融机构了解你的客户，以便将适当的产品卖给或推荐给适当的投资者。

国际证监会组织（IOSCO）在2013年1月发布的《复杂金融产品分销适当性要求》中所给出的"适当性"定义就是这个意思。该文件认为，"适当性"是指中介机构在销售金融产品时应予遵守的标准或要求，要求中介机构在从事向客户提供投资建议、个人投资组合管理或提供产品出售等销售行为时，应评估该产品是否符合客户的财务状况和需要，评估内容包括客户投资知识、经验、投资目标、风险承受能力（包括资本损失风险）、投资期限结构、定期追加资金和满足额外抵押要求的能力以及对相应产品的理解。

从境内外市场实践看，投资者适当性管理有两种情况，一是监管者通过法律法规设定的强制性要求，这种强制性要求对交易所和经纪商均适用；二是交易所基于自身市场长期稳健发展和风险控制的需要，实施的自我要求或对行业的自律性管理要求。在境外市场，由于交易所多为营利性质的上市公司，通常不希望对投资者进行限制，因此，其投资者适当性主要通过监管规则予以实现。我国证券交易所属于具有一定公共职能的会员制机构，需要承担较多的市场一线监管职责，因而，交易所的自我约束也是投资者适当性机制的重要组成部分。

投资者适当性最早出现于美国。一般认为，投资者适当性要求发端于美国证券商协会（NASD）在 1938 年制定的"公平交易规则"，该规则要求，证券经纪商应当搜集与投资者相关的信息，做到"了解客户"，应当向投资者推荐或提供"适合"的金融产品服务。为规范经纪商的行为，美国的证券交易所也在其规则中加入了防止欺诈等内容。例如，纽约证券交易所规则第 405 条就是关于了解客户的条款，规定经纪商应当对投资者的当前状况进行必要的询问。在 1962 年有关销售行为监管及控制的指引中，纽交所还规定，在投资存在较大风险时，经纪商应当充分提示投资者。

美国 1933 年《证券法》和 1934 年《证券交易法》尽管也有关于"欺诈条款"的相关规则和程序性规定，但由于多数情况下投资者往往难以证明经纪商存在"实际欺诈"，因此可操作性不强。美国证券交易委员会作为法定证券监管机构，于 1962 年颁布了其第一个适当性管理规则，即基于《证券交易法》第 15 条 c2—5 有关"反欺诈"的内容而拟定的非常严格的适当性规则。由此，证券经纪商在推荐所有证券交易时，均应向投资者全面披露投资风险，并独立判断相关交易是否适合投资者。通过该规则确立的监管框架，不仅明确了评估证券交易适当与否的责任仍由经纪商承担，即经纪商承担适当性评估义务，而且该条文的表述中显然采取了"客观意义"的投资者适当性概念，即经纪商必须遵守适当性义务，即使对完全认同并接受证券交易的成熟投资者也是如此。

之后的 15b10 系列规则，进一步要求所有从事证券销售的证券经纪商，均应承担合理地询问投资者个人信息的义务，包括投资目标、财务状况、投资需求等信息，合理确信其所做推荐是适合该投资者的，否则即属违规。欧盟国家、亚洲的日本和中国香港地区等也都有类似的适当性规定。

2008 年金融危机之后，包括美国在内的各国监管机构纷纷强化了投资者适当性要求。以美国为例，美国在 2007 年 7 月成立了新的证券行业自律监管机构——金融业监管局（FINRA）。2010 年 7 月，金融监管局会同证券交易委员会，根据 1934 年《证券交易法》第 19 条的相关规定，拟定了"金融监管局统一规则"（Consolidated FINRA Rulebook），进一步完善了"了解客户"条款（2090 条）与适当性规则（2111 条）。新规则已于 2012 年 7 月 9 日生效。新规则要求，证券经纪商或其关联人，在向投资者推荐股票投资或向投资者提供投资策略服务时，应当承担三方面的适当性义务：一是基于合理基础的义务，即经纪商应当勤勉尽职，以确保有合理的基础相信其推荐的股票或证券交易或者投资策略是适合投资者的；二为针对特定客户的义务，即经纪商基于对特定投资组合的了解，能够合理地确信其所做的推荐适合某个特定投资者；三是符合数量标准的义务，即经纪商应当有合理的理由确信，在特定期间对投资者所做的投资推荐在数量上并非过度，未引导投资者进行不必要的频繁交易。

投资者适当性管理的理论基础主要有三个方面：一是代理理论（Agency Theory），认为证券经纪人是投资者的代理人，对投资者负有注意和忠实义务，有义务及时向投资者报告相关重大信息和提供适当证券交易的建议；二是基于反欺诈要求和受托义务（Fiduciary Duty）发展起来的招牌理论（Shingle Theory），认为经纪商和投资者之间可能存在实质性利益冲突，故只要证券经纪商"挂出招牌"以示其具备与证券相关的专业性，就应该与投资者进行公平公正的交易，遵循适当性义务；三是特殊情节理论（Special Circumstances Theory），认为基于投资者与证券经纪商相比处于弱势地位这一特殊情况，即使经纪商不是投资者的代理人，依然要承担信托义务。

准入与分级：上交所期权市场适当性管理实践

投资者适当性管理有两个关键问题：投资者分类和产品风险评估。前者是对投资者实力、能力和风险偏好等的评估，后者是基于产品特性的判断。对较为简单的产品，如股票或基金，多数情况下是不需要进行产品风险评估的。但是，对于金融衍生品，如期货甚至是分级类证券投资产品，对产品进行风险分析是十分必要的。

股票期权是金融衍生品中十分复杂的产品，它作为资本市场唯一的市场化风险转移工具，与传统的股票买卖、债券投资、期货交易相比，具有专业性强、杠杆大和交易组合策略更加复杂的特点。因此，在股票期权市场建立投资者适当性管理制度，让合适的投资者参与期权交易，是切实维护投资者合法权益，确保市场创新成功的重要基石。

上交所期权市场上市初期只有一个产品：上证50ETF期权。问题是，如果只有一个产品，如何进行差异化的产品风险评估？对此，我们创造性地引入了基于产品交易行为的风险分级制度。我们把期权交易行为分为三种主要情况：备兑开仓和保险、二级市场买卖以及卖出开仓。备兑开仓是有了股票后卖出认购期权，主要是基于增强收益的目的，风险相对有限；保险是持有股票后买入认沽期权，是一个典型的保护现货下跌风险的策略。这两类策略归为风险最低的一级。纯粹二级市场买卖大多是基于投机的目的，需要承担价差风险和期权变为虚值后价格归零的风险，可归为二级。卖出开仓需要缴纳保证金，不仅要承担二级市场价格变化风险，还可能面临强制平仓等风险，风险相对更大，归为三级。如是，我们建立了基于准入和分级的期权投资者适当性管理制度。

在投资者准入管理方面，考虑到我国资本市场投资者结构以中小散户为主，投资者对即将推出的衍生产品了解甚少，而衍生产品本身具有高杠杆性、高风险性，因此，我们建立了较为严格的投资者准入制度。具体来说，就是"五有一无"的投资者准入制度。投资者只有满足下列"五有一无"的条件，才能开立衍生品合约账户，参与上交所期权交易。

所谓"五有"：第一是要有资金。个人投资者申请开户时，托管在其委托的期权经营机构的证券市值与资金账户可用余额（不含通过融资融券交易融入的证券和资金），合计不低于人民币50万元。普通机构投资者申请开户时，托管在其委托的期权经营机构的证券市值与资金账户可用余额（不含通过融资融券交易融入的证券和资金），合计不低于人民币100万元且净资产不低于人民币100万元。

第二是要有交易经历。个人投资者应当在证券公司或者期货公司开户6个月以上，并且具备融资融券业务参与资格或者金融期货交易经历。关于开户6个月和融资融券资格或者金融期货交易经历的要求，目的在于确保投资者具备融资融券交易或者期货交易经历。与证券交易不同，期权交易可以进行做多，也可以进行做空，交易策略上与一般的证券交易存在很大的差异。如果投资者参与过融资融券业务，尤其是融券业务，或者从事过期货交易，则对期权中的做空交易具备一定的认知能力和交易能力，更容易理解期权的交易规则。

第三是要有知识。个人投资者和普通机构投资者的相关业务人员具备期权基础知识，通过上交所认可的相关测试。期权交易作为证券衍生品种，对投资者而言是一种全新的交易品种，并且期权本身合约要素众多、交易机制复杂，买卖双方权利义务不对等，无论是期权的基础知识还是丰富的交易策略，都需要投资者事先进行全面的学习。因此，为了确保投资者在参与期权交易前，了解必须掌握的知识，上交所要求投资者必须参加并通过期权知识测试，并将知识测试成绩用于核定投资者的交易权限。

第四是要有模拟交易经历。个人投资者和普通机构投资者的相关业务人员具有上交所认可的期权模拟交易经历。上交所开发的期权模拟交易，为投资者在掌握期权基本知识的基础上，了解期权基本的交易界面、熟悉期权交易规则、获得期权交易的盈亏体会创造了环境。投资者通过完整地参与期权全真模拟交易系统中的开仓、平仓、行权等各个交易环节，可以对自己是否适合参与期权交易形成基本认识，学会止盈止损，提高期权交易水平。

第五是要有风险承受能力。个人投资者应当接受期权经营机构的风险承受能力评估。期权经营机构通过对投资者进行风险承受能力评估，可以了解投资者的风险承受能力是属于保守型、稳健型还是积极型，有针对性地向投资者推荐期权产品，避免不具有风险承受能力的投资者参与期权交易。

所谓"一无"，是指无不良诚信记录。投资者不存在严重不良的诚信记录，不存在法律、法规、规章和上交所业务规则禁止或者限制从事期权交易的情形。股票期权采取保证金交易方式，期权卖方投资者保证金不足时，期权经营机构需要向其追缴保证金，同时，在期权到期日，作为期权卖方的投资者在被指派行权的情况下，需要承担向买方买入或者卖出合约标的的义务。因此，期权交易要求投资者必须具备一定的信用。对于发生过证券交易、期货交易违约或者其他信用不良记录的投资者，期权经营机构可以拒绝其参与期权交易。

在投资者分级管理方面，我们主要是基于产品交易行为风险评级设定投资者分级标准。在期权交易中，投资者基于方向性交易或套期保值交易等不同的交易目的，以及根据对合约标的未来走势的投资判断，既可以组成期权与现货的投资组合，也可以组成期权合约之间的投资组合。不同的交易方向、不同的策略组合的风险收益特征迥异，对投资者的专业投资能力和风险承受能力也有不同的要求。根据上交所期权交易规则，期权交易分为买入开仓、卖出平仓、卖出开仓、买入平仓等买卖类型。开仓交易新建了期权合约持仓，是投资者享有权利、承担义务并承受风险的开始；而平仓交易是对投资者持仓的获利了结或者止损出局，相对而言是开仓交易的后续处理，不具有风险特征。因此，我们以开仓交易作为区分期权交易风险等级的基础，设定了三级交易权限。

首先是一级交易权限。一级交易权限对应的是风险最低的备兑开仓、保护性认沽开仓交易和平仓交易。备兑开仓是在持有标的证券的基础上卖出认购期权，对投资者而言，备兑证券提供了百分之百的现货证券担保，既不存在向投资者追加保证金的风险，也不会发生投资者行权交割违约风险，因此，备兑开仓的风险度较低。保护性认沽开仓是在持有标的证券的基础上买入认沽期权。一方面，认沽期权为买方持有的现货发挥着保险作用；另一方面，作为期权的买方，投资者无须缴纳保证金，同时，持有的现货为买方行权提供了保障，因此，保护性认沽开仓对投资者而言，风险度较低。平仓都是对开仓的了结，是终止期权合约权利义务关系的行为，交易本身不会对投资者产生新的风险。因此，备兑开仓、保护性认沽开仓、平仓都属于风险等级较低的一级交易权限。

其次是二级交易权限。二级交易权限对应的是买入开仓交易。买入开仓支付权利金，享有行权或者不行权的权利，而最大的损失就是权利金。对于投资者而言，买入开仓的亏损有限，风险程度中度可控。

最后是三级交易权限。三级交易权限对应的是保证金卖出开仓交易。卖出开仓，需要缴纳保证金，其最大收益就是权利金，而潜在的可能损失则较大，并面临着因期权市场价格波动被要求追缴保证金的风险，同时承担着被指派行权的义务。对于投资者而言，保证金卖出开仓收益有限而潜在亏损可能较大，风险程度最大。投资者必须具备对保证金卖出开仓损益情况和承担义务的基本认知，才能够参与这一交易。

同时，我们要求，证券公司、期货公司等期权经营机构对投资者的期权交易权限具体进行管理。期权经营机构根据投资者的知识测试成绩确定交易权限，并根据客户的需求和知识测试情况的变化进行交易权限的调整，同时相应地调整交易客户端的前端控制，避免发生客户进行超出其交易权限的交易。

第9章
市场设计与交易所的未来

犹记早春清影里，坐中满是英雄。杏林疏雨喜相逢。燕山横万里，百课济苍穹。

杨柳依依来时客，春来春去匆匆。荷花映日送飞鸿。从今一别后，桃源只梦中。

——《临江仙·红螺情》，刘逖，2016 年 6 月作于北京怀柔红螺园证监会党校

在移动互联时代，信息技术迅速渗透到了社会生活的各个角落。对交易所而言，这既是机遇，也是挑战。以机遇言，互联网技术使证券交易突破了原有的时空限制，为交易所的发展迎来更加广阔的空间。以挑战论，平台的滥觞和脱媒化，直接挑战着交易所的自然垄断和核心平台地位。

过去，交易所发展更多依赖于市场和产品创新、组织创新或技术创新。在新的时代，或许只有结合互联网等新信息技术的市场和组织创新，才能真正实现交易所行业质的突破。2012 年，诺贝尔经济学奖得主提出的市场设计理论，或将成为未来交易所组织市场的指导理论。作为市场创新的新型证券，基于交易机制的产品创新，以及作为技术创新的区块链技术，都将在交易所未来的市场发展中扮演重要的角色。

交易所创新的三条道路

创新是资本市场发展永恒的源泉和动力，也是应对行业发展与变革的一项利器。

从过去几十年的发展历程看，交易所行业的创新，大致有三种成功的范式：市场／产品创新、组织创新和技术创新。

第一，英美是市场／产品创新的代表。英国有全球最大的国际债券发行与交易市场，有外国股票交易最多的证券市场和最大的场外衍生品交易市场，也是最大的外汇交易中心、保险业中心和基金管理中心。严格地说，伦敦作为国际金融中心的地位是世界上任何一个城市（包括纽约）所不能比的。

一般认为，如下几个因素促成了英国金融业的发达：开放的传统、上百年的交易文化、金融企业聚集和规模效应、地理位置、高素质的专业与支持服务、先进的硬件基础设施、创新、恰如其分的监管、作为国际通用语言的英语。这些因素确实有助于英国金融业的发达。但在这些原因背后，还有着四个基本原则——自律、自由（竞争）、开放和法治，这些原则为英国金融业的成功奠定了基础。自律是英国工业和金融业的传统，竞争是英国金融市场长期繁荣的保证——金融服务局的有效监管原则之一就是"避免不必要地妨碍和扭曲竞争"，开放巩固了英国金融业的国际竞争地位，法治和监管则强化了投资者对金融市场的信心，间接促进了市场的发达。

英国金融体系四大运行原则的形成不是偶然的，它有着深厚的制度基础。这些深层次的制度基础和传统源于四个方面：一是源自古希腊的法治之下的自由（自治）与民主传统，二是源自商品交换与贸易的平等和自由竞争传统，三是源自新教伦理的诚实、信用、节俭、尽职尽责的资本主义精神，四是源自英国的实验方法以及后来工业革命的效率与发展的观念。这四个方面实际上也是整个西方文明的四根支柱。

　　经验主义的科学方法最早在英国普及，并构成英国与欧洲大陆哲学的根本分野。经验主义引发了自主创新，促成了工业革命，为英国金融市场的发达奠立了物质基础。因工业革命，英国改变了世界历史进程，同时也改变了自己的命运。英国的道路是独特的，但英国的经验却具有较普遍的意义。英国的经验在美国开花结果，造就了当前美国证券市场的辉煌。

　　第二，德国是组织创新的典范。在西方文明体系内，在英美之外，还有一个国家的经验是特别值得认真体会的。这就是德国。德交所集团在世界证券市场上的地位，可概括为一句话：不是最大，但可能是最好。从现货市场规模上看，德交所排在纽约、东京、纳斯达克、伦敦和泛欧交易所等之后，但其盈利却曾超过泛欧、纽交所和伦交所的总和。而且，德交所还是全球唯一的完全整合的交易所组织，业务范围遍及现货、衍生品、场外交易等多个市场和"交易前—交易中—交易后"整个交易业务链，是一家能够提供"一站式服务"的交易所组织。

　　德交所是制度创新的典范。德国市场的成功，表面上看，要归功于它的长期战略和组织战略。德交所以提升市场效率为长期目标，通过有效的组织战略，使组织设置紧密结合业务功能，建立了基于规模经济、范围经济和附加值强化的三维业务模式、纵向一体化的业务流程和横向一体化的产品结构。

　　德交所一体化与组织战略的成功，很容易使人联想起13世纪的宗教骑士团国家和后来的波茨坦传统与普鲁士精神。骑士团成员在入团时要宣布三项誓言：安贫、守贞和服从。这一强调义务和秩序的苦行生活，培养出了无私的献身精神和对集体的重视，成为后来普鲁士精神的源泉。200年后，霍亨索伦家族入主勃兰登堡，并于17世纪初成立普鲁士王国，骑士团精神得到了发扬。"其他西方国家有一支军队，普鲁士军队有一个国家。"法国政治家米拉波的这句名言，正是对严格的普鲁士精神的最佳写照。普鲁士精神和德意志历史上的小邦专制主义助长人们对统一的渴望，德国曾经的世界扩张战略和现在德交所的一体化战略，也许可以从中找到根源。

　　第三，印度国家交易所是技术创新的楷模。印度证券市场是亚洲最早的证券市场之一。在 19 世纪 30 年代，印度孟买就已出现证券交易。目前，印度共有 23 家交易所，成立于 1875 年的孟买证券交易所和 1993 年的国家证券交易所是最重要的两家交易所。

国家证券交易所是依托技术创新茁壮成长的典型。国家交易所成立伊始，就采用了当时最先进的匿名订单驱动交易系统，实现了从下单、撮合到清算和交割的完全自动化。国家交易所在印度 420 个城市设立了交易终端，建立了由约 3 000 个定向卫星接收站组成的通信系统。国家交易所也是印度第一家允许进行网上交易的证券交易所，投资者可通过 WAP、互联网等方式下单交易。国家交易所通过技术创新，在短短数年内，交易量迅速超过了百年老店孟买交易所，成为印度流动性最好的证券市场。

上交所在 20 世纪 90 年代成立之初，电子化、无纸化等创新无不独步全球，无不具有划时代的创新意义。但这些以及之后的一连串创新措施，为什么就不能产生出一个生机盎然、市场导向的现代交易所呢？其原因或许就在于：我们缺乏一个有效的创新模式，缺乏作为发展的创新。

在移动互联时代，信息技术（包括计算机技术、通信技术、网络技术等）飞跃发展，并迅速向社会生活的各个角落渗透。互联网，特别是移动互联网，打破了交易所传统的时间和空间限制，对传统的交易所提出了新的挑战。一方面，已有的适用于有形环境的交易市场制度，在无形的电子环境中已难以全部发挥其功能，这意味着网络空间将冲击和改变传统的证券交易手段和市场格局，平台的滥觞和脱媒化将直接挑战交易所的自然垄断地位。

另一方面，互联网技术使证券交易突破了时间与地域的限制，为交易所的发展迎来更加广阔的空间。在未来的市场发展中，或许唯有结合市场、组织和技术的创新，才能真正实现交易所行业的突破。创新成为必然而不是偶然，成为常态而不是变数，是成功的条件和标志。唯有如此，作为发展而不是增长的创新才得以诞生。

本章接下来的篇幅，将围绕未来交易所的创新突破，重点探讨三个问题：更接近组织创新的市场设计机制和交易所的交易所，作为市场创新的新型证券和基于交易机制的产品创新，以及作为技术创新的区块链技术在交易所市场的前景。

两类交易产品与市场设计的未来

市场设计理论的兴起

2012年10月15日，瑞典皇家科学院诺贝尔奖评审委员会宣布，美国哈佛大学商学院教授埃尔文·罗斯（Alvin Roth）和美国加州大学洛杉矶分校教授罗伊德·夏普利（Lloyd Shapley）获得2012年度诺贝尔经济学奖，以表彰"他们在稳定配置理论和市场设计实践上所做出的贡献"。

夏普利是一名博弈论研究专家，但却和中国人民有着深厚的渊源和友谊。夏普利在哈佛大学念本科三年级时，应征入伍，之后作为美国空军的一员，来到成都与我国军民协同抗日，还因破译日本的气象密码立功。那段时间，夏普利的数学能力让他得以从事准确的天气预报工作，譬如预测什么时间是轰炸日本的最好时机。他当时最大的成就，是破解了日本的气象密码。他儿子回忆说："为此，他获得了铜星勋章，并每月加薪4美元。我记得他提到过，在当时对他而言，加薪似乎是最重要的。"战后，夏普利重返哈佛大学，并于1948年获得数学学士学位。毕业以后，他先在美国著名的智库机构兰德公司工作了一年，随后进入普林斯顿大学数学系，在塔克（A.W. Tucker）的指导下攻读博士学位。塔克也是另一位诺贝尔经济学奖得主约翰·纳什的博士生导师。

尽管获得了诺贝尔经济学奖，但夏普利并不认为自己是经济学家。他说："我认为我自己是数学家，而这个奖项是颁给经济学者的。在我的一生中，我从来没有上过一节经济学课程。"得知获奖后，他曾和他儿子讨论是否要去领奖。他说，他的父亲，天文学家哈罗·夏普利（Harlow Shapley），更有资格获得诺贝尔奖。2016年3月12日，92岁的夏普利因病去世。

早在普林斯顿大学攻读博士学位之时，夏普利就已被认为是博弈论奠基人冯·诺伊曼和奥斯卡·莫根施特恩的传人，是合作博弈领域无可争议的领军者。夏普利一生理论贡献极多，为大众所了解的主要是夏普利值（Shapley Value）和盖尔—夏普利匹配算法（Gale-Shapley Matching Algorithm）。

夏普利于1953年提出的夏普利值，可用于衡量团体中各参与者的权力影响力或应得收益。具体算法是，将影响力或收益按照参与人的边际贡献率进行分摊，参与人所应当获得的影响力或收益，等于该参与人对每一个他所参与的联盟的边际贡献的平均值。

例如，考虑这样一个合作博弈：某公司一共有100股投票权，通过一件议案需要获得超过50%的投票权赞成，股东为A、B、C、D四人，分别拥有42、30、18、10股投票权。那么，各股东影响议案的权力分配是怎样的呢？表面上看，似乎可以按照各股东的持股比例确定其影响力，即A股东拥有42%的影响力，B、C、D股东分别拥有30%、18%、10%的影响力。但是，按照夏普利的算法，边际贡献是决定影响的关键：在面对其他参与者各种可能的联盟时，某个参与者的加入会改变原有结果时，该参与者做出了边际贡献。在这个例子中，A面临7种可能的联盟（参见表9.1），除B、C、D联盟达到58票，A的加入不影响结果外，其他6种情况下，A加盟后都会直接改变结果，导致议案通过。B、C、D三人中的每一个人，都只有在两种情况下，加盟后会直接改变结果。在各种可能的联盟组合下，参与者对联盟的边际贡献之和除以各种可能的联盟组合，所得出的值，就叫做夏普利值。每个决策者在决策时的权力，体现在他作为形成获胜联盟中的"关键加入者"的联盟个数，因此，这个"关键加入者"的个数，也被称为权力指数。在这个案例中，A、B、C、D的权力指数之比为6∶2∶2∶2，也就是说B虽然有30票，D只有10票，但他们的权力指数是一样的。权力指数不仅可用于公司投票，在美国总统选举中州选举团赢者通吃的制度下，也非常有价值。

夏普利值的另一种表述是所得与自己的贡献相等。考虑这样一个故事：A和B结伴去郊外野餐，A带了4块煎饼，B带了5块煎饼。开始午餐时，来了一个饥饿的路人，A和B愉快地邀请路人一起吃饭。路人接受了邀请。三人

表 9.1　某公司股东投票权的夏普利值和权力指数

	面临的联盟	BCD	BC	BD	CD	B	C	D
A（42 票）	加入前投票权	58	**48**	**40**	28	**30**	**18**	**10**
	加入后投票权	100	90	82	70	72	60	52
	面临的联盟	ACD	AC	AD	CD	A	C	D
B（30 票）	加入前投票权	70	60	52	**28**	**42**	18	10
	加入后投票权	100	90	82	58	72	48	40
	面临的联盟	ABD	AB	AD	BD	A	B	D
C（18 票）	加入前投票权	82	72	52	**40**	**42**	30	10
	加入后投票权	100	90	70	58	60	48	28
	面临的联盟	ABC	AB	AC	BC	A	B	C
D（10 票）	加入前投票权	90	72	60	**48**	**42**	30	18
	加入后投票权	100	82	70	58	52	40	28

将 9 块煎饼全部吃完后，路人为了感谢他们的午餐，给了他们 9 个美元后，继续赶路。之后，A 和 B 为这 9 美元的分配产生了争执。A 说："我带了 4 块饼，你带了 5 块饼，因此，我应该拿 4 美元，你得 5 美元。"B 不同意："我们三人一起吃了 9 块饼，每人 3 块。你带了 4 块饼，自己吃了 3 块，1 块给了路人。我带了 5 块饼，自己吃了 3 块，2 块给了路人。路人所吃的饼中，属于我的，是属于你的 1 倍。因此，对这 9 美元的公平分法，是我得 6 美元，你得 3 美元。"B 提出的方法，就是遵循了夏普利提出的所得与贡献相等的原则。

夏普利的另一项重要贡献，就是用于婚配、就业的匹配理论，即著名的盖尔—夏普利匹配算法。大卫·盖尔（David Gale）是夏普利的老朋友，一天，他想到了一个问题：如果有两组人，每一个人的偏好都稍有不同，那么是否存在一种办法，将人们两两匹配后，人们不会不断抛弃他们之前选择的伙伴？

盖尔思考良久后，认为不存在解决方法，随后求助于夏普利。夏普利用了一个下午时间，找出了算法：假设一间屋子中，有同等数量的异性男女，每个人都对异性有了充分的了解，并做好了对异性的排名；之后，每个人开始表白。在第一轮表白中，每个男性开始对他最中意的女性进行表白，在女性方面，除了她最有兴趣的男人，女性拒绝留下她所有没兴趣的男性。随后进入第二轮，在上一轮中被拒绝的男性，在尚未接受表白的女性中，挑一个最中意的去表白，该女性比较此次来表白的男性和上一轮对自己表白过但非自己最有兴趣的男性后，留下最中意的，然后拒绝其他男性。表白持续多轮，直到所有女性都有了一名表白者为止，这样大家就可以进入婚姻了。这样，就能够得到一个稳定的婚配机制：如果某个男性认为某个女性比自己太太更好，那么这个女性一定曾经拒绝过他；如果某个女性认为某个男性比自己丈夫好，那么这个男性一定因为她差而没对其进行表白。在看得上的女性看不上自己、看得上的男性没向自己表白的情况下，自己的伴侣就变成了一个稳定的最优选择。

之后，盖尔和夏普利合作写了一篇题为《高校招生与婚姻稳定》的论文，在遭到两次拒绝之后，于 1962 年发表在了《美国数学月刊》上。文章用短短 8 页的篇幅，解决了如何进行某类特殊问题的最优资源配置的难题，即：学生如何选择最佳学校？男女婚恋如何选择稳定的伴侣？

如果说夏普利更像是一位理论数学家，同夏普利分享 2012 年诺贝尔经济学奖的埃尔文·罗斯则是一位实践经济学家，热衷于将理论问题付诸实践。罗斯将夏普利的匹配理论，运用到更加广泛的实践中，显示了稳定性是特定市场设计成功的关键。

1984 年，罗斯发表了一篇关于实习医生的文章，研究了医院和医学博士毕业生间的合理配对问题。由于医生生源紧缺，不少医院甚至在医学博士毕业两年之前就希望签下就业合同。但是，即使如此，如果学生拒绝一个医院，该医院再去找第二个学生可能就太迟了，因为第二个人很可能已经被另一个医院抢走了。这样，医院之间就产生越来越多的恶性竞争。20 世纪 50 年代，为了解决这个问题，美国设立全国住院医师配对项目（National Resident Matching Program，NRMP）。罗斯发现，这个项目采用的就是盖尔—夏普利算法，从而可达到有效而稳定的配对。罗斯随后考察了英国的医院和医生配对情况，发现有些地区是稳定的，而有些则不然。产生差异的原因，就在于英国不同地方采用的配对算法不同。如何改进增进稳定性的算法，促成了市场设计这一经济学分支的诞生。

美国的 NRMP 项目一开始很成功，但很快就遇到了一个新问题。20 世纪 50 年代中期后，医学院女生数量开始增长，随之，夫妻均为医学院学生的数量也激增。他们在找实习机会时，总是倾向于在同一个城市，采用 NRMP 系统的话，两个人很可能会分开，因为同一家医院对两个人的排序是不一样的。于是，不少夫妻学生开始绕过 NRMP 找工作，进而引起了市场的不稳定。1995 年，罗斯应 NRMP 邀请，重新设计了配对系统，加入了学生配偶的因素，并于 1997 年开始实施，恢复了 NRMP 的稳定配对功能。

罗斯将夏普利的理论推广到大量价格作用受限的市场，并加入道德约束方面的考量。目前，最主要的两类应用是学生择校和人体器官捐献。纽约市公立中学和波士顿公立小学系统均采用了这一市场设计机制。这一机制的核心原理是延迟接受算法（Deferred Acceptance Algorithm，DA）。具体步骤是：在第一轮申请中，所有学生都向其最偏好的学校提出申请；各学校从全部申请学生中，暂时接受最偏好的那个学生，如果所有申请学生都不达标，可全部拒绝。在第二轮申请中，所有在上一步未被录取的学生，再向其最偏好的学校提出申请，已经申请过但被拒绝的学校除外；各学校都在上一步时暂时接受的学生和新申请学生之间做出比较，并且暂时接受其更偏好的学生；如果所有申请学生都不达标，可全部拒绝。经过多轮申请后，当没有学生再继续提出申请时，配对结束，此时的匹配结果为最终匹配结果。因为在配对结束之前的任何一轮中，学生和学校之间的匹配结果都是暂时的，已被接受的学生仍有可能被替换，只有在结束时的匹配结果才实际执行，所以该机制也被称作延迟接受机制。

试举一例：假设有甲、乙、丙三名学生和 A、B、C 三所学校，学生甲对学校的偏好顺序是 A、B、C，乙的偏好顺序是 A、B、C，丙的偏好顺序是 A、C、B；A 学校对学生的偏好顺序是甲、乙、丙，B 的偏好顺序是甲、丙、乙，C 的偏好顺序是甲、乙、丙。此时，采用学生申请的延迟接受机制，其匹配过程为：第一轮，学生甲、乙、丙都申请学校 A，学校 A 暂时接受学生甲，拒绝学生乙和丙；第二轮，学生乙申请学校 B，学生丙申请学校 C，学校 B 暂时接受学生乙，学校 C 暂时接受学生丙；此时，没有学生再继续申请，最终的匹配结果就是甲被 A 学校录取，乙被 B 录取，丙被 C 录取。

罗斯也是美国新英格兰肾脏互换计划的创始人之一。在美国，买卖肾脏是非法的，因此，不能通过价格解决换肾问题。罗斯认为，可通过市场设计计算出最优化配对方案。罗斯采用了盖尔提出的另一种算法——首位交易循环算法（Top Trading Cycle Algorithm，TTC）。该算法的逻辑是，先进行之前提到的稳定配对，已经配对完成者就从市场中移除。这个简单的方法，保证了配对的稳定性和资源分配的效率。

延迟接受算法更多用于双向（Two-sided）配对问题，如前面提到的男女配对、就业、学校招生问题等。首位交易循环算法更多应用于单向（One-sided）配对问题，即不可分割商品（Indivisible Good）的分配和交换问题，比如房屋分配、器官移植、排课等。

市场设计与交易所市场的未来

市场设计理论，为交易所市场的未来发展提供了新的空间。按照市场设计理论，存在有两种类型的市场：商品市场和配对市场。商品市场是遵循价格规律的市场，市场出清的通用法则是以价格为基准的供给和需求的匹配。按照价格进行市场出清的最大好处，就是市场效率高，容易达成交易。股票市场就是一个典型的商品类市场。在这里，价格优先和时间优先是最典型的买卖匹配原则。所谓价格优先原则，是指交易所在对投资者的买卖订单进行撮合时，按照价格高低的原则进行排序，较高买进价格的订单优先满足于较低买进价格的订单，较低卖出价格的订单优先满足于较高卖出价格的订单。时间优先原则是对价格优先原则的补充，也叫先进先出（FIFO）原则，指当存在若干相同价格的买卖订单时，最早进入系统的订单优先满足于其后的订单。

配对市场是指那些不考虑或不仅仅考虑价格因素的市场。在很多市场里，来自法律等正式规则的限制，或来自习俗和伦理道德等非正式制度的限制，使得价格不是决定性因素。最明显的例子，就是寻找配偶时，不是价高者得，而是情投意合才结成夫妻。再如，大学录取新生，也不能根据学生出价高低录取，愿意出高价学费的学生并不比其他学生具有优先权，相反，理论上所有学生录取后学费应该是一致的。一些国家对海外学生收取高于本国学生的学费，但对同类学生（如海外学生）的收费也是一致的。市场设计是适合配对市场的交易机制。在这里，人的个性化特点和差异化需求，将能够得到最大程度的满足。

近年来，特别是 2008 年全球金融危机之后，场外交易场内化渐成趋势。传统上，场外交易和场内交易最大的区别，就在于场内交易有集中的撮合安排和基于中央对手方的风险管理机制，因此，场内交易效率更高，违约风险更小。但是，场外交易也自有其优势，特别是在满足投资者的各种个性化需求方面，场内市场无法望其项背。场内市场交易的产品，多为标准化的合约，或按标准的基于价格优先的方法交易的品种，而场外交易往往是交易双方私下的协定，透明度相对较差，一旦某一家或几家大型金融机构出现信用危机，很容易造成连锁反应，甚至酿成系统性风险。

基于对 2008 年金融危机的反思，传统场外市场在提高透明度的同时，开始向集中化的清算服务过渡，场内场外交易的界限开始模糊化。目前，场外交易场内化，主要体现在两个方面：

一是对场外衍生品实施集中的清算安排。在最近这轮金融危机中，场外衍生品交易被指责增加了系统性风险，是金融危机的罪魁祸首。例如，投资银行雷曼兄弟公司，正是由于大量交易信用违约掉期（CDS）和担保债务凭证（CDO）产品，导致最终破产的。金融巨头美国国际集团（AIG）也在这些产品上遭受巨大损失。之后，强化对场外衍生品的监管，特别是对场外衍生品实施场内集中清算安排，成为监管机构的主导性意见。2010 年 7 月美国通过的《多德—弗兰克法案》，明确要求将之前缺乏监管的场外衍生品市场纳入监管视野，要求大部分衍生品须在交易所内通过第三方清算进行交易。顺应这一潮流，美国一些大银行于 2010 年夏成立了厄利斯交易所（Eris Exchange），专门提供以美元计价的利率互换期货交易，并由芝加哥商品交易所旗下的清算所提供集中清算服务。厄利斯交易所成立后，交易量迅速增长，最高时未平仓合约价值超过 130 亿美元。

二是在美国等市场分割的国家，对游离于场内交易之外的股票暗池交易等予以规范。近 10 多年来，美国涌现出了许多新的另类交易系统，暗池（Dark Pool）即其中最重要的一股力量。所谓暗池，就是撮合未公开显示订单的交易平台，该平台不向市场公开披露订单流信息，运作起来就像个暗池。就其实质而言，暗池是一个"非公开的流动性聚集池"（Non-displayed Liquidity Pool）或非公开的订单簿，是一个主要为机构投资者大宗交易服务的匿名"批发市场"。暗池交易，最早源于瑞银、高盛等券商的内部撮合自己客户订单的交易系统，进入券商内部撮合系统的订单，只要能确保最佳执行，就可以先与券商的报价或订单互动，然后再外送到证券交易所。由于买卖订单完全通过券商的内部系统进行，因此，订单买卖价和成交价格都不公开。正是由于其不透明的特点，这些交易系统被称为暗池。

暗池的蓬勃发展，根源于机构投资者对大宗交易的特殊需求：如何不知不觉地买卖大量股票，而不对市场造成冲击？为解决这一难题，各交易所曾做出了大量的努力，诸如楼上市场、盘后交易、冰山订单、保留订单等，都是这些努力的结果。大宗交易市场、冰山订单等使得机构投资者可以隐瞒自己订单的数量，但这些交易模式仍然受到较大的限制。例如，负责大宗交易的楼上市场经纪人在持续寻找对手方的过程中有可能泄露相关信息，冰山订单的成交受制于订单簿的流动性，等等。

随着技术的发展，建立另类交易系统的成本急剧下降，这也为在交易所之外找到新的大宗交易解决方案提供了契机。20 世纪 80 年代，在传统交易所之外，出现了专门为机构投资者提供匿名大宗交易服务的交易系统，如 ITG 的 POSIT 和 Instinet 的 Crossing Network，这些系统也是暗池的雏形。此后，这些交易系统不断创新。2001 年，Liquidnet 诞生，成为暗池交易系统发展进程的一个里程碑。最近几年，暗池交易处于发展最快的时期，许多券商和经纪商纷纷建立了暗池系统，如高盛有 Sigma X，美林和 ITG 有 Block Alert，花旗集团有 ACE 平台，美洲银行、贝尔斯坦、瑞士信贷、德意志银行、摩根大通和骑士资本集团共同组建了 BIDS。传统的证券交易所也加入了暗池队伍，国际证券交易所、纳斯达克、纽约证券交易所和 Instinet 交易所建有 10 个左右的暗池交易平台。其中，国际证券交易所的暗池交易系统最有特色。国际证券交易所是第一家推出暗池交易的证券交易所，于 2006 年推出了中间价撮合市场（Midpoint Match），成为当时唯一一家将暗池和公开市场整合在一个交易平台的交易所。投资者可以充分利用非公开交易平台和交易平台两个市场之间的互动，最大限度地提高执行效率。暗池交易系统的数量也急剧增加。暗池系统自 2007 年以后，开始迅猛地发展。2002 年，美国只有 10 个暗池系统，到 2009 年达到 30 个，目前全球暗池系统超过 50 个。据估计，美国 2014 年不在证券交易所成交的股票交易占比已达 40%（2008 年约 16%），其中，暗池交易占全部股票交易的比重达到 16%（2009 年约 7%）。

不过，暗池交易系统的迅猛发展，在冲击传统证券交易所市场份额的同时，也引发了人们的诸多讨论、猜疑和担忧。第一是透明度问题，不同的暗池系统每月向监管机构汇报交易数据，但汇报的格式和数据不统一，没有提供有效的交易信息。第二是市场公平进入问题，一些暗池还不是对所有的市场参与者开放。第三是流动性和价格发现效率问题，暗池分流了公开市场的流动性，损害了市场定价效率。第四是订单最佳执行问题，美国有几十家股票交易平台，暗池出现后，全国最佳买卖报价（NBBO）是否能在当前快速交易的环境下，真实反映来自不同交易场所的报价？第五是市场过度分割问题，由于存在许多暗池，投资者必须分别和每个暗池建立连接。更具挑战性的是，每个暗池的内部报价是不透明的，不像公开市场的报价集中显示。投资者必须向每个暗池都发出订单才能知道是否成交，这不仅增加了投资者的成本，也可能会导致成交速度下降。

针对上述问题，2009 年 10 月，美国证券交易委员会出台了一项监管暗池交易的新措施，主要内容包括：一是降低信息披露的触发门槛，将 5% 的门槛降至 0.25%，使较大规模的交易意向无法通过暗池完成交易，而对剩下的小规模交易，通过暗池进行交易的优势显著降低，这一规定可以在事实上鼓励这些本来倾向暗池的交易转向场内市场；二是在成交后，要求对所有通过暗池完成的交易，与普通场内交易一样，即时披露成交信息，并公示交易发生的暗池名称；三是对单笔价值在 20 万美元以上、有合理理由只针对特定交易对手的意向，可以免除上述两条规定。美国证券交易委员会主席玛丽·夏皮罗（Mary Schapiro）在声明中称，透明度是促进公众对金融市场公平和公正保有信心的关键，这一新措施是美国对资本市场检视和重建的重要过程。新规则是避免价格信息出现"分级"的关键，因此，也是将暗池交易纳入监管，促使其回归场内化的重要举措。

场外交易场内化，在降低风险、提高效率的同时，也在很大程度上牺牲了场外交易的灵活性和投资者的个性化需求，而且集中化清算也要求投资者提交足额的抵押品，这似乎是一个无法破解的"魔咒"。以前，市场必须在这两者之间权衡抉择。但是，依靠市场设计理论，却很有可能打破这一"魔咒"。我们能够继续保持场外市场的非标准化特点，将价格以外的要素引入场内撮合，甚至将信用风险内生化，在最大程度避免信用风险的同时，减轻参与者的保证金成本。

我们在设计信用利差期权和交易所证券借贷合约时，就引入了市场设计理论，以探索建立基于非中央对手方的风险可控的场外交易场内化机制。例如，我们把在交易所进行的证券借贷，设计成可选择对手方的竞价交易机制。这里，证券借入方只能是券商的融券专用账户，证券借出方不受限制。借出方可以根据对手方的信誉等要素，筛选对手方（如指定某一家券商或某一类券商），在对手方符合条件的情况下，按照价格优先、时间优先的原则进行撮合。同理，在信用利差期权设计中，我们开发了买方筛选卖方的功能。表面上看，这是一种按照对手方优先、价格优先、时间优先原则依序撮合的机制，但是，结合极低的证券借入方或期权卖方的保证金缴纳安排，本质上是一种引入非价格因素的市场设计。在引入信用风险因素后，价格的作用受到了限制，但通过延迟接受或首位交易循环算法，同样能够达到稳定的匹配结果。

交易所的交易所

所谓交易所的交易所（Exchange of Exchanges，简称 XOX），是指一家汇集其他多家交易所产品和业务的交易所。在 XOX 上挂牌交易的产品，均为已经在其他交易所挂牌上市的产品，投资者可以通过 XOX 的交易平台，作为 XOX 的客户买卖其他交易所的产品，并以投资者本人名义或以 XOX 的名义（XOX 作为匿名持有人）登记于相关交易所。

XOX 是一种全新的业务模式，目前境内外似无先例。当前，我国各类地方性交易所林立，通过证监会认证的即达四五百家。地方性交易所，是由地方政府批准设立的交易平台，交易的品种涉及文化收藏、金银珠宝、有色和稀有金属、能源和环境、使用权、金融资产、消费品、农产品、股权与企业产权等多种类型。这些交易所大部分结合了场外市场与要素市场的交易特点，构成了当前较具活力而又乱象横生的交易市场形态。

这些地方性交易所，一定程度上发挥了沪深等主流交易所目前无法起到的作用，满足了部分市场需求。但总体上看，这些交易所监管相对不到位，投资者利益得不到有效保护。近年来，各地频频发生的交易所跑路和违法事件，例如，2008 年 7 月华夏现货交易所总裁和法人代表卷款 1.7 亿元出逃至美国，2009 年 4 月山东沂蒙山花生期货电子盘价格操纵事件，2011 年 9 月山东标金投资公司交易系统停盘引发集体性爆仓事件，2011 年 11 月天津文交所爆炒事件，2014 年 1 月恒泰大通黄金投资有限公司停业事件，2014 年 8 月广东浆纸交易所董事长失联事件，以及 2015 年 4 月份开始发酵的昆明泛亚有色金属交易所涉及 20 多个省份、22 万投资者、430 多亿资金的骗局事件，2015 年 12 月融资规模达 750 亿元的互联网金融平台 e 租宝涉嫌违法经营被立案侦查事件等，充分说明了地方性交易平台的巨大风险。

XOX 是以市场化的方式，解决地方交易所乱象这一现实问题的较好办法。XOX 市场的主要特点如下：第一，从产品看，以挂牌交易其他交易所的产品为主，也可兼营自己的产品；第二，从投资者看，可根据不同交易所的市场准入要求，建立相应的投资者分类管理机制；第三，从交易机制看，XOX 平台仅提供订单路由服务，本身不提供撮合服务，投资者的所有交易订单均送到相关交易所，并按该交易所的规则进行撮合；第四，从清算上看，XOX 平台为其客户提供资金清算服务，并作为其他交易所的参与者，参加相关交易所的清算；第五，从权益登记看，XOX 平台负责为其客户提供相关产品的簿记，也可代客户将相关产品直接登记到相关交易所。

XOX 市场的核心优势是产品信息集中展示导致的流动性优势、客户服务优势以及风险管理和监管优势。在 XOX 交易的是既有交易所的交易产品，XOX 本身可以被视为其他交易所的一类特殊会员，因此，理论上不存在法律障碍。

基于交易机制的产品创新

在基金市场产品仓库一节中，提到了分期交易、延期交易两个产品。这两个产品，还有证券借贷合约，各自实质上都是一种交易机制，是一种基于交易机制的产品设计。

证券借贷合约

证券借贷合约是在交易所挂牌上市的一种十分高效的融券机制。我国于 2010 年推出了两融业务，但是与融资相比，融券业务发展明显滞后，融券规模大约只占两融业务的千分之一。融资业务助长买入，在缺乏平衡机制的情况下，极易推动股价上涨，形成系统性泡沫。因此，尽快完善融券机制，是建立市场自发平衡机制，促使股票合理定价的关键环节。

我国现有的证券借贷制度，包括融券和转融券两层业务架构：证券公司负责对客户融券，证券金融公司负责向证券公司提供转融通服务。在目前的制度安排下，融券交易的目的仅限于卖空证券。融券业务是证券公司把证券借给投资者，供其卖出证券；转融券是证券金融公司向证券公司提供证券，供其开展融券业务，最终也是服务于投资者卖出证券的行为。同时，证券公司融给投资者的证券，并不直接过户到投资者的账户中，而是由券商在清算交收环节予以垫付，以确保融券只能用于卖券。

现有的证券借贷机制，特别是转融通机制，总体上看，具有市场化程度低、借券费用高、效率低（如当日转融通得到的证券当日不能使用）、券源不足、限制多（如券商自营不能借券）、期限设置不合理等不足，因此，融券业务发展十分缓慢。

在这种背景下，适时推出在证券交易所上市交易的证券借贷合约，对于股票市场以及对应的股票期权、股指期货市场的稳健发展，均有着重要意义。我们设计的证券借贷合约，充分考虑了国际市场的证券借贷经验和我国市场独有的交易结算制度安排。主要设计思路包括：

一是合约设计标准化。交易所证券借贷合约的到期期限、合约展期方式、合约单位、合约交易代码和合约简称均予以标准化，设有1天、2天、7天、30天等期限，每张合约对应100份证券，价格按年利率进行报价，最小变动单位为1个基点。通过合约标准化，可有效提升市场流动性和效率。

二是价格市场化。证券借贷的价格（利率）由交易系统撮合得到，充分反映了市场上证券借贷双方的供需情况。通过市场化的价格杠杆，不仅有助于降低市场融券成本（境外市场融券成本通常在1%左右），也有利于激发出借人的借出证券积极性，缓解当前券源不足的窘境。

三是一对一登记。我国证券托管采取直接登记到具体投资者账户的一级托管模式，交易所或登记公司不得挪用客户证券，一旦发生借券违约不归还的情况，交易所或登记公司很可能找不到证券，来替投资者完成履约义务。为此，我们特别设计了一套准入制度安排，将借券方仅限于证券公司的融券专用账户和券商自营账户，一般投资者需要借券，可向证券公司融券或通过证券公司以证券公司名义进入交易所证券借贷市场进行。而且，在借贷交易达成后，交易所将向出借方披露借入方的公司名称，实施一对一的交易登记制度，交易所不承担中央对手方义务。这是充分结合了场外交易和场内交易两者优势的一种制度安排，对于防范市场风险、避免出现大面积违约意义重大。

四是对手方选择。即借出方可以根据对手方的信誉等要素，筛选对手方，如指定某一家券商或某一类券商，在对手方符合条件的情况下，按照价格优先、时间优先的原则进行撮合。这是一项结合 2012 年诺贝尔经济学奖得主提出的市场设计理论，把非价格因素引入场内撮合系统的特殊制度安排。

五是低保证金成本。我们的方案实行信用额度与保证金相结合的履约风险管理机制，根据借入方资质、资本实力和过往信用状况，严格限制并设置信用额度。在额度之内，借入方无需缴纳保证金。超过额度的证券借入，按照一定比例收取保证金。

六是融券用途不限。在目前的融券机制下，借入的证券必须在二级市场卖出，不能他用。随着我国股票期权业务的开展，市场上风险对冲、融券行权等需求不断增加，急需多样化的借券用途。因此，我们在产品设计时，放宽了借入证券的使用限制，借入的证券除了卖出以外，还可以用于行权、交割和转借等。

总之，在我国推出的在交易所上市交易的股票借贷合约，具有成本低、效率高、定价市场化等优势，是当前融券业务的有效补充。在欧洲和我国台湾市场，证券借贷合约是十分重要的融券机制安排，是很受市场欢迎的交易品种。

以台湾证券交易所为例，2003 年 6 月 30 日，台交所推出了有价证券借贷制度，参与对象主要是机构投资者。台交所规定借券标的的条件，并向市场公告；原则上，为提供证券衍生产品策略交易所需的证券，凡海内外有发行如认股权证、个股期权、海外存托凭证、海内外可转换公司债的标的证券，ETF 的标的证券及 ETF 等，均可以作为借券标的。投资者参与台交所有价证券借贷交易，可采取定价和竞价交易模式，也可以采取协商交易。台交所推出证券借贷业务后，广受市场欢迎。元大证券等16家券商参与了台交所这一业务，借券系统借券余额和月成交额高达数千亿元新台币。目前，我国台湾市场的融券业务，超过九成是通过台湾证券交易所股票借贷合约进行的。

分期交易产品

分期交易产品，是指投资者通过分期付款方式购买股票的一种集中撮合、一对一登记的交易方式，本质上是一种支付方式上的创新。对房地产、汽车等大件资产而言，分期付款交易是极其成熟的一类交易方式。分期交易产品允许投资者获得所购产品的收益，而不必支付购买证券的全部价款。分期交易不仅有助于提高投资者的资金使用效率，也有助于提高定价效率和交易活跃度，是发展市场的有效措施。

分期交易可以有以下两种业务模式：一是发行人产品模式，即券商作为发行人，投资者按照券商的实时报价进行申购或赎回。投资者可通过申购（支付首付款）获得该产品，通过赎回（按赎回价进行现金结算）实现退出，也可以通过支付余款进行实物交割。二是交易所产品模式，即无发行人模式，由交易所挂牌交易代码，符合条件的投资者都可以进行买卖，买卖双方通过竞价确定交易价格（作为约定价格）。

交易所分期交易产品具有以下几个特点：第一，集中撮合，交易价格通过交易所竞价系统撮合确定；第二，分期付款，买卖双方达成分期交易后，交易所冻结卖方的证券，买方向卖方支付交易价格一定比例的首付款，尾款可在规定期限内支付，买方付完全部款项后即可获得相应证券；第三，违约补偿，买方支付首付款后，如在到期前不支付尾款，则视为放弃购买标的证券，卖方将获得首付款的一定比例作为违约金；第四，一对一登记，不能转让，买卖双方一旦达成分期交易，则在买方支付尾款了结交易之前，不能向第三方转让。

在发行人分期交易产品模式下，交易双方一旦确定（买方向券商申购成交），买方也不能将份额转卖给其他第三人，但可在到期日前向卖方提请行权（需支付余款）或向发行人提出赎回（现金结算）或持有到期。

分期交易产品在定价上与认购期权类似，但也有一些差异。我曾发表过一篇文章，专门探讨了这一问题。分期交易的成交价格（类似期权的行权价）是撮合的结果。分期产品能够达成交易，理论上应满足一个条件，即卖方卖出分期付款产品比直接卖掉现货更有利，因此，分期产品更接近虚值认购期权。但是，与期权不同的是，买方买入认购期权后，期权费是不能冲抵行权时买入证券的价款的，而分期产品的首付款可以冲抵买券款，因此，买方的首付款可能会有两种情况：一是支付尾款（行权）时冲抵价款，二是不支付尾款（放弃购买）时作为期权费。因之，分期产品卖方的理论收益处于买方首付款一定比例和成交价格高于当前市场价格之间的差额，买方最大损失为首付款的一定比例，收益为支付尾款时证券价格和成交价之间的差额。

延期交易产品

延期交易产品，或叫延期交收交易产品，俗称"T+D"，是指投资者在达成交易并支付一定比例的保证金后，可以选择当日或延期进行证券交割的一种现货交易模式。延期交易本质上属于交割环节的创新。延期交易以保证金方式进行交易，具有杠杆交易与双向交易的特点。

延期交易早在1949年新中国成立前就已经出现，当时的上海证券交易所开业之初，只进行现货交易，后于1946年11月推出一星期交割一次的"递延交割"交易。每期交易，自每星期四前市起开做，至下星期三前市止，下星期五为交割日。递延交割推出后，成交量增长明显，很大程度地活跃了市场。

2004年8月，上海黄金交易所也推出了现货延期交易品种Au（T+D），深受市场欢迎。黄金延期品种的交易规模连续多年占黄金市场总量的60%以上，2011年达到72.8%，成为上海黄金交易所最重要的产品。

2009年1月23日，新加坡交易所也推出第一批场内股票"T+D"交易产品——延期交割合约（又称个股衍生品）。该合约以满足一定流动性和市值要求的股票作为标的证券，在首批合约中，标的股票基本为新加坡海峡时报指数成分股，共45支股票。目前，延期交割合约产品已经成为新加坡交易所较为活跃的交易产品。

延期交易产品具有以下几个特点：一是保证金交易，延期交易以保证金方式进行交易，具有杠杆交易与双向交易的特点，且保证金逐日盯市；二是交收期灵活，买卖双方均可在成交之后的每个交易日提出按照当日结算价完成交收；三是采取实物交割，以防止延期交易的价格偏离现货市场价格；四是引入延期费和中立仓两种制度安排，以缓解实物交收申报的不平衡。

中立仓申报，是指当日交收申报结果出现交券与收券数量不相等时，投资者可以在当日交易结束后的指定时间段，进行中立仓申报，以调节标的证券数量交收的差额。当交收申报结果为收券量大于交券量时，中立仓以交标的证券的形式入市，收回资金并按当日结算价获得多头持仓；当交收申报的结果为交券量大于收券量时，中立仓以出资金的形式入市，收进标的证券并按当日结算价获得空头持仓。如果当日持仓交收申报与中立仓申报仍不能实现交券申报量等于收券申报量，则不能完成交收的申报量作为持续持仓处理。

延期费是投资者在持续持仓期间可能需要交纳的费用。延期交易可持续延迟交收，即持续持仓，直至平仓或完成交收。在持续持仓期间，投资者将可能支付延期费，延期费的支付方向根据交收申报数量对比确定。当交券申报量小于收券申报量时，空头持仓向多头持仓支付延期费；当交券申报量大于收券申报量时，多头持仓向空头持仓付延期费；当交货申报量等于收货申报量时，不发生延期费支付。交易所也可以收取超期费，即当市场持仓量水平超过一定警戒值时，交易所对连续持有时间超过一定期限的超期持仓征收超期费。

利票：一种新型证券

利票的特点和利弊分析

利票，也叫收入参与凭证（Royalties），是指发行人与投资人约定在未来一段时间内，发行人将其营业收入的一定比例，返还给投资人以偿还投资人出资金额，或作为投资者收益的合约协议。利票具有两个核心特点：

第一，投资人并不取得发行人资产的股权或所有权，投资人与发行人的经营管理完全隔离，没有投票权，并且对公司经营管理决策不施加任何影响。在美国，利票发行人向投资人支付的还款可以抵税。发行人和投资人还可就税收和其他相关事宜在协议中协商确定。

第二，使用营业收入的一定比例，而不是利润，作为投资者回报标准，从而避免了在确定利润过程中的会计操纵和披露等问题。这种基于营业收入的筹资协议包括多种形式，主要有：一是基于净收入的，即以产品价值或运营获得的净收入为基础；二是基于总收入的，即以产品销售产生的全部营业收入为基础；三是基于现金流的，即以生产中的现金流为基础。

另外，利票还可以附加不同的条件，如最小值利票（要求不论何种情况，即使项目没有任何产出，均要支付一个固定数额），也可配合相应的转股权安排。

与股票和债券相比，利票是一种相对较新的融资工具。三者的主要区别见表9.2。

表9.2 利票与股票、债券的区别

特点	股票	债券	利票
对企业	股权稀释，不影响公司现金流，发行程序复杂	不稀释股权，影响公司现金流，发行程序较复杂	不稀释股权，影响公司现金流，发行程序相对简易，易于面向个人投资者，且后续融资能力强
对投资者	可能有较高收益，风险较大	风险较小，收益较低，但可能存在违约风险	回报方式灵活，可能有较高收益，但风险包括违约风险较小

在采矿和油气开发行业，利票使用尤其广泛。林业、农业和土地所有人，也经常使用利票方式筹资。

从投资者的角度看，利票的主要好处包括：

第一，利票投资人从其营业收入中取得一定比例作为回报，因此，不用考虑发行人的盈利状况，不受管理层对盈利水平进行会计处理的影响。而且，投资人对企业未来营业收入的预测，要易于对其利润的预测。

第二，投资者在初始投资后可以公开转让利票，转让时如果发行企业预期收入增加或市场认为发行企业有收入增加的趋势，则可能会为投资人带来溢价收益。

第三，相比于股权类投资，投资人可以更早获益。对于股权类投资人，他们需要等到公司上市或被收购后才能变现，而利票投资人在企业实现销售收入时即获得收益。

利票的主要不利之处在于：一是利票在发行人破产时，投资人保护力度较弱；二是投资人在发行企业出售股权或发生并购时不具有投票权和影响力，除非在协议中事先规定；三是如果收入不增加，那么即使企业通过降低成本实现了盈利增长，投资人也无法从利润增长中获益。

对于发行人而言，主要的好处包括：

第一，相较于股权融资，利票使得发行人在获得融资的同时，不必将手中的股权让与外部投资人。这样发行公司的创始人将保留其股权，从而起到更好的激励作用。

第二，利票不像股权融资那样，会受到相关证券法律的监管，其本质上更类似于一种贷款，从而发行人可以避免复杂的申请流程和法律费用。

第三，除了机构投资者，利票对个人投资者也有一定吸引力。利票的个人投资者可以直接获得公司某个月或某个季度的一定比例的营业收入，而股权融资的投资人只能获得股票卖出后的股价变动所产生的资本利得。

第四，相较于债券融资，利票的偿还条款定制化程度更高，没有严格的违约罚金限制。

第五，利票对发行人的未来融资影响较小，因其支付的现金流从营业收入中扣除，不列入企业负债。一般而言，发行债券会让初创期企业吸引后期投资的难度加大。

利票对发行人的主要不利之处在于：一是不论发行人的实际盈利情况如何，利票均按照营业收入的固定比例每期支付，这实质上是相当于给企业加了个经营性杠杆，而在股权融资的情况下，企业则不会承担这一负债；二是利票会降低公司的估值，相应抬高后续融资成本。

利票的基本原理及条款

利票在满足投资人需求的同时，让公司保留在原发行人的手中。对投资人来说，他们得到公司未来收入现金流的一部分，而不是公司所有权；对于发行人来说，他们可以在获得融资的同时，保证公司股权不被稀释。

利票中的四项关键条款是经发行人与投资者协商确定的，包括：

第一，初始投资额。需要考虑初始投资额是否能够满足企业发展的需要。

第二，每期营业收入中支付的比例。该比例一般可根据投资期进行调整，例如，在投资初始的前几年比例较高，而在本金或约定的回报偿清后比例有所降低。

第三，支付周期。确定支付周期时，需要考虑发行人在利票存续期内，有足够的时间获得收益。

第四，担保条款。一般可将发行人的专利权或其他无形资产转移至独立的第三方托管机构，再由第三方授权给发行人使用，直至利票的本金和收益得到全部偿还。

我们试举 Teralink 软件系统服务公司为例，来说明利票的运行和操作流程。Teralink 的主要产品是环保管理电脑软件，用于帮助生产厂家管理危险排放物信息并使其符合环境保护相关法律规定。公司成立后发展态势不错，第一年便在美国缅因州的南波特兰市取得了 17.5 万美元的销售收入，第二年销售收入翻了一番，达到 37.5 万美元。虽然公司业务增长较快，但公司首席执行官弗奈德认为，只有将销售额提高到 75 万美元时，才能够通过现有业务模式持续盈利，因此，公司需要更多资金来开拓市场。作为初创时期的企业，弗奈德面临着这个阶段的企业常见的两难抉择：以部分股权作为对价获取风险投资，还是依靠自身积累稳步发展。考虑到今后可能还需要其他几轮融资，弗奈德不愿意在初期就放弃部分股权。

此时，弗奈德想到了利票。利票的产品结构，能够较好地避免大股东在融资中失去大量股权的难题。弗奈德找到了两家投资人，大波特兰建设基金公司和海岸企业公司，并以 Teralink 公司未来的销售收入作为支持，从他们那里融到了 20 万美元的投资。根据协议，每个投资人，可以在未来 10 年中，从 Teralink 公司的年收入中提取 3% 的固定比例作为收益，直到他们取得的所有款项总额达到 60 万美元。这 60 万美元，将包括收回的原 20 万美元本金和额外的 40 万美元收益。

要使投资人在约定期限内获得预计收益，Teralink 公司需要在未来 10 年内取得总共 1 000 万美元的收入。根据 Teralink 公司成立以来的收入增长态势，以及潜在的 30 万家需要危险废弃排放物信息管理的客户数据，弗奈德对此充满信心。如果公司能够在 10 年之内完成协议约定，投资人们将获得每年 11.6% 的复合收益率；而一旦公司获得更快增长，或许能够在 5 年之内将所有 60 万美元返还给投资人，那样，投资人的年复合收益率将高达 24.5%。

Teralink 公司的利票还引入了宽限期的机制设计，即直至交易达成后的第 90 天后才开始计息，并且在公司收入确认后的 60 天起才开始支付。这样，Teralink 公司自收到投资的 5 个月后，才需要支付第一笔利票费用，这给了公司足够的时间，以将资金投入生产并取得销售收入。

利用利票支持中小企业融资

利票主要适用于两类初创阶段的公司：一类是产品价格弹性较低的中小企业，他们可以将利票条款中按营业收入支付的比例，通过提高产品价格，转移给消费者，同时不会失去客户，从而保持稳定的利润；另一类是加大营销投入后，可以迅速提高销售额的企业。对于那些利润率比较低的企业，每月支付固定比例的营业收入，则会导致现金流紧张，故而不适合使用利票进行融资。

因此，对于我国一些准备推出新产品或者试图加大营销投入以开拓新市场的，处于起步阶段且难以获得贷款或不想通过股权换取风险投资的企业，尤其是基于互联网的创新型企业，利票将是一种很好的选择。

利票一级市场的参与者主要是投资人、发行人和中介机构。同步，还可以推出二级交易转让市场。之后，再视市场需要推出利票投资基金等，为投资者提供主动或被动投资利票的服务。在交易层面，可以建立7天24小时连续电子利票交易平台和利票交易所，并逐步推出基于利票的期权和期货等衍生产品。

区块链技术与交易所发展

区块链（Block Chain）是最近几年来兴起的一种技术，迄今方兴未艾。所谓区块链，顾名思义，就是由各个区块组成的链，区块是特定时间段内发生的事件的记录，各区块按照严格且唯一的时间先后继承关系组成一条链。简单地说，区块链就是一种公开的分布式记账技术，或者说，是一种通过去中心化、去信任化的方式集体维护一个数据库的技术。英国政府首席科学顾问报告《分布式账本技术：超越区块链》下了这样一个定义："区块链是一种数据库，它将一些记录存放到一个区块里，而不是将它们收集到一个单一的表格或者纸张上。每一个区块是使用密码学签名与下一个区块'链接'起来的，这可以在任何有足够权限的人之间进行共享和协作。"从技术角度看，区块链是分布式数据存储、点对点传输、共识机制、加密算法等计算机技术的新型应用。

区块链主要是指公有区块链，即任何人都可以参与其共识过程的区块链。此外，还存在联盟链和私有链两种情况。前者是某个群体内部指定多个预选的节点为记账人，其他接入节点可以参与交易，但不过问记账过程的区块链。后者是仅使用区块链的总账技术进行记账，使用者可以是一家公司或某个个人，且独享该区块链的写入权限。公有区块链是最早的区块链，目前应用也最广泛，各个系列的虚拟数字货币均基于公有区块链。私链的应用产品还在探索当中。

区块链是伴随着比特币而诞生的。2008年，署名为中本聪（化名）的文章《比特币：一种点对点的电子现金系统》，探讨了可追溯验证的电子货币交易链条机制。2009 年，中本聪发布了对应的开源软件，比特币自此诞生。比特币是区块链技术的特定应用，是第一个也是目前为止最成功的区块链应用。目前，比特币已拥有超过 100 亿美元的总市值，日交易量峰值达到 3 500 万美元。比特币 7 年的运行实践，证明了区块链技术的可靠性和应用前景的广阔。

区块链已经引起了各方的普遍关注，甚至被形容为一座类似"1994 年互联网"的金矿。IBM 和微软等主流技术公司全面介入区块链研发，越来越多的国内外金融巨头开始积极应用、布局区块链技术，对区块链领域的投资更是出现爆发式增长。

作为开放的分布式记账技术，区块链具有如下几个显著的特征：

一是去中心化。在区块链中，由于使用分布式数据存储和核算，因此，任意节点的权利和义务都是均等的，不存在集中的硬件或管理机构。系统中的数据块，由整个系统中所有具有维护功能的节点，来共同维护。

二是去信任化。区块链采用基于协商一致的规范和协议，例如，一套公开透明的不同节点之间建立信任、获取权益的数学算法（共识算法）。这使得整个区块链系统中的所有节点，能够在去信任的环境中，自由安全地交换数据。简言之，区块链使得对"人"的信任，换成了对机器的信任。任何人为的干预，对这一分布式账本不起作用。

三是开放性。区块链系统是开放的，信息高度透明，除了被加密的交易各方的私有信息，区块链的数据对所有人公开。任何人都可以通过公开的接口，查询区块链数据和开发相关应用。

四是可靠性。记录在区块链中的信息不可篡改。一旦信息经过验证并添加至区块链，就会被永久储存，除非能够同时控制住系统中超过 51% 的节点，否则在单个节点上对数据库的修改是无效的，因此，区块链中的数据稳定性和可靠性极高。

五是匿名性。与去信任化相联系，区块链各节点之间的数据交换是无需信任的，区块链程序规则会自行判断活动是否有效，因此，交易各方无须通过公开身份的方式，让对方对自己产生信任。匿名性对参与者的信用累积极有助益。

正是因为以上这些特点，区块链创造了一个去中心、去信任和匿名的自由世界。人们甚至把区块链的思想基础和哈耶克对"自由社会"的构想联系起来，特别是联系哈耶克提出的"自发社会秩序"，把区块链视为一种自发式的民主机制。

2015 年，区块链开始在金融行业得到实质性的应用。这一年，被业界视为区块链元年。目前，以及在可以预见的将来，区块链已经或即将在以下金融领域得到广泛的应用。

一是数字货币。比特币和其他数字货币的崛起，颠覆了人类对货币的概念。数字货币安全、便利、低交易成本的特性，正好适应了互联网时代电子商务发展的需求，两者相得益彰。现在，在欧美等国家，比特币已获得相当程度的市场接受，不但能在商户用比特币购买商品，还诞生了比特币借记卡、ATM 机等衍生产品，各种数字货币与国家法定货币之间的交易平台也应运而生。

可以预见，国家发行数字货币将是大势所趋。2015 年，厄瓜多尔率先推出国家发行的数字货币，实践证明，此举不但能减少货币发行成本，也能增加使用的便利性，还能让缺乏银行资源的偏远地区获得优质的金融服务。突尼斯根据区块链技术发行的国家数字货币，还能缴付水电费等账单。目前，英国、瑞典、澳大利亚、俄罗斯等国也纷纷探讨发展数字货币的计划。英国央行委托伦敦大学学院设计了一套数字货币——RSCoin，正在进行测试。

二是支付与结算领域，特别是跨境的支付和结算。在目前的银行体系下，跨境支付结算耗时长、费用高，必须通过多重中间环节。区块链可以摒弃中转银行的角色，实现点到点的快速且成本低廉的资金交付，从而大幅减少了中间环节和费用，极大地提高了结算效率。2015 年 9 月初，巴克莱银行和以色列一家公司共同完成了全球首笔区块链贸易结算。这笔价值约 10 万美元的奶酪和黄油产品贸易的结算，在巴克莱银行下属的 Wave 公司开发的区块链平台完成。这笔贸易结算，传统银行需要耗时 7—10 日，但通过区块链技术，交易流程被大幅缩短至不足 4 个小时。

利用区块链进行资金支付和结算，不仅效率高，还具有安全、透明的特性。未来，完全有可能通过区块链实现全天候跨境支付和实时到账功能，更好地满足跨境电商对支付清算服务的及时性和便捷性需求。OKLink，一家致力于成为基于区块链技术的全球民间银联企业，正在构建新一代全球区块链传输网络，联接全球中小型金融市场参与者，如银行、汇款公司、互联网金融平台等，以推动普惠金融发展和重塑金融体系架构。

三是场外业务。与交易所场内业务相比，场外业务天然是离散的、低流动性的。对这种交易量相对不大的，涉及用户相对不多的业务，使用区块链的分散交易模式，将比在交易所市场集中进行交易更有优势。区块链还可以为这类业务提供全方位的交易后服务，比如资金支付、权益登记等。

四是票据与供应链金融业务。目前，国内票据业务和供应链金融业务，人为介入程度高，国内现行汇票业务仍有约 70% 为纸质交易，操作环节处处需要人工参与，因此，不少地方存在管控漏洞，违法违规交易风险较大。2015年，我国几家大银行爆发的金额高达数十亿元的票据风险事件，即明证。借助区块链实现点对点之间的价值传递，不需要经过特定的实物票据系统进行控制和验证，中介的角色将被消除，人为操作失误或违规因素也将最小化。

对供应链金融也是如此。通过区块链将目前通过纸质作业的程序数字化，包括供货商、进货商、银行在内的所有参与方，都能使用一个去中心化的账本，分享文件并在达到预定时间和结果时，自动进行支付，将极大提高效率和减少人工失误。目前，巴克莱银行已将区块链技术应用到了供应链金融业务，将信用证、提货单和国际贸易流程的文件放到公有链上，通过公有链进行认证与不可篡改的验证，取代现今的纸面人工流程。根据麦肯锡测算，在全球范围内，区块链技术在供应链金融上的应用，一年能降低银行运营成本约 135 亿—150 亿美元、风险成本 11 亿—16 亿美元，降低贸易资金成本 11 亿—13 亿美元、运营成本 16 亿—21 亿美元。

五是证券发行和交易。传统上，证券发行流程繁杂，效率低下。公司公开发行证券，首先必须先找到一家投资银行，公司与投资银行签订证券承销协议，报相关机构注册或批准后，才能开始发行。而证券上市交易后，交易和结算也存在较长的时滞。在境外等市场，证券交易和结算周期普遍是"T+2"或"T+3"。现在，这一切或将彻底改观。

2015 年 4 月，在线零售商 Overstock 发布 tØ 区块链平台，致力于将股权交易和结算放到区块链上，实现"交易即结算"，即在交易完成的瞬间几乎实时完成结算工作。tØ 平台采用了彩币（Colored Coin）的技术，它可以使用很小一笔比特币来追踪资产所有权。同年 6 月份，Overstock 在区块链上发行了价值 500 万美元的第一个加密债券。2015 年 12 月，美国证券交易委员会批准了 Overstock 的股票发行申请，允许其在比特币区块链上发行该公司新上市的股票。Overstock 希望通过区块链来发行最高 5 亿美元的新证券，包括普通股、优先股、存托凭证、权证、债券等。2016 年，Overstock 通过区块链，先后成功发行了股票、认股权、优先股等证券。

2015 年 10 月，纳斯达克交易所推出了基于区块链的企业级应用 Linq，作为其私人股票交易平台的一部分，以增强交易所在私人股权转让交易方面的管理能力。当年 12 月，创业公司 Chain 成功使用 Linq 平台，面向新投资者发行了公司股票，成为第一家使用 Linq 来完成并记录私募证券交易的公司。纳斯达克还宣布使用区块链来管理其代理投票系统，让股东借助区块链这种不可更变的总账系统，参与公司年度股东大会，用自己的手机进行投票，而无需出席股东年会，投票记录将永远储存于区块链中。

2015 年 10 月，澳大利亚证券交易所也宣布正在考虑采用区块链技术，来改进其证券交易和结算系统。澳交所准备在未来三年里，寻找新技术，包括区块链技术，以提高终端之间的效率，削减大量来自投资银行和经纪商后端的管理成本，并在 2017 年前最终决定是否使用区块链。

当然，区块链还可以应用到金融机构征信记录和反欺诈等多个领域。我们所关心的，是区块链对交易所未来发展的影响。

从原理上讲，区块链的分布式账本结构、信息的公开性和不可篡改性，以及系统的开放性，将极大地降低信任（信用）风险和交易成本，提升交易效率和监管效率，提升自动化运行水平和降低操作风险，这些都是交易所行业几百年来孜孜以求的目标。特别是在信任和信用这一金融业的基础环节，区块链具有无可比拟的优势。

信任（信用）是金融业的基础。为维护这一基础，金融业已经投入了巨大的成本，包括大量的评级机构和各种风险管理措施。信用和信任，是一个事物的两个方面。信用，指交易主体被交易对手主观认定的正常履约的可能性，信用越好，正常履约的概率就越大。信任，指一方为了达成交易，愿意承担对方不正常履约的不确定性的行为，信任能够显著降低不信任情况下的交易费用，比如提升了成交概率或降低了保证金成本。

信用是可累积的，也是可传递的。信用存在可传递性，这是说人们会按照某交易对手与其他人的交易经历判断其信用水平。区块链记录了绝对可信的交易信息流，不仅是累积和传递信用的最好的平台，也使得在许多交易中，人与人的信任关系，转化为人对技术的信任。通过对整个交易过程中的信任关系的重构，使大幅减少交易费用成为可能。因此，理论上看，只要交易所交易中仍有普遍的信任问题，区块链就有着潜在的应用空间。

基于以上判断，我相信，一种完全开放的、去中心化的基于区块链的新型交易所必然会诞生。事实上，目前，针对比特币的交易所就已经是这样一种机构。据统计，自比特币诞生至2015年底的6年时间，至少产生了162家比特币交易所，其中，36家交易所已被收购或者倒闭。目前，境内外对比特币等虚拟金融资产交易所开始加强监管，但这并非区块链技术问题，而是金融资产的性质问题。

当然，目前在传统股票交易上应用区块链技术还存在较多限制。比如，第一，交易撮合效率问题。比特币公有区块链（基于工作量证明机制）每秒仅可完成7笔交易，联盟链可以实现每秒1 000—10 000万笔交易，私有链可以达到每秒10万笔（非常接近于传统的交易所）。使用开放的公有链用于股票交易，将存在严重的交易延时问题。第二，资产上链的法律问题。目前，证券交易所交易的股票是统一托管于法定证券登记托管机构的。这些股票，如何登记在区块链中，以及区块链登记的法律属性，仍需进一步明确。第三，监管问题。金融市场天然需要监管，在去中心化的区块链交易所，如何有效实施内幕交易和价格操纵监管，特别是如何有效防范市场风险，仍是一个有待验证的问题。

不过，必须指出的是，这些问题，都不是阻碍区块链交易所发展的本质问题，技术正在以日新月异之势加速发展，而如果市场有需求，新技术终将替代旧方法，并扫清市场发展的法律和监管障碍。对此，我们拭目以待。

参考文献

Biais, Bruno, and Richard Green, 2007, "The Microstructure of the Bond Market in the 20th Century", IDEI Working paper.

Biais, Bruno, Lawrence Glosten, and Chester Spatt, 2002, "The Microstructure of Stock Markets", CEPR Discussion Paper No, 3288, April 30.

BIS, 1999, "Market Liquidity: Research Findings and Selected Policy Implications", BIS Working Paper, May.

Black, Fischer, 1971, "Towards a Fully Automated Exchange, Part I", *Financial Analysts Journal*, 27, 29—35, 44.

Comerton-Forde, Carole and James Rydge, 2004, "A Review of Stock Market Microstructure", Sydney: Securities Industry Research Centre of Asia-Pacific (SIRCA).

Comerton-Forde, Carole and James Rydge, 2006, "The Current State of Asia-Pacific Stock Exchanges: A Critical Review of Market Design", *Pacific Basin Finance Journal*, 14, 1—32.

De Jong, Frank and Barbara Rindi, 2009, *The Microstructure of Financial Markets*, Cambridge: Cambridge University Press.

Devai, Romain, 2010, "2009 Cost and Revenue Survey", World Federation of Exchanges, October.

Domowitz, Ian, 1992, "Automating the Price Discovery Process", *Journal of Financial Services Research*, 6, 305—321.

Domowitz, Ian and Ruben Lee, 1996, "The Legal Basis for Stock Exchanges:

The Classification and Regulation of Automated Trading Systems", Northwestern University, September.

Fama, Eugene, 1970, "Efficient Capital Markets: A Review of Theory and Empirical Work", *Journal of Finance*, 25（2）, 383—423.

Fang, Xinghai（方星海）, Ti Liu（刘逖）and Donghui Shi（施东晖）, 2006, "Accelerating the External and Internal Opening Up of China's Securities Industry", in Jahangir Aziz, Steven Dunaway, and Eswar Prasad, eds., *China and India: Learning from Each Other*, *Reforms and Policies for Sustained Growth*, International Monetary Fund, Sept. 28, 2006.

Glen, Jack, 1994, "A Introduction to the Microstructure of Emerging Markets", International Finance Corporation Discussion Paper No, 2 Washington D.C.

Gorham, Michael and Nidhi Singh, 2009, *Electronic Exchanges: The Global Transformation from Pits to Bits*, Burlington: Elsevier Science.

Grossman, Sanford and Joseph Stiglitz, 1980, "On the Impossibility of Information Efficient Markets", *American Economic Review*, 70（3）, 393—408.

Grossman, Sanford and Merton Miller, 1988, "Liquidity and Market Structure", *Journal of Finance*, 43（3）, 617—637.

Harris, Lawrence, 2003, *Trading and Exchange: Market Microstructure for Practitioners*, New York: Oxford University Press.

Hasbrouck, Joel, 1995, "One Security, Many Markets: Determining the Contributions to Price Discovery", *Journal of Finance*, 50, 1175—1199.

Hasbrouck, Joel, 2007, *Empirical Market Microstructure: The Institutions, Economics, and Econometrics of Securities Trading*, Oxford University Press.

Liu, Ti（刘逖）, 2003, "Investment without Risk: An Investigation into IPO Underpricing in China", The China Project Report No, 4, RIIA & Cambridge University, August.

Liu, Ti（刘逖）and Stephen Green, 2003, "China's Off-Exchange Stock Market:

Its Evolution, Operation and Prospects", Asia Programme Working Paper 7, RIIA, September.

Macey, Jonathan and Maureen O'Hara, 1997, "The Law and Economics of Best Execution", *Journal of Financial Intermediation*, 6 (3), 188—223.

Madhavan, Ananth, 1992, "Trading Mechanisms in Securities Markets", *Journal of Finance*, 47 (2), 607—641.

Madhavan, Ananth, 1996, "Security Prices and Market Transparency", *Journal of Financial Intermediation*, 5, 255—283.

Madhavan, Ananth, 2000, "Market Microstructure: A Survey", *Journal of Financial Markets*, 3, 205—258.

Madhavan, Ananth, 2002, "Market Microstructure: A Practitioner's Guide", *Financial Analysts Journal*, 58 (5), 28—42.

Madhavan, Ananth, 2002, "VWAP Strategies, in Transaction Performance: The Changing Face of Trading Investment Guides Series", Institutional Investor Inc., Spring, 32—38.

Miller, Merton, 1990, "International Competitiveness of US Futures Exchanges", *Journal of Financial Services Research*, 4, 387—408.

Miller, Merton, 1991, *Financial Innovation and Market Volatility*, Basil Black-Well, Ch. 2.

NYSE, 2000, "Market Structure Report of the New York Stock Exchange Special Committee on Market Structure, Governance and Ownership", Working Paper.

O'Hara, Maureen, 1995, *Market Microstructure Theory*, Blackwell Publishers Inc., Cambridge, MA.

O'Hara, Maureen, 2000, "Overview: Market Structure Issues in Market Liquidity", Bank For International Settlements Papers, 2.

O'Hara, Maureen, 2001, "Designing markets for developing countries", *International Review of Finance*, 2, 205—215.

Osborne, M., 1965, "The Dynamics of Stock Trading", *Econornetrica*, 33, 89—113.

Pagano, Marco and Ailsa Röell, 1990, "Trading systems in European Stock Exchanges: Current Performance and Policy Options", *Economic Policy*, 10, 65—115.

Pagano, Marco and Ailsa Roell, 1996, "Transparency and Liquidity: A Comparison of Auction and Dealer Markets with Informed Trading", *Journal of Finance*, 51 (2), 579—611.

Petram, Lodewijk, 2014, *The World's First Stock Exchange*, Translated into English by Lynne Richards, New York: Columbia University Press.

Röell, Ailsa, 1992, "Comparing the Performance of Stock Exchange Trading Systems", in John Fingleton and Dirk Schoenmaker, eds., *The Internationalisation of Capital Markets and the Regulatory Response*, London: Graham and Trotman.

Schwartz, Robert, 1988, *Equity Markets: Structure, Trading and Performance*, New York: Harper and Row, Inc.

Schwartz, Robert, 1993, *Reshaping the Equity Markets: A Guide For the 1990s*, Business One Irwin, Illinois.

Schwartz, Robert, 2010, *Micro Markets: A Market Structure Approach to Microeconomic Analysis*, Wiley & Sons.

SEC, 2000, "Electronic Communication Networks and After-Hours Trading", US Security and Exchange Commission.

何杰：《证券交易制度论》，经济日报出版社 2000 年。

拉里·哈里斯（主编）：《监管下的交易所：经济增长的强劲助推器》，WFE 五十周年特刊，上海证券交易所译，中信出版社 2010 年中文版。

刘逖：《跨国银行与金融深化：兼花旗银行汇丰银行案例分析》，上海远东出版社 1998 年。

刘逖：《中外股市史话》，上海远东出版社 1999 年。

刘逖：《中国银行业：外资的冲击》，上海远东出版社 2000 年。

刘逖：《证券市场微观结构理论与实践》，复旦大学出版社 2002 年。

刘逖：《前近代中国总量经济研究（1600—1840）》，上海人民出版社 2010 年。

刘逖等：《上海证券交易所史：1910—2010》，上海人民出版社 2010 年。

刘逖：《市场微观结构与交易机制设计：高级指南》，上海人民出版社 2012 年。

刘逖：《市场创新中的趋势与抉择》，《当代金融家》2013 年第 2 期。

刘逖：《中国特色期权市场的特征》，《中国金融》2014 年第 2 期。

刘逖、攀登：《变封闭式集合竞价为开放式集合竞价》，《中国证券报》2003 年 3 月 6 日。

刘逖、叶武：《对我国股市流动性问题的几点思考》，《上海金融》2008 年第 3 期。

刘向丽、汪寿阳、洪永淼：《中国期货市场微观结构研究》，科学出版社 2010 年。

刘玉珍、李怡宗等：《委托簿资讯透明度对投资人福利与市场绩效的影响》，台湾证券交易所委托研究报告，2004 年 5 月。

马黛、陈秀桂、刘佳奇：《证交所巨额交易新制之评估》，台湾证券交易所委托研究计划报告，2006 年 9 月。

穆启国、刘海龙、吴冲锋、刘逖：《指令驱动市场的流动性成本及影响因素分析》，《上海交通大学学报》2004 年第 3 期。

上海证券交易所创新实验室：《上海证券交易所市场质量报告》，2006—2011 年（历年）报告。

施东晖、孙培源：《市场微观结构：理论与中国经验》，上海三联书店 2005 年。

屠光绍主编：《交易体制：原理与变革》，上海人民出版社 2000 年。

王俪容、郑思因：《我国证券市场信用交易制度之检讨》，台湾证券交易所研究报告，2001 年 10 月。

吴林祥：《证券交易制度分析》，上海财经大学博士学位论文，2000 年。

曾勇、李平、刘波、王志刚：《证券市场微观结构研究》，科学出版社 2008 年。

詹场、胡星阳：《流动性衡量方法之综合评论》，《国家科学委员会研究汇刊：人文及社会科学》（台湾），2001 年 7 月，第 11 卷第 3 期，第 205—221 页。

中国特色资本市场发展中的十大关系和三大方向^①

一、引言：资本市场的特点和功能

资本市场，按照通常的定义，是指买卖长期（一般指一年以上）债券和权益类证券的市场，是沟通资金需求者（如企业和政府）和资金供给者之间的直接桥梁。市场的本质是交易。与其他所有市场一样，价值规律或价格机制也是资本市场发挥作用的基础。但是，与商品市场等相比，资本市场存在一些独有特点：**第一，信息不对称程度高**。投资者对上市股票的观察与其对普通商品的观察方法和效果迥异，缺乏有效的规避信息不对称的手段。**第二，产品无差别性和可替代性强**。资本市场的产品是证券，对同一家公司同一类别股票而言，每一股都是同质的，因此，市场的流动性通常更好。**第三，违法行为危害程度大**。产品的无差别性带来的流动性差异，以及不对称信息带来的行为隐蔽性，使得市场违法行为（如虚假信息披露、价格操纵等）的危害性极大。

---

① 本文基础素材来源于作者为《上交所》内刊 2013 年第 3 期撰写的《交易所行业发展趋势与创新思路》、发表于《中国金融》2014 年第 2 期的《中国特色期权市场的特征》以及作者与夏建亭先生合写的证监会第 31 期党校毕业论文《中国特色资本市场发展道路初探》，本文增加了关于资本市场三大发展方向的讨论。

资本市场发展至今，已成为一个较典型的买方市场，单个证券产品的无差别性和可替代性进一步强化了这一点。资本市场的买方由购买市场服务的参与者组成，包括发行人、投资者、借入者、套期保值者、资产交易者和投机者，市场的卖方由证券交易所、交易商、经纪商等构成。资本市场作为一个买方市场，使得市场竞争主要是在卖方之间进行。卖方提供的服务，或买方的需求，实际上也就是资本市场之功能所在。

从这一角度看，资本市场的基本功能概言之包括以下六项：**一是交易功能**。无交易不成市场。交易功能是资本市场最基本的功能，也是资本市场之合理性所在。**二是价格发现功能**。交易就需要有一个价格。资本市场的价格发现功能是其交易功能的直接延伸，也可以说是交易功能实现的前提。**三是维持市场公正功能**。交易必须有价格，但单有价格还不够，价格还必须是公平的、合理的。公平、合理的交易价格的形成有赖于两个方面，一是信息的充分披露，二是有效的监管。**四是筹资功能**。筹集资金是资本市场的重要功能。马克思（1867，第688页）对此有过生动的评述："假如必须等待积累去使某些单个资本增长到能够修建铁路的程度，那么恐怕直到今天世界上还没有铁路，但是，集中通过股份公司转瞬之间就把这件事完成了。"由筹集资金功能又可衍生出一系列的经济功能，如转换经营机制、配置资源、优化产业结构等。**五是资产配置功能**。资本市场的产品多样性和高变现性（流动性），满足了投资者资产配置和及时变现的需求，既使社会最大限度地利用闲散资金，又促进了个人财富的保值增值。**六是风险分散功能**。如从融资者角度看，资金需求者通过发行股票筹集资金，将其经营风险部分地转移和分散给投资者，实现了风险的社会化。从投资者角度看，投资者可以通过交易在交易所上市的期货和期权等衍生产品实现风险对冲或风险转移。

以上六个方面，或者从市场组织者（如交易所）角度看所体现的"四个中心"（筹资中心、交易中心、资产配置中心和风险管理中心）功能，加上资本市场区别于商品等市场的三个独有特点，是为各国资本市场共有之义和共性特征。欧美资本市场发端于16世纪末荷兰、英国资本主义发展初起之时，兴盛于 18、19 世纪，成熟于 20 世纪中期。从欧美市场的发展经验看，其资本市场体现了这些特点和功能。

我国资本市场发展历史相对较短且较为曲折。在鸦片战争后，我国出现了外国公司的股票，19 世纪 70 年代中国企业股票开始交易，但有组织的交易市场直到民国时期才得以形成。然而，新中国成立后，资本市场发展又中断了近40 年。1990 年沪深证券交易所相继成立后，市场发展才再次走上正轨。20 多年来，特别是股权分置改革之后的 10 余年来，我国资本市场发展迅速，市值规模已跃居全球第二，有力支撑了实体经济的改革和发展。但与此同时，以2007 年和 2015 年两次股市大幅异常波动为表征，市场发展中的一些问题也日渐凸显。这些问题的存在，有些是各国资本市场之通病（如创新和监管的动态博弈），有些则明显肇端于中国市场之独有特点（如市场管制、投资者特征等）。本文试图结合我国资本市场的功能和发展需要，探讨我国资本市场的若干不同于成熟市场的特点，归纳出中国特色资本市场的基本特征，以及其社会基础和对未来市场发展的影响。

二、中国特色资本市场的四大特征

长久以来，我国政治、经济、文化等各个领域的建设和发展，往往都颇为强调"中国特色"和"国际惯例"两个关键词。这在事实上形成了两种效应：一方面，借助"国际惯例"推行改革；另一方面，只要是与国际惯例或国外经验不同的地方，都毫无例外地归咎为"中国特色"，甚至在不少情况下，"中国特色"成了改革、创新遇到阻力或者出现问题时的挡箭牌，成为我国政治经济改革的阻碍力量。在资本市场发展方面，如何正确认识"国际惯例"，避免将"中国特色"作为挡箭牌，避免其成为不改革、不创新的借口，是我们应予思考和重视的问题。

我们对中国特色的理解主要有两个方面。在当前世界呈现多元化和一体化潮流交融的发展趋势下，在中国由大国向强国迈进的过程中，我们需要有更多的原创性资本市场创新，需要确立真正属于我们自己的业务范式和技术标准。这种原创性市场创新，就是结合"中国特色"的创新。这是对"中国特色"的第一层解释。

对"中国特色"的第二层解释，是基于文明冲突基础上的对西方文明**普遍性**的反叛。在当前西方世界占主导的全球秩序下，文明的冲突，或许将比文明的单一化更加可取。或许历史终将证明，西方化的普遍性将是一种错误，未来人们需要为此付出代价。习近平总书记在 2016 年 7 月 1 日庆祝中国共产党成立 95 周年大会讲话中指出："我们要坚持道路自信、理论自信、制度自信，最根本的还有一个文化自信。"这四个自信，其实就表达了对中华文明复兴的信念和对西方文明普遍性的批判。

基于这两层解释，"中国特色"首先表现为中国社会有别于西方或其他东方国家的若干特征。这些特征将成为我们理解"中国特色"的基本出发点。

中国社会有三个明显的特征：

一是超大社会。这是中国社会的物理属性，具体表现为人口多、地域广、差别大三个方面。中国具有世界上最多的人口，是国土面积最大的国家之一，同时，也是地域差别、城乡差别、人口素质差异比较大的一个国家。

二是东方社会。这是中国社会的精神特质。与西方社会相比，中国社会更加重视民本而不是民主，更加注重向心力和集体观念而不是个人主义，在原生价值方面更加注重消极价值而不是积极价值（包括在财产权和正义观方面），更加推崇由内往外的思考方式而不是由外及内。

三是转型社会。具体体现在回归市场和回归东方两个方面。在经济转型方面，重点是从原计划经济管理思维回归市场本位；在社会和政治转型方面，核心是打破对西方的盲目崇拜，重塑东方文明基础上的政府主导型市场经济发展模式（"中国模式"）。

中国社会的上述特征，也决定了有别于西方的中国资本市场的若干基本特征（或指导原则）。具体表现在四个方面：

一是实体为本。作为发展中国家，我国要获取经济持续发展的动力，必须借助强大的资本市场实现经济结构调整和资源高效配置，资本市场必然要承担起配置市场资源、引导产业升级、提升公司治理、推动企业参与全球竞争的重任，因此，我国资本市场建设无疑不能为市场而市场，而是服从于服务实体经济这一根本目标。

二是散户为重。我国股票市场有上亿的个人投资者，是一个较为典型的散户市场。散户市场的一个特点是投机气氛浓厚，易受不对称信息的伤害，因此，切实保护中小投资者的权益，实现以个人投资者利益为依归，是中国资本市场健康发展的重要保障。

三是技术为先。我国是最早实现无纸化、电子化证券交易的国家，也是较多应用现代信息技术对证券交易实施技术控制的市场。这种技术控制的影响主要有两个方面：一方面是通过技术手段进行风险控制，例如交易所层面的前端检查等，可有效防止运行风险；另一方面是把制度问题技术化，使技术手段来替代制度的作用，从而可能对市场效率造成不利影响。

四是顶层驱动。我国资本市场建设初期，依靠政府驱动实现了快速发展。但同时也暴露出了不少弊端，例如资本市场至今未形成"横向充分竞争、纵向高度整合"的良性发展格局，未能在横向上通过放松管制实现券商间的有效竞争、通过多层次市场和高效转板机制等强化交易所的市场化运作，也未能在纵向上积极拓展券商包括托管在内的各项业务范围、实现交易所上下游产品链、前后台业务链的整合。这种情况不仅使我国资本市场成为全世界成本最高的市场之一，也导致创新维艰、风控乏力、效率低下。随着市场的发展和完善，下一阶段的顶层驱动应着重于战略、政策和监管层面，放松管制，加强监管。

三、资本市场创新发展中的十大关系

资本市场的共性的特点和功能，以及中国特色资本市场的四方面特征，应该成为指导我国资本市场发展的重要原则。基于此，我们认为，中国资本市场的改革和发展，不能盲目照搬西方经验，而是应特别关注以下十个方面的关系，积极探索出一条具有中国特色的发展道路。这十方面关系，有五个涉及方法论，五个涉及市场结构。

一是目的和手段的关系。正如康德（1785，第86页）所言：人是目的，不是手段。市场创新和发展的目的是为投资者创造更多财富、提供更多工具，提升资本市场效率和服务实体经济能力，促进金融机构发展，不是为了改革而改革、创新而创新。

二是模仿和创新的关系。知识增长本质上是不可预言的（波普尔，1957，序）。波普尔这一充满哲学意味的断语，换言之，即在说创新也是不可模仿的。我国人们在讨论创新时，非常容易步入两个误区而不自觉——也许自晚清西学东渐后便是如此。

第一个误区是观念上的：易于盲目崇拜，把模仿当成创新。从更宽泛的角度看，存在两种形式的创新：一种如康德所言，来自我们自己不绝的才思和浩瀚的智慧；另一种则是基于对他人经验的借鉴。对大多数人而言，后一种显然是更好的选择——这就为模仿留下了空间。模仿并非不可取，印度国家交易所的成功就是模仿加技术创新的典范。不可取的是缺乏独立创新的模仿！不可取的是在狂热崇拜的意识下，迷失了自己。人创造了上帝，然后又假想上帝创造了自己；东方对西方，好像也是这样，好像就是西方对上帝那样。结果往往是，西学精神没有吃透，画虎不成反类犬。

第二个误区是行动上的。也许可以用一句俗语来概括：新瓶装旧酒。在一个有着悠久历史和灿烂文明的国度，传统的力量总是很强大的。我国如此，印度如此，西欧也是如此。中国人变革和创新的观念源远流长，《周易》就是一部讲变化的书，但同时，守旧的力量似乎同样甚至更为强大。这两股力量导致"今古之争"在中国思想发展史上具有特别显赫的位置。"今古之争"体现在行动上，就是几乎所有创新（特别是制度创新），在传统的直接或间接作用下，往往异化为有别于初衷的一种形态。晚清股份制改革和股票市场就是一个典型事例。传统的力量是强大的，这是我们在改革发展中必须认真对待的问题。

三是当下与未来的关系。改革、创新不能头痛医头、脚痛医脚，需要兼顾短期利益和长期战略，特别是要充分考虑创新对部分群体的利益冲击（这里的"利益"不仅仅是既得利益的概念）。之前的股权分置改革是一个成功的案例，未来重大市场改革（特别是发行机制改革）也应当充分平衡当下和未来的关系。

四是激进和渐进的关系。在改革之路上，渐进的阶段持续一段时间后，会出现一个爆发的激进阶段。在有着悠久传统的国度，以渐进来实现可控性也许更加重要。尽管如此，我们仍有必要记住一点：传统为现代设定了限制，但不设定现代的方向。从目的论上看，历史是无意义的。历史的意义在于审美，在于传统对现代的限定，或者说，尽管历史没有意义，但我们能够给予它意义。因此，改革可以与传统相兼容。这可从不同层面来理解。首先是要有足够的准备，要充分理解渐进的意义。《周易》提出，改革必须"顺乎天而应乎人"，须"革言三就"而后行动。培养创新的基础是极其重要的，这是克服传统限制的先决条件。凯恩斯（1936，序言）曾说："我们大多数都是在旧说下熏陶出来的。旧说已深入人心。所以困难不在新说本身，而在摆脱旧说。"其次是要注意创新的系统性，分析其起作用的整套机制，分析其发挥作用的基础，避免"新瓶装旧酒"。模仿式创新尤其要注意，否则移植就会无效，就会变样。

五是创新和监管（风险控制）的关系。资本市场区别于商品市场的三个特点，决定了资本市场必须是有监管的市场。新事物的到来，不可避免地产生新机会和新风险。风险不仅仅是经济上的，道德风险也随之产生。但是，不改革、不发展也是风险，而且可能是最大的风险。因之，允许容错以及改革创新和审慎监管之间的动态博弈或将成为恒态。

六是投资和融资的关系。我国资本市场长期以来过于偏重融资功能，对投资功能关注较少，市场、证券交易所、证券公司给客户在投资方面提供的服务相对较弱。未来，投资和融资应并重，不能偏废，要实现投资和融资功能的均衡。此外，还要运用现代金融工具创造性地解决投资和融资问题。

七是机构和散户的关系。机构与散户不是刀俎与鱼肉的关系，在股票市场如此，在金融创新中更是这样。当前，一方面，可通过建立有效的投资者保护和股东权利机制，促使机构投资者承担起与其市场地位相称的社会责任，如促进上市公司治理机制完善等，产生"能力越大，责任越大"的效果；另一方面，区分针对公众和专业投资者的市场，通过交易机制和产品创新服务广大个人投资者。

八是上游和下游的关系。广义的上下游关系包括两个方面：第一，从产品链角度看是现货和衍生品的关系。成熟、发达、繁荣的现货市场是衍生品市场发展的基础，健康、规范、理性的衍生品市场为现货提供价格发现和风险管理工具，二者相辅相成、相互促进。传统的以现货交易为主的交易市场，在全球竞争格局中，越来越受到衍生品交易发达的新型市场的挑战。平衡现货与衍生品的关系，形成完整的产品链，将是资本市场国际竞争优势所在。

第二，从业务链角度看是前台和后台的关系。中国是目前全球少数几个前台和后台分割的资本市场。一体化能够极大地降低市场运作的成本，例如，前后台一体化的德交所的每笔交易处理成本不到美国市场的三分之一。交易前台和结算后台一体化的芝加哥商品交易所（CME）是全球盈利最强的一个机构市场，反之，前后台分割的纽约证交所和芝加哥期权交易所（CBOE）绩效就较差。而且，前台和后台的一体化更有利于防范风险，提高运作与创新效率。伦敦金属交易所（LME）由于缺乏清算系统，创新缓慢，最终难逃被收购的命运。

九是场内市场和场外市场的关系。场外市场比较灵活、便利，场内市场透明度较高，相对更加规范。场外市场通常是金融危机的导火索，而历史上场内市场从未酿成系统性风险，相反成为危机时最有效的风险管理工具。在2008年美国金融危机时，与场外衍生品泛滥导致严重危机相比，标准化的、集中清算的场内金融衍生品提供了危机期间市场急需的流动性和风险管理手段，为促进市场稳定、健康运行做出了积极的贡献。近几年，欧美市场出现了场外交易场内化的明显趋势，为正确处理场内外市场关系提供了新的思路。

十是对内改革与对外开放的关系。从各国经验来看，资本市场开放的效果不仅与开放的速度有关，也与开放的时序密切相关。总体上看，如果资本市场的对内开放和内部各项改革措施缺位，则对外开放难以获得成功，相反可能会带来一些新的风险因素，甚至可能危及本土的金融安全。对外开放不仅有"引进来"的一面，还有"走出去"的一面，二者也必须协调推进。

四、资本市场改革创新的三大方向

市场化、法治化和国际化是我国资本市场发展的三大方向。2016年3月12日，中国证监会主席刘士余在答记者问时表示，中国资本市场发展必须坚持市场化、法治化这一根本方向，不能动摇。同年9月10日，刘士余主席在上交所第七次会员大会上再次明确提出，资本市场必须坚持市场化、法治化、国际化的改革方向。

市场化的核心是让价格机制成为实现经济平衡和发展的主导机制。作为资源配置的重要手段，市场化是和经济计划相对立的。中国作为一个后起发展中国家和较长时间实施计划经济的国家，政府在经济市场化发展过程中发挥了关键的作用。资本市场的发展也不能例外。下一阶段资本市场的市场化建设，需要进一步发挥政府和监管机构的能动作用，在加强监管的过程中，逐步实现以价格杠杆为核心调节机制的"横向充分竞争、纵向高度整合"的资本市场良性发展格局。

资本市场的价格主要是两个方面：一级市场的股票发行价格和二级市场的交易价格。这两个价格对应着一级（发行）和二级（交易）两个市场，因此，市场化的改革重点将围绕发行和交易机制展开。这两个方面，实际上也是资本市场的两大核心功能：一是对于国家和企业而言的引导资源有效配置功能和融资功能，二是对投资者而言的风险管理和资产配置功能。市场化是同时实现这两项功能的重要条件。唯有资本市场具有良好的定价机制，才能一方面充分发挥股市价格信号在引导资源配置方面的作用，另一方面，使投资者可以按照公平合理的价格进行投资和风险管理。

一般而言，新股发行制度包括三个环节：谁能够发行（发行审核）？以什么价格发行（新股定价）？发行给谁（新股分配）？总体上看，我国新股发行机制在这三个方面都有进一步完善的空间。发行机制市场化程度不足导致的新股高收益现象，造成了我国特有的一、二级市场严重割裂局面，这不仅不利于资本市场健康发展，形成发行造假等"劣币驱逐良币"效应，也严重损害了投资者的利益。而且，一、二级市场的巨大价差收益，很大一部分为专业打新股的机构或大户获得，而没有转变为我国最有效率的资产——上市公司的营运资金，这对资本市场而言是资金的净漏出，对投资者而言是福利的净损失。

本质上看，新股发行改革方向应该是不断市场化和去行政化。然而，当前国内不少人士认为，鉴于发行市场化可能对二级市场造成巨大冲击，全面改革发行制度的条件尚不成熟。这种观点有一定的道理，但是从长期看，不改革，问题将会更加严重。当前，可以尝试从以下三个方面推进发行市场化改革：一是建立有效的预期管理和补偿机制，尽可能降低发行市场化改革对现有二级市场投资者的冲击；二是运用经济手段引入优胜劣汰机制，杜绝"劣币驱逐良币"现象，例如，可尝试引入附加认沽期权的新股发行机制，以经济手段遏制包装或造假上市动机，鼓励优质公司上市；三是可以尝试从外围进行突破，从交易机制设计或产品创新等角度，推进发行机制的创新，如可设立一个采取全新交易机制的试点板块，为发行机制改革奠定基础。

第三种做法，也是推进二级市场交易价格市场化的关键措施。我国股票交易机制形成于上世纪 90 年代初期，在设计之初参考了当时成熟市场的经验，但成熟市场基本上是以机构投资者为主，与我国以中小投资者为主的市场结构存在较大差异。同时，近年来，境外市场交易机制不断根据技术和市场发展需求更新变革，而我国股票交易机制基本上没有调整。总体上看，当前我国股票交易机制与市场发展存在较严重的不匹配，特别是不能适应以散户为主体的投资者结构，突出表现为五个方面：一是制度性多空失衡，多方有余、空方不足，导致市场定价虚高问题突出，在资金循环往复的推动下，容易产生系统性泡沫和剧烈波动；二是盘中大额交易安排缺失，大资金和大额交易对二级市场交易价格影响巨大，大资金可以相对容易地影响甚至引导股价，并利用市场浓厚的"羊群效应"牟取不当利益；三是大盘股、小盘股等不同板块交易机制同质化；四是价格稳定机制僵化，控制价格临时波动的措施，同时也严重限制了因公司基本面发生变化导致的基本波动性，在特殊情况下易于引起市场流动性的枯竭；五是中小投资者交易权受限，例如，当日买入的股票当日不能卖出，这种做法实际上加剧了对中小投资者的不公平，同时导致事实上的供给不足，使大额资金更容易影响股价。

这些交易机制弊端，在 2015 年股市重大异常波动过程中得到了充分的暴露。习近平总书记在当年 12 月的中央经济工作会议上也指出，"不完备的交易制度"是股市异常波动的一个重要原因。我国股票交易机制改革的总体任务，是如何建立一个公平、有序的交易市场，实现二级市场的合理定价。当前，核心交易机制的改革措施应包括如下四个方面：一是建立针对大额交易的平行市场，以抑制机构和大户对股价的非正常影响。平行市场与主市场联系紧密，是在主市场之外的一个市场，自身没有定价机制，成交价格从主市场引入。二是推出市场化股票借贷机制，建立市场化、制度化的多空平衡机制。三是实施单次"T+0"交易，即允许当日买入的股票在当日卖出，但卖出所得的资金当日不可用（即资金在一天内可回转一次），以有效保护中小投资者利益，同时避免多次回转可能导致的过度投机现象。四是放宽涨跌幅并实施盘中动态价格稳定机制，以避免对市场流动性造成不必要的干扰，并防止大户和机构利用涨跌幅效应损害中小投资者利益。例如，可以考虑在日内出现涨（跌）停且持续 1 小时后，暂停连续交易，启动 5 分钟集合竞价（波动集合竞价），之后放宽涨（跌）幅至 20% 等，或者在连续两日涨跌停后次一交易日放宽涨跌幅至 50%，同时引入 10% 的波动性集合竞价机制。

法治化是资本市场走向现代化的必由之路。法治化的前提是法制化，首先是要有法可依，要有一个健全完备的资本市场法律制度体系。强化执法和监管是落实资本市场法治化的关键。善用法治思维和法治方式治理资本市场，是法治化的最终体现。作为法治化前提的资本市场法制，理论上应该达到如康德的"黄金法则"和罗尔斯的"无知之幕"所要求的，成为一种类似"己所不欲，勿施于人"的普遍法则，即当相关者不知道自己是何种角色时均能认可的制度。作为治理机制的法治化，应该是一种"监管超然"的状态，也就是说，应让市场在法律的轨道上自行发挥作用，除非经过审慎评估后按流程进行法律或制度调整，应尽可能减少临时性的人为抉择。

国际化是中国资本市场配合国家对外战略的重要途径。二战后，国际格局出现了数次大调整，从战后美苏两极格局，到 20 世纪 70 年代的中美苏战略三角格局，再到 90 年代形成的一超多强格局。目前，一超多强格局正在解体，开始出现全球化倒退和局部冲突加剧之势，中国也逐步崛起成为国际性大国。下一阶段，我国对外关系可能将重点围绕南下、西进、非洲和拉美四大战略方向展开。此时，全方位参与国际市场竞争，实施国际化发展战略，是中国资本市场顺应全球政治多元化新格局的必然选择和战略共识。国际化战略需要回答五个关键问题：国际化的目标是什么？原则是什么？合作伙伴是谁？对手是谁？模式是什么？基于这些考虑，资本市场的国际化战略或许可以从三个方面入手：一是协调推进"引进来"和"走出去"两个方面，重点是鼓励"走出去"，可以考虑在交易所设立"丝路主题交易板块"，为企业走出去、全球合理配置产能开辟绿色通道，提供股票、债券、资产证券化产品等全方位金融支持；二是配合国家下一阶段的对外战略，加强同非洲、拉美资本市场的深度合作，全力支持相关国家的基础设施建设；三是结合国家"联边抑霸"和"远交近守"战略的交替变化，建立全球金融信息网和国际资产交易平台，利用好国内、国外两个市场和两种资源，服务中国强国战略的实施。

五、小结

资本市场的共性特点和功能决定了资本市场必须是一个适度监管的市场。

但是，我国社会的若干不同于西方社会的特点，特别是我国资本市场的实体为本、散户为上、技术为先和顶层驱动的四大特征，也决定了我国资本市场不能简单照搬西方资本市场发展的道路，而是必须充分考虑中国政治经济改革实践和市场特点，正确处理目的和手段、模仿和创新、当下与未来、激进和渐进、创新和监管（风险控制）、投资和融资、机构和散户、产业链上游和下游（现货和衍生品、前台和后台）、场内市场和场外市场、对内改革与对外开放的关系，围绕市场化、法治化和国际化三大发展方向，探索出一条具有中国特色的资本市场发展道路。

参考文献

［1］卡尔·马克思（1867）：《资本论》，第一卷，人民出版社1975年中文版。

［2］伊曼纽尔·康德（1785）：《道德形而上学基础》，上海人民出版社1986年中文版。

［3］卡尔·波普尔（1957）：《历史决定论的贫困》，上海人民出版社2009年中文版。

［4］约翰·梅纳德·凯恩斯（1936）：《就业、利息和货币通论》，商务印书馆1999年中文版。

［5］刘逖：《市场微观结构与交易机制设计：高级指南》，上海人民出版社2012年版。

［6］刘逖：《市场创新中的趋势与抉择》，《当代金融家》2013年第2期。

［7］刘逖：《中国特色期权市场的特征》，《中国金融》2014年第2期。

附录二
中国股票交易机制改革七十二条论纲[①]

一、【改革必要性】习近平总书记在 2015 年 12 月中央经济工作会议上指出，我国 2015 年的股市大起大落，"不成熟的交易者、不完备的交易制度、不完善的市场体系、不适应的监管制度""资本市场发展不成熟是一个重要原因"，并提出"要尽快形成融资功能完备、基础制度扎实、市场监管有效、投资者合法权益得到充分保护的股票市场"。

二、【股票市场特点】股票市场是资本市场最重要的组成部分。市场的本质是交易。与其他所有市场一样，价值规律或价格机制也是股票市场发挥作用的基础。然而，与一般商品市场相比，股票市场存在至少三个独有特点：第一，信息不对称程度高。投资者对上市股票的观察与其对普通商品的观察方法和效果迥异，缺乏有效的规避信息不对称的手段。第二，产品无差别性和可替代性强。资本市场的产品是证券，对同一家公司同一类别股票而言，每一股都是同质的，因此，市场的流动性通常更好。第三，违法行为危害程度大。产品的无差别性带来的流动性差异，以及不对称信息带来的行为隐蔽性，使得市场违法行为（如虚假信息披露、价格操纵等）的危害性极大。

---

① 本文原载《上交所》内刊 2016 年第 4 期，仅个别字句有所调整。

三、【股票市场功能】股票市场基本功能概言之有六个方面：无交易不成市场，交易功能第一，这也是股票市场作为市场的最直接功能和合理性所在；要交易就必须有价格，价格发现功能第二；交易必须有价格，但单有价格还不够，价格还必须是公平的、合理的，维护价格和市场公正第三；筹资功能第四，由此又可衍生出一系列的经济功能，如促进公司转换经营机制、配置资源、优化产业结构等；资产配置功能第五，资本市场产品多样性和高变现性（流动性）强化了这一功能；风险分散功能第六，包括融资者的风险社会化和投资者的风险对冲或管理。

四、【股票交易机制特殊性】股票市场三个独有特点和六项基本功能，决定了股票交易应具有不同于一般商品市场的制度安排。

五、【交易机制概念】股票交易机制是指股票价格形成与发现的机制，具体体现为交易得以实现的市场架构、规则和制度。交易机制也是当代金融学两大重要分支之一的市场微观结构理论（Market Micro Structure）的研究对象（另一个分支是行为金融学），因此，交易机制也被称为市场模式或市场微观结构。交易机制的核心是价格发现功能，后者也是整个交易所市场最重要的环节之一。

从交易所组织交易的角度看，交易机制最核心的内容不外乎是两端：一是交易者如何表达其买卖意愿，二是交易所如何匹配交易者的买卖意愿。后者即是通常所说的价格确定或形成机制，前者主要就是订单类型等内容。

六、【交易机制和交易系统】在现代证券市场，大多数的交易均是通过集中的、电子化的市场进行，因此，需要有一个电子化的交易系统来支撑这些交易。这就是通常所说的证券交易系统。举凡证券交易系统，归纳起来不外两方面内容：一是交易机制（功能）方面，二是交易技术方面。交易机制主要涉及第一个方面。

七、【交易机制核心范畴1：价格形成机制】价格形成机制即交易意愿匹配机制，主要涉及两个方面：

一是基本的价格确定模型。价格确定模型是交易机制最核心的内容，通常也称为市场类型或市场模式。从国内外各证券市场实践看，市场模式可依据不同标准区分为以下多种形式：依据交易是否连续，分为定期（集合）交易模式和连续交易模式；依据交易中介的作用，分为订单驱动和报价驱动两种形式，即竞价市场和做市商市场；依据交易手段（或交易自动化程度）的不同，分为人工交易和电子交易；依据价格发现的独立性，分为有价格确定机制的交易市场和自身无价格确定机制的交易市场，等等。

二是特殊的价格确定机制。在不少交易所市场，针对一些特定时段和特殊的交易，通常也有不同于普通交易的价格形成机制。例如，市场的开盘、收盘制度和开收盘价格的确定机制、大宗交易的价格确定机制和盘后交易机制等。这些也可以称为价格确定机制的特殊方面。

八、【交易机制核心范畴 2：交易意愿表达机制】交易意愿表达机制主要有三方面内容：

一是订单类型。订单是投资者下达的买进或卖出证券的指令。从国际证券市场实践看，订单形式多种多样，如限价订单、市价订单、止损订单、限价转市价订单、全额即时订单、非全额即时订单、全额非即时订单、冰山订单等。

二是订单优先规则。市场在处理大量投资者的订单时，必须依据一定的原则（如价格优先、时间优先）对订单进行排序，这些原则即订单优先规则。订单优先规则也是订单和价格形成机制中的一项重要内容。

三是交易离散构件。理论上，交易（包括交易时间、交易价格和交易数量）可以是连续的，但现实中并非如此。那些使交易价格和交易数量不能连续的制度被称为交易离散构件（Discreteness）。这里不考虑交易时间的连续性，因为交易时间的连续性（如集合竞价交易、连续交易等）通常纳入交易模式。交易离散构件主要是两个方面，即最小报价单位（Tick Size）与最小交易单位（Lot Size）。最小报价单位规定了买卖报价必须遵循的最小报价变化幅度（如0.01 元、1/32 美元等），从而限制了价格的连续性。最小交易单位通常也称为交易的整手数量，即订单不能低于该数量（低于该数量的订单称为零股订单，其交易方法与整手订单通常不一样）。最小交易单位限制了交易数量的连续性。

最小交易单位可以是 1 股（或 1 个单位），但即使如此，依然限制了交易数量的连续性，因为投资者不能进行小数数量的交易，如 0.1 股。

九、【价格稳定机制】诸如涨跌幅限制、断路器等价格稳定机制是交易机制的重要内容，其目的是平滑市场波动、使交易价格更加稳定有序。价格稳定机制，由于其对价格确定形成了制度性的限制，甚至会对交易的连续性产生较大影响，因此，也可以视为价格确定机制的一个组成部分，可以纳入广义价格形成机制范畴。

十、【交易周转机制】交易周转机制是指影响资金或证券周转效率的制度安排，主要涉及日内回转交易机制（交易周期）和融资融券机制（支付周期）两项内容。交易周转机制会直接或间接影响投资者的交易意愿和交易能力，因此可以视为交易意愿表达机制的一个特殊方面。

在证券交易中，所有权的转移通常是以特定机构的登记或交收为标志的。所谓的"T+1"或"T+3"机制，即指买入证券后到法定所有权登记日需要 1 天或 3 天。我国习惯上把当日买入的股票不能当日卖出称为"T+1"，把日内回转交易（当日买进的股票可在当日卖出）称为"T+0"。日内回转交易对市场供给有较大影响，因此也是影响流动性和定价的重要因素之一。

融资融券主要和交易支付机制有关，其核心是融资和融券机制。当投资者在缺乏足够的资金以支付购买证券所需的价款，或没有足够的证券可供卖出时，可在缴纳规定的保证金后进行融资或融券交易。融资和融券行为对产生市场均衡价格具有重要意义。

十一、【交易机制之于市场的意义】交易是股票市场功能的有机组成部分，结合特定技术系统的交易机制是市场交易得以实现的全部基础。因此，设计合理的交易机制是交易所竞争战略最重要的环节之一。从交易所核心价值和功能角度看，交易机制从以下几个方面直接影响交易所的竞争能力（这几个方面同时也是交易机制的基本功能）：一是影响潜在的投资者需求转化为实际交易；二是影响市场的流动性，决定了投资者能否在交易成本尽可能低的情况下，迅速、有效地执行交易；三是影响定价和价格波动，影响市场的健康平稳运行；

四是影响市场的公平、公正和透明度。

十二、【交易机制之于监管的意义】股票市场的特点使其天然需要受监管。交易机制作为重要的规范市场参与各方买卖行为的制度，虽不是监管本身，但是对监管的有效补充。

十三、【理想交易机制要求 1：流动性】流动性是市场的基本要求。流动性指订单以合理的价格迅速执行的能力，这也是市场的基本功能。股票市场的流动性为投资者提供了转让和买卖股票的机会，也为筹资者提供了筹资的必要前提。如果市场缺乏流动性而导致交易、发行难以完成，股票市场也就失去了存在的必要。正是在这个意义上，我们说流动性是股票市场的生命力所在，"流动性是市场的一切"，没有流动性就没有市场。

十四、【三种流动性概念】交易机制涉及的流动性是市场流动性（Market Liquidity），即资产快速转化（如变现）的能力，指证券能够在尽可能小的损失下迅速成交。这种交易上的流动性，与企业偿债能力的资金流动性（Funding Liquidity）和宏观经济中货币投放的货币流动性（Monetary Liquidity）不同。

十五、【换手率不是衡量流动性的合适指标】我国投资者和市场人士通常认为，交投活跃就意味着高流动性，因此，习惯用换手率指标来衡量股市流动性，并由此认为我国股市相比国际市场流动性更高。这一认识有很大的不足，至少是十分片面的。

国际市场和学术界对流动性的惯常定义是迅速执行交易且不造成大幅价格变化的能力，或迅速执行一定数量交易的成本。因此，流动性的核心含义是以合理价格迅速成交的能力。依此定义，流动性应包括两个方面：交易价格合理和成交即时性。所谓合理价格是指价格冲击成本较小，即大量买卖不会导致价格出现较大的反方向变化（如买入不会大幅度推高价格，卖出不会大幅度压低价格）。

高流动性的市场必须同时满足合理价格和即时性这两个条件，缺一不可。试举房产市场为例。某房东拟卖出一套市场评估价值为 100 万元的房产，并希望能够按照 100 万元的价格尽快售出，但由于当地房产市场流动性较差，该房东将不得不在价格和时间二者间做出选择：要么为尽快售出而降价（只要价格足够低，通常总能够迅速成交），要么为卖出合理价格而耐心等待买主。设该房东降低售价至 50 万元且于当日售出，那么，他得到了即时性，但牺牲了合理价格；设该房东不肯降价，且于 3 个月后最终售出该房产，那么他得到了合理价格，却牺牲了即时性。对这两种情况，我们都不能说这个市场是高流动性的市场。

换手率指标不能用来衡量股市流动性，正因为换手率只考虑了即时性，而没有考虑合理价格要素。即便市场交易非常活跃，即时性很容易得到满足，但价格冲击成本非常高，同样不能认为该市场是一个高流动性的市场。

十六、【高换手率的危害】换手率不是衡量流动性的有效指标，相反，高换手率往往反而是流动性差的表现。这是因为，如果市场规模较小，交易机制不灵活，则市场投机气氛较浓，投资者的交易意图主要是赚取短期价差，而对低流动性的股票，其价格较易受到交易本身的影响（包括易于被操纵），因此，交易会较为频繁，换手率较高。我们对沪市的统计分析验证了该结论。股票换手率和流动性成本呈显著的正相关关系：换手率越高，流动性成本也越高（即流动性越差）；换手率越低，流动性成本也越低（即流动性越高）。

同时，流动性差可能助长投机，便利市场操纵。流动性包含价格合理和成交即时性两个方面，故流动性差的股票，其价格波动容易受到交易行为本身的影响，因此，较有利于以赚取短期价差为目的的市场投机行为。同时，由于低流动性意味着少量交易即能对价格产生较大的影响，故操纵低流动性股票价格的成本就较低，从而便利了市场操纵行为。

十七、【理想交易机制要求 2：稳定性】波动性是市场的一项内在特性。如果价格恒定不变，则买者将不再是为了卖，卖者将不再是为了买。可以说，没有波动性就没有流动性，没有流动性就没有市场。然而，过高的波动性将必然对证券市场的健康运行产生不利影响。这是因为，在风险与收益对称的世界里，效用最大化或损失最小化的实现取决于市场的稳定性和有效性。投资者一旦承担过多的价格波动风险，将必然要求额外的回报。

短期价格波动可以分解为两方面的因素：基本波动和临时波动。前者是经典的金融理论所强调的波动，是信息效应或公司价值变化引起的股价变化。后者通常是噪音交易（或者是价格操纵）引起的波动，这种波动与公司价值无关。理想交易机制的目标不是限制基本波动，而是通过合理的机制设计使引起市场临时波动的因素最小化。

十八、【理想交易机制要求3：公平性】股票市场交易机制的公平性主要体现在两个方面：一是透明性，理论上要求市场无论在时间上和空间上均不存在所有要素（包括信息）的分割，要求信息的时空分布无偏性，实现对所有投资者来说同质的市场；二是公平的市场结构，所有投资者（无论个人还是机构）都有同等的准入资格、同等的公开信息获取渠道和全面、严格的监管机构的保护。

十九、【理想交易机制要求4：有效性】有效性衡量价格反映信息的效率。信息效率，也称定价效率，即证券价格能准确、迅速、充分反映可得的信息。经典的金融理论强调证券的经济价值和投资者的市场动力学，但通常忽略了市场机制在定价和价格波动方面的作用，然而，由于现实的市场并非无成本和没有摩擦，而且市场本质上是不同质的，因此，交易机制无疑将影响市场的变化。实际上，理论上的价格变化和实际变化之间的差异恰恰可以从市场机制的角度进行解释。换句话说，二级市场的交易机制将影响市场的价格波动和潜在的投资者数量。正因为如此，在交易机制设计时，必须充分考虑交易机制对市场有效性的影响，并由此确定交易机制设计的政策目标。

二十、【理想交易机制之工具理性1：需求满足能力】以上四项理想交易机制要求，也是基于价值理性而言的交易机制设计四大目标或原则。从工具理性的角度看，还需要有一些针对交易机制具体设计的共性评价标准。第一个重要标准是需求满足能力，主要包括两个方面：一是能否满足现有不同类型交易者的多样化需求，如一般投资者的成交确定性需求、大型机构投资者的大宗交易、组合交易、算法交易和场外交易需求等；二是能否积极创造需求，即通过一项交易机制的实施，为市场、投资者创造出新的需求。

二十一、【理想交易机制之工具理性 2：变革效率】变革的效率，即对市场变化的反应速度，主要是指当市场环境发生较大变化，市场产生许多重大的新需求时，交易机制能否对其迅速做出反应，能否及时完善、改革现有交易机制。

二十二、【理想交易机制之工具理性 3：灵活性】灵活性主要是指交易机制的可配置能力，即能否在不改变交易机制技术架构（甚至规则架构）的情况下，可对若干交易机制（如市场／产品、交易时段、订单形式、参与者结构）进行配置或直接提供动态管理功能（如能够根据市场价格变化实时调整最小报价单位、涨跌幅范围等）。

二十三、【理想交易机制之设计基准 1：可控性】基于价值理性和工具理性的理想交易机制，一旦落到实处，还必须有一套既与交易机制最终目标相关联的，又能有效测定相关交易机制效果的设计基准。可控性是第一个重要基准。可控性是指相关机构（如交易所和证券监管机构）可以按照其意图，根据市场需要对相关交易机制变量进行调节和控制，能够避免最不利的情况发生。

二十四、【理想交易机制之设计基准 2：可测性】可测性是指交易所可对相关交易机制变量进行精确的数字衡量，并且能够迅速得到变化后的数据，以便根据需要随时调整相关指标。

二十五、【理想交易机制之设计基准 3：相关性】相关性是指具体交易机制与最终目标的相关性，可通过调整相关交易机制变量积极地作用于交易机制设计的流动性、稳定性、公平性等最终目标。

二十六、【理想交易机制之设计基准 4：抗干扰性】抗干扰性指具体交易机制变量不受其他外来政策因素和非政策因素的较大影响，也就是说，通过调整这些变量就可以在干扰度极低的情况下实现交易机制的最终目标。

二十七、【理想交易机制的国别差异】各国和各地区股票市场千差万别，在发行者结构、投资者结构、规范化程度、市场化程度等方面存在诸多不同，因此，理想交易机制不存在一个标准的模板，不存在放之四海而皆准的交易机制安排。

二十八、【如何理解中国特色】长久以来，我国政治、经济、文化等各个领域的建设和发展，往往都颇为强调"中国特色"，只要是与国际惯例或国外经验不同的地方，都毫无例外地归之为"中国特色"，甚至在不少情况下，"中国特色"成了改革、创新遇到阻力或者出现问题时的挡箭牌，成为我国政治经济改革的阻碍力量。在股票交易机制改革方面，如何避免将"中国特色"作为挡箭牌，避免其成为不改革、不创新的借口，也是我们应予思考的问题。

中国特色的理解主要有两个方面。在当前世界呈现多元化和一体化潮流交融的发展趋势下，在中国由大国向强国迈进的过程中，我们需要有更多的原创性资本市场创新，需要确立真正属于我们自己的业务范式和技术标准。这种原创性市场创新，就是结合"中国特色"的创新。这是对"中国特色"的第一层解释。

对"中国特色"的第二层解释，是基于文明冲突基础上的对西方文明普遍性的反叛。在当前西方世界占主导的全球秩序下，文明的冲突或许将比文明的单一化更加可取。历史终将证明，西方化的普遍性将是一种错误，未来人们需要为此付出代价。

二十九、【中国社会三大特征】基于上述这两层解释，"中国特色"首先表现为中国社会有别于西方或其他东方国家的若干特征。这些特征将成为我们理解"中国特色"的基本出发点。中国社会有三个明显的特征：一是超大社会。这是中国社会的物理属性，具体表现为人口多、地域广、差别大三个方面。二是东方社会。这是中国社会的精神特质，表现为不同于西方人的中国人特有的一些价值观念和行为方式。三是转型社会。具体体现在回归市场和回归东方两个方面。在经济转型方面，重点是从原计划经济管理思维回归市场本位；在社会和政治转型方面，核心是打破对西方的盲目崇拜，重塑东方文明基础上的政府主导型市场经济发展模式（"中国模式"）。

三十、【股票市场之中国特色】中国社会的上述特征，也决定了有别于西方的中国股票市场的若干基本特征（或指导原则）。具体表现在四个方面：一是实体为本，股票市场建设绝不能为市场而市场，而是服从于服务实体经济这一根本目标。二是散户为重，作为一个拥有上亿个人投资者的市场，切实保护中小投资者的权益，实现以个人投资者利益为依归，是中国股票市场健康发展的最重要保障。三是技术为先，具体表现为我国是较多应用现代信息技术对证券交易实施技术控制的市场。这种技术控制在有效防范运行风险的同时，也存在把制度问题技术化之弊端，使技术手段来替代制度的作用，从而可能对市场自律造成不利影响。四是顶层驱动，表现为政府在市场创新和发展中发挥着极为重要的作用。

三十一、【当前交易机制总论 1】总体上看，当前我国股票交易机制与市场特点存在一定程度的不匹配，特别是不能适应散户为主体的投资者结构。具体表现是我国股票市场的"羊群效应"极度明显，市场特别是单个股票价格极易出现大幅波动，在公司没有任何信息发布的情况下，股票在一日出现从涨停到跌停或从跌停到涨停的现象也屡见不鲜。

三十二、【当前交易机制总论 2】股票交易价格是由边际交易需求决定的，股票的同质化特点进一步强化了边际交易在决定价格方面的重要性，因此，几十、几百万的边际交易量往往可以决定几十、几百亿市值股票的定价。加上我国股市散户为主的投资者结构，大户和机构在我国股票定价中发挥了决定性的作用，使我国股票交易市场在某些程度上类似于"霍布斯的丛林"。在这里，不诚信、诱骗、欺诈时有发生，甚至成为支配性的法则。

三十三、【当前交易机制问题 1：平衡机制严重不足】市场并不总是完善、均衡的，事实上，市场的不完善和不均衡本身正是现实市场的基本特征。正因为此，市场自发均衡的逆向调节机制才弥足珍贵。从技术层面看，当前我国交易机制存在的不足，首先也是极其重要的一点就是市场自发平衡机制的缺失。我国于 2010 年推出了融资融券机制，但几年来的运行结果显示，融券业务不足融资业务之千一，市场自发平衡机制严重不足，导致市场基本功能不健全，其结果就是使股票市场价格扭曲，定价虚高，不断产生泡沫，最终导致市场易于大幅波动，容易暴涨暴跌，市场不稳定性急剧增加。

三十四、【当前交易机制问题 2：大额交易安排缺失】我国股票市场是一个以散户为主体的市场，中小投资者的交易占比约在三分之二。但是，由于缺乏对大户或大额买卖的合理制度安排，使得大额交易对股票二级市场交易价格影响巨大，在这种情况下，由于资金实力的失衡和相关信息的不对称，中小投资者利益很难得到有效保障。

三十五、【当前交易机制问题 3：价格稳定机制僵化】控制临时波动是交易机制设计的关键目标之一。我国股票价格稳定机制主要就是 10% 的价格涨跌幅限制，10% 的静态涨跌幅限制在一定程度上可以平滑临时波动，但是对基本波动却完全无能为力，相反，在特殊情况下，反而易于引起市场流动性枯竭，不能快速出清，引起不必要的市场恐慌。2015 年的股市异常波动即深刻的教训。涨跌幅限制还造成了流动性上的失衡，例如，当涨停时，投资者能够迅速变现，但跌停时却无法变现。此外，涨跌停机制（特别是涨停机制）还便利了大资金持有者影响股价的行为，造成了类似所谓"宁波敢死队"的涨停交易策略。

三十六、【当前交易机制问题 4：禁止日内回转交易】与境外所有股票市场不同，我国股票市场实行"T+1"交易制度，即当日买入的股票，当日不能卖出，投资者的交易权受到较大的限制。表面上看，这种做法有助于遏制市场过度投机，但是其引起的问题可能更多。这种对投资者交易权的限制在两个方面加剧了对中小投资者的不公平：一是大户或机构可以通过期货等手段间接实现中小投资者难以做到的当日回转交易，二是禁止"T+0"导致事实上的供给不足，使大额资金更容易影响股价。此外，禁止"T+0"还造成了另一种市场不平衡：当日卖出后可以买入和当日买入后不得卖出之间的不平衡。

三十七、【当前交易机制问题 5：差异化程度低】总体上看，我国股票交易机制较为单一，主要表现就是几乎所有股票的交易机制都是一样的（除了对 ST 股票的涨跌幅限制更严格等细微差别）。在对大盘蓝筹股和小盘股均适用同一种交易机制的情况下，就容易出现对小盘股票价格的炒作或操纵，小盘股就更容易出现过度投机的现象。在收费上也是如此，没有区别短期投机性交易和中长期投资性交易。

三十八、【问题总结1：结构性利空市场】我国股票市场的三大不平衡（融券机制不畅导致的多空力量失衡、涨跌幅限制导致的变现能力失衡和"T+1"导致的买卖失衡），加上期货市场的多空平衡和"T+0"机制，导致我国股票市场（包括股指期货市场）本质上是一个结构性利空市场。利空主要表现在三个方面：一是从长期看股市涨幅远远低于经济增长，二是"熊长牛短"的市场表现，三是市场易于暴涨暴跌且下跌速度远快于上涨。

三十九、【问题总结2：内生性炒作市场】在个人投资者占主体的情况下，两方面因素使得我国股市事实上成为内生性炒作市场：一方面，市场失衡导致市场易于聚集做多力量，易于形成资产泡沫和暴涨暴跌局面，最终导致市场失去投资价值，成为偏好炒作的市场；另一方面，分红、临时停牌等机制的不完善，也对市场的价值或价格发现造成干扰，成为市场投机行为的理性基础。

四十、【不恰当的观念1：交易机制不能轻易改】此外，我国相关市场人士对于交易机制的观念总体上看较为陈旧，对交易机制改革造成了不利影响。第一个不恰当的观念涉及对交易机制的基本认识，认为交易机制是市场的基本法则，不能轻易改变，2016年初熔断机制的推出和废除更加强化了这种认识。但是，纵观境外主要市场，尤其是近十几年来，股票交易机制发生了翻天覆地的变化，各交易所通过不断的交易机制变革推动市场更加高效和更加公平、透明。以德国交易所为例，其股票交易系统从1997年至今已经升级了16个版本，几乎每年升级一次，而每次版本升级都伴随着相关交易机制的调整和变革。

四十一、【不恰当的观念2：沪深交易机制应基本一致】我国市场人士认为，上海和深圳两家交易所都是证监会监管下的证券交易所，绝大多数投资者都同时参与两家交易所的交易，因此，两家交易所的交易机制应基本一致。但从境外市场经验看，不仅同一国家内不同交易所的交易机制存在巨大的差异，如美国纽约证券交易所的竞价机制和纳斯达克的做市商机制；而且，即使在一家交易所内，针对不同特征的股票设计的交易机制也不尽相同，如伦敦证券交易所对大盘股和小盘股就采取了完全不同的交易机制。

四十二、【不恰当的观念 3：交易机制改革不能解决根本问题】不少市场人士还认为，我国股票市场的核心问题是发行机制改革和投资者结构等问题，交易机制的改革不会改变市场基本结构，对完善市场的作用不大。但是事实上，交易机制不仅会如前所述影响二级市场流动性、稳定性等市场质量，也会对投资者的交易行为、投资者结构产生深远影响。合适的交易机制往往能够显著改善市场结构，也能够间接为一级市场改革等创造条件。

四十三、【正确认识改革目标】统一观念认识，针对存在的问题，提出改革目标，是当前交易机制改革首先要解决的问题。交易机制改革创新本身不是目的，而是为了尽快形成习近平总书记要求的"融资功能完备、基础制度扎实、市场监管有效、投资者合法权益得到充分保护的股票市场"，实现资本市场引导资源有效配置、更好地服务实体经济的根本目标。

四十四、【改革目标 1：完善市场化定价机制】结合我国股票市场发展阶段和特点，当前交易机制改革的首要目标应该是消除不必要的交易限制，建立并完善市场化定价机制。价值规律或价格机制是市场也是股票市场的基本规律，自发平衡机制的不足和对价格形成的制度性限制或干预，将不利于产生均衡的价格，同时会加剧市场波动，对股票市场功能的正常发挥产生不利影响。

四十五、【改革目标 2：保护中小投资者利益】散户不是生来受宰割的。前已述及，交易机制没有一个放之四海而皆准的模板，好的交易机制设计只能与相关市场实际相结合。当前，我国的股票市场是一个散户跟风现象严重的市场，市场交易价格极易受到大资金的影响，散户群体的利益总体上较难得到有效保障。因此，如何降低大资金对市场价格的引导和操纵，切实保护中小投资者的利益，也是我国交易机制改革的一个重要目标。

四十六、【改革目标 3：保障市场充分流动性】流动性是股票市场的生命力所在，也是一切市场所追求的目标之一。我国股市总体上看交投十分活跃，但是市场深度相对不足，以价格冲击成本等衡量的流动性更是缺乏。而且，由于一刀切的涨跌停制度的限制，使得在特殊情况下，如公司基本面或宏观面发生重大改变时，易于引发流动性枯竭，引起恶性循环效应。因此，如何通过合理的交易机制设计，在有效降低市场投机的前提下，切实保障市场的流动性，将是交易机制改革的重要目标。

四十七、【改革目标4：有效规避非理性波动】 虽然波动性是股票市场一项内在特性，但是不理性的大幅波动必将对股市健康运行产生不良影响。我国股市散户众多，市场跟风效应明显，非理性的临时波动远远大于境外市场，严重偏离股票价值的暴涨暴跌现象十分普遍。因此，如何通过制度设计，在不限制市场基本波动性的同时，有效降低临时波动性，在我国具有更加重要的意义。

四十八、【改革目标5：减少临时性人为抉择】 交易机制改革不仅本身需要尊重市场基本规律，应该按照市场化的原则进行制度设计，而且，对于各项具体交易机制的设计，也应该事先确定明确的标准，尽可能没有临时性的人为抉择。例如，当公司基本面发生变化后，需要放宽涨跌幅限制，就应事先确定适应的条件和待实施的措施，而非由监管人员届时进行决策。

四十九、【黄金法则与监管超然】 交易机制设计，从结果上看，应该能够达到两个方面的效果：一是如康德的黄金法则和罗尔斯"无知之幕"所要求的，成为类似"己所不欲，勿施于人"的普遍法则，即当相关者不知道自己是何种角色时均能认可；二是在设计完成并付诸实施后，设计者和监管者应尽可能处于一种"超然"的状态，也就是说，应让交易机制自身发挥作用，除非经过审慎评估后按流程进行调整或改革，不应人为进行各种临时性的干预。无数事实证明，过多的监管干预，即便是完全出于保护投资者的初心，但最终却易于形成较差的结果，损害了投资者的利益。

五十、【改革措施】 综上，当前我国交易机制改革的总体任务应是如何建立一个公平、有序的交易市场。从具体措施上看，可包括核心措施、配套措施和特殊措施三个方面。核心措施是当前建立公平有序市场的关键措施和内在环节，配套措施主要是基于核心措施可能导致的不利影响（如影响流动性）而采取的补充性措施，特殊措施是仅当出现特殊情况时采取的措施。

五十一、【核心措施1：平行市场】 基于当前我国股市散户为主的现状，建立平行市场将是交易机制改革最核心的措施。平行市场是针对我国散户为主的投资者结构提出的一个概念。交易所的核心是汇聚流动性，提供交易便利，因此，主市场（主订单簿）无疑应该是流动性最好且定价效率最高的市场。但是，考虑到大额交易的逆向影响，即使是在欧美等以机构为主导的市场，大额交易通常也不在主市场进行。

在我国这样一个散户为主、"羊群效应"显著的市场，总体上看缺乏有效的大宗交易机制。这造成了两个方面的恶劣影响：第一，机构和大户对市场价格有了非同寻常的影响力，极易造成价格操纵，严重损害中小投资者的利益；第二，与第一点相联系，股价波动特别是日内波动巨大，日内大幅震荡和暴涨暴跌现象普遍，导致市场高度投机，资本市场定价和价格信号功能弱化。

在这种背景下，完善大额交易机制，建设一个和主市场并列的平行市场，意义就格外重大。与场外的大宗交易市场不同，我们设想的平行市场是与主市场紧密相连的一个市场，虽然平行市场是在主市场之外的一个市场，但平行市场自身没有定价机制，成交价格从主市场引入，通常是按照主市场的买卖价差中点予以撮合成交。这样的平行市场，很可能成为改变目前交易市场不良习气、形成良好股票交易秩序的关键一环。

五十二、【平行市场强制性要求】与境外市场大额交易机制不同，我们建议的平行市场具有若干强制性要求，例如，单笔数量达到一定标准或当日交易达到一定数量以后的交易只能进入平行市场予以撮合。这种数量标准可以是绝对的（如 100 万股以上等），也可以是相对的（如超过相关股票过去一个月日均交易规模的 10% 等）。

五十三、【平行市场回流机制】主市场和平行市场之间有联通机制。例如，平行市场中的订单在一定时间内没有成交，可以按照一定的规则回流到主市场，原则上回流到主市场的订单只能采取冰山订单（Iceberg Order）或日内量加权均价订单（VWAP Order）形式。

五十四、【冰山订单】冰山订单，也称保留数量订单，指隐藏部分订单数量（不在系统中公开显示）的订单，投资者可指明可披露的数量上限（即峰值，类似冰山浮于水面上的部分），若该披露的部分得到成交，则系统自动随机披露该订单的另一个峰值（等于或小于投资者指明的可披露数量）。

五十五、【日内量加权均价订单】日内量加权均价订单，就是将大额报单按照规定期限内统计的交易量分布比例，拆分成多个小额订单，在一天内均衡进行委托交易的订单，其目标是使最终成交均价尽可能接近于该段时间内全市场的成交量加权平均价。这种订单和冰山订单均有利于降低大额交易的逆向价格影响，也有助于降低大额交易投资者的交易成本。

五十六、【核心措施2：单次"T+0"交易】"T+0"是国际市场一项通行交易制度。我国沪深交易所曾经允许"T+0"交易，但A股自1995年1月、B股自2001年12月后被禁止"T+0"交易。境内投资者对"T+0"总体上看是十分肯定的。我们于2016年6月的调研显示，84%的投资者表示需要对股票实施"T+0"交易。但是，也有少数专家对"T+0"持怀疑态度，认为我国股市不缺乏流动性，换手率居世界前列，实施"T+0"只能进一步加剧投机。前已述及，换手率不是衡量流动性的有效指标，从价格冲击等流动性指标看，我国股市流动性不是过剩，而是严重不足。因此，流动性过剩不能成为反对"T+0"的理由。相反，实施"T+0"有助于大幅度提高市场深度，对降低价格操纵的可能性和避免特殊情况下流动性枯竭有重要意义。

考虑到部分监管和市场人士的疑虑，以及与融券的单次"T+0"相配套，我们提出了一种限制性的"T+0"方案，即对股票交易实施日内单次"T+0"交易。简单地说，就是允许当日买入的股票在当日卖出，但卖出所得的资金当日不可用，即资金在一天内可回转一次。这种机制，既有效保护了中小投资者利益，使中小投资者买入股票后，在市场出现不利变化时，有了规避风险的手段，也避免了多次回转可能导致的过度投机现象。市场对股票单次"T+0"交易机制十分期待，我们的调研显示，几乎所有投资者都认为该机制切实可行。

五十七、【核心措施3：市场化股票借贷合约】我国于2010年推出了两融业务，但是与融资相比，融券明显滞后，融券业务大约只占两融业务的千分之一。融资业务助长买入，在缺乏平衡机制的情况下，极易推动股价上涨，形成系统性泡沫。因此，尽快完善融券机制是建立市场自发平衡机制，促使股票合理定价的关键环节。在欧洲和我国台湾市场，在交易所挂牌上市的股票借贷合约是一种十分高效的融券机制，对形成平衡市场有重要意义。目前，我国台湾市场的融券业务，超过九成是通过台湾证券交易所股票借贷合约进行的。在我国，推出交易所上市的股票借贷合约，具有成本低、效率高、定价市场化等优势，是当前融券业务的有效补充。

五十八、【核心措施4：放宽涨跌幅和引入波动集合竞价】 当前10%的个股涨跌幅机制对维护市场稳定具有一定的意义，但是对于公司基本面发生重大变化的股票，这种措施具有明显的助涨助跌效应，也易于为大户和机构所利用。近年来，我国股市由于基本波动导致的涨跌停占比超过60%，说明当前涨跌幅制度已经对市场流动性造成了影响。我们的调研也显示，80%的投资者赞同放宽涨跌幅。

我们建议，平日10%的涨跌幅限制保持不变，但当涨跌停持续一段时间后启动放宽涨跌幅措施，可有两种思路：一是日内放宽，例如，日内出现涨（跌）停且持续1小时后，暂停连续交易，启动5分钟集合竞价（波动集合竞价），以起到冷却市场的作用，防止过度反应，集合竞价最高（低）价格为现有涨（跌）停价加（减）前收盘的10%。二是连续涨跌停后次一交易日放宽。例如，在股票连续两个交易日涨（跌）停后，第三个交易日放宽涨（跌）幅至50%，同时引入10%的动态波动集合竞价机制，即股价比基准上涨或下跌10%时，暂停连续交易，启动5分钟集合竞价。新股上市首日交易也可以采取类似措施。

五十九、【配套措施1：丰富订单类型】 丰富订单类型重点从两个维度展开：一是降低大额交易价格冲击维度，二是增加市场深度和成交概率维度。从降低大额交易价格影响角度，可以考虑推出冰山订单和日内量加权订单。如前所述，这两种订单类型也可在平行市场推出。从增加成交概率和提升市场深度角度，可以考虑新增盯市订单、均价订单两种形式。

六十、【均价订单】 均价订单，也称平均限价订单，是指成交价格的加权平均值等于或优于投资者所指定限价的订单。只要平均成交价格不劣于指定限价，均价订单部分数量的成交价格可以劣于指定的限价。与限价订单相比，均价订单既保证了成交价格的可控性，也增大了撮合成交的机会。

六十一、【盯市订单】盯市订单，也称盯价订单，指一种跟踪市场的变化而随时调整价格的订单类型，包括普通盯市和反向盯市两种情况。普通盯市订单指买入订单持续盯住最高买价或卖出订单盯住最低卖价的订单。例如，当前市场上最高买价是 10 元，此时投资者输入一个普通盯市买单的价格就是 10 元。如果之后另一个投资者提交了一个价格为 10.1 元的买单，那么原盯市订单的价格也将随之从 10 元变为 10.1 元。反向盯市订单指买入订单盯住最低卖价或卖出订单盯住最高买价的订单。反向盯市订单必须指明盯价差额。例如，某股票当前最高买价为 10 元，最低卖价为 10.1 元，投资者下达一个反向盯价买单，盯价差额为 0.02 元，则该反向盯市买单的价格就是 10.08 元（最低卖价 − 0.02 元）。如果之后另一个投资者提交了一个价格为 10.09 元的卖单，那么原盯市订单的价格也将随之从 10.08 元变为 10.07 元。

六十二、【配套措施 2：做市商机制】对于实施平行市场交易机制的股票，在主市场引入混合交易模型（结合做市商报价的竞价机制），对主市场的合理定价和保障一定的市场流动性具有重要意义。

六十三、【配套措施 3：调整最小报价单位和交易单位】股票最小报价单位决定了最小买卖价差的大小，影响流动性和市场深度，因此也是交易机制设计的要点之一。不少境外市场，如伦敦、泛欧、澳大利亚、日本、韩国以及中国香港和台湾等，均根据股价不同分别规定不同的最小报价单位。在我国，设置合理的最小报价单位，有利于活跃当前低价大盘蓝筹股交易，提升高价股票的订单深度，降低投资者的间接交易成本。

考虑到平行市场等机制对二级市场流动性可能造成的影响，有必要调整最小交易单位至 1 股。目前，在欧洲、美国等市场，最小交易单位都是 1 股。最小交易单位调整为 1 股，还有利于降低目前我国市场盛行的"派送游戏"的负面影响。

六十四、【配套措施 4：盘后交易】盘后固定价格交易是境外市场通行做法，能有效满足投资者的交易需求。当前，在 16:00—20:00 时段引入按照股票收盘价进行撮合的盘后定价交易，不仅可以满足投资者在竞价撮合时段之外的交易需求，确保了成交价格的确定性，也有助于减少因基金申赎引起的次日大额交易对盘中交易的价格冲击。

六十五、【盘后交易特别安排】考虑到我国现有银行和证券结算的时间安排，盘后交易时段的成交可纳入下一交易日进行结算。为提升盘后交易的市场流动性，同时避免多日持仓的风险，当日买入的证券可以在盘后交易时段卖出，盘后交易时段买入的证券可以在下一个交易日卖出。

六十六、【配套措施 5：差异化收费机制】差异化收费机制可以按照持股时间进行收费，如对日内回转交易收取相对较高的费用，也可以按照流动性提供和流动性消耗的不同予以差异化收费。

六十七、【特殊措施：分盘交易】所谓分盘交易，是指当股票出现异常波动或过度投机时，为防止群体非理性现象，暂停该股票的连续交易，自次日起改而采取一日多次集合竞价交易模式，即在盘中交易时段内，每隔一段时间进行一次集中撮合的交易机制。这种交易机制将降低市场交易量和交易效率，但可有效抑制过度投机和市场操纵，因此，可用于出现过度投机的股票。

六十八、【改革推进原则】以上各项交易机制改革措施，相互之间存在紧密联系，除个别措施外，需要整体协调推进。因此，我们建议的交易机制改革推进原则为：**个别措施试点先行，整体措施谨慎推进**。也就是说，对于对现有市场估值影响相对较小的措施，可以率先在个别品种上先行试点；对于通盘改革措施，需要在认真评估后选择合适的板块进行全面试点，之后再推广到整个市场。

六十九、【试点改革时序】从时间上看，盘后交易、单次"T+0"、股票借贷合约可以率先在上证 50ETF 产品上试点。上证 50ETF 是我国市场规模最大的 ETF，其跟踪的 50 支股票都是我国市值规模较大、交易较活跃的股票，而且上证 50ETF 已经有了相应的期权产品，率先在上证 50ETF 进行试点，既有助于提升现货和期权市场的效率，也能够保障试点平稳顺利进行。

七十、【通盘改革措施 1：既有板块不宜】整体协调推进各项交易机制改革，是一项意义重大、影响深远之事，而且由于无法完全预见改革的后果，不宜在交易所现有各板块进行。现有可选试点板块包括大盘蓝筹、中小盘、基金和股票期权等四个。其中，大盘蓝筹股板块，由于波动性不大、流动性较好，对交易机制改革的需求不强，作为改革试点也不能产生验证效果；中小盘板块，尽管存在较大的改革需要，但是由于涉及股票和投资者人数较多，在这一板块试点可能会引起系列连锁反应，甚至可能出现股民闹事等群体性事件，因此，不宜作为试点对象，但可以成为试点成功后未来推广的重点板块；ETF等指数型基金板块基本不受大额资金交易的影响，因此除单次"T+0"、借贷合约和盘后交易外，其他机制效果不佳；股票期权板块目前运行良好，创新交易机制试点也不会有明显的效果，一方面对期权市场发展帮助不大，另一方面对股票市场也没有借鉴意义。

七十一、【通盘改革措施2：设立创新交易机制试点板】由于现有板块均不适合交易机制改革试点，因此，有必要设立一个全新板块——创新交易机制试点板（简称创新板），以积极推进我国股票交易机制改革和完善。设立创新板，不仅没有历史遗留问题，没有政策变革带来的投资者纠纷，实现改革风险与现有市场的隔离，也是循序推进交易机制改革成功的关键，并进而为发行机制改革奠定基础。创新板设计应遵循四项基本原则：一是试点初期只接受首次公开发行公司，二是不改变现有发行条件，三是首次批量上市原则，四是监管独立原则，配套实施分红、大股东减持等公司治理的监管。

七十二、【创新板配套监管机制】创新板的目标是建立一个更加公平有序的市场，推动资本脱虚向实，促进社会资本形成，为我国资本市场更好地服务实体经济创造条件。因此，有必要从市场监察、信息披露、公司治理等方面建立一套不同于已有板块的监管机制安排。例如，当前股市的分红和临时停牌等机制对市场的价值发现造成了较大干扰，一定程度上助长了我国股市的内生性炒作特征，因此，完善分红和临时停牌机制，就是使创新板市场成为价值投资市场的重要配套措施。此外，鉴于创新交易机制与传统股票交易机制有较大的差异，在推出前，应广泛征求市场意见，同时加强市场教育与宣传。

创新之为发展：一流证券交易所的成长[①]

一

在世界历史上，有两个小小的岛国——希腊和英国，极大地推进了人类文明前进的脚步。这两个国家，各以其卓冠一时的勋绩，奠就了当代西方文明的两大支柱——法制和创新。

英国这片国土，在纪元后长达千年的时间内，一直处在被征服或混战的状态，罗马人400年统治和列国500年混战，使得这个国家在大海中长期无根漂泊……

如今英国早已跻身强国，其金融业在世界上的地位更是不容忽视。伦敦有全球最大的国际债券发行与交易市场，有外国股票交易最多的证券市场和最大的场外衍生品交易市场，也是最大的外汇交易中心、保险业中心和基金管理中心……严格地说，伦敦作为国际金融中心的地位是世界上任何一个城市（包括纽约）所不能比的。

---

① 本文原载《上证所》内刊2007年第1期，略加改动了标题和部分字句。

是什么原因使英国金融业取得如此骄人的成绩呢？

是那纪元后的千年悲凉，造就了英国人的桀俊和骄傲？还是她的资本主义精神，最终成就了英国的百年功业？

一切历史都是当代史。在这个基础上，或许我们可以讨论英国金融发展的几条经验。一般认为，如下几个因素促成了英国金融业的发达：开放的传统、上百年的交易文化、金融企业聚集和规模效应、地理位置、高素质的专业与支持服务、先进的硬件基础设施、创新、恰如其分的监管、英语。这些原因确实有助于英国金融业的发达。但我认为，在这些原因背后，还有着四个基本原则——自律、自由（竞争）、开放和法治，这些原则为英国金融业的成功奠定了基础。自律是英国工业和金融业的传统，竞争是英国金融市场长期繁荣的保证——金融服务局的有效监管原则之一就是"避免不必要地妨碍和扭曲竞争"，开放巩固了英国金融业的国际竞争地位，法治和监管则强化了投资者对金融市场的信心，间接促进了市场的发达。

英国金融体系四大运行原则的形成不是偶然的，它有着深厚的制度基础。这些深层次的制度基础和传统源于四个方面：一是源自古希腊的法治之下的自由（自治）与民主传统，二是源自商品交换与贸易的平等和自由竞争传统，三是源自新教伦理的诚实、信用、节俭、尽职尽责的资本主义精神，四是源自英国的实验方法以及后来工业革命的效率与发展的观念。这四个方面实际上也是整个西方文明的四根支柱。

经验主义的科学方法最早在英国普及，并构成英国与欧洲大陆哲学的根本分野。经验主义引发了自主创新，促成了工业革命，为英国金融市场的发达奠立了物质基础。因工业革命，英国改变了世界历史进程，同时也改变了自己的命运。

英国的道路是独特的，但英国的经验却在一定程度上具有普遍的意义。英国的经验在美国开花结果，造就了当前美国证券市场无比的辉煌。

二

在西方文明体系内，在英美之外，还有一个国家的经验是特别值得认真体会的。这就是德国。

德交所集团在世界证券市场上的地位，可概括为一句话：不是最大，但可能是最好。从现货市场规模上看，德交所排在纽约、东京、纳斯达克、伦敦和泛欧交易所等之后，但其盈利却超过泛欧、纽交所和伦交所的总和。而且，德交所还是全球唯一的完全整合的交易所组织，业务范围遍及现货、衍生品、场外交易等多个市场和"交易前—交易中—交易后"整个交易业务链，是唯一一家能够提供"一站式服务"的交易所组织。

德交所是制度创新的典范。德国市场的成功，表面上看，要归功于它的长期战略和组织战略。德交所以提升市场效率为长期目标，通过有效的组织战略，使组织设置紧密结合业务功能，建立了基于规模经济、范围经济和附加值强化的三维业务模式，纵向一体化的业务流程和横向一体化的产品结构。

德交所一体化与组织战略的成功，很容易使人联想起13世纪的宗教骑士团国家和后来的波茨坦传统与普鲁士精神。骑士团成员在入团时要宣布三项誓言：安贫、守贞和服从。这一强调义务和秩序的苦行生活，培养出了无私的献身精神和对集体的重视，成为后来普鲁士精神的源泉。200年后，霍亨索伦家族入主勃兰登堡，并于17世纪初成立普鲁士王国，骑士团精神得到了发扬。"其他西方国家有一支军队，普鲁士军队有一个国家。"法国政治家米拉波的这句名言，正是对严格的普鲁士精神的最佳写照。

普鲁士精神和德意志历史上的小邦专制主义助长人们对统一的渴望，德国曾经的世界扩张战略和现在德交所的一体化战略，也许可以从中找到根源。

30多年前，哈夫纳和威廉特在《并非神话的普鲁士》中提出，是"廉洁的管理机构和独立的司法，宽容的宗教和开明的教育"，而不是军国主义使邻国深感不安，或许可以作为补充。

三

在发展中世界，与我们同为世界文明古国的近邻——印度，其证券市场正不知不觉地引起了全球的关注。

印度证券市场是亚洲最早的证券市场之一。在 19 世纪 30 年代，印度孟买就已出现证券交易。目前，印度共有 23 家交易所，成立于 1875 年的孟买证券交易所和 1993 年的国家证券交易所是最重要的两家交易所。国家证券交易所是依托技术创新茁壮成长的典型。国家交易所成立伊始就采用了当时最先进的匿名订单驱动交易系统，实现了从下单、撮合到清算和交割的完全自动化。国家交易所在印度 420 个城市设立了交易终端，建立了由约 3 000 个定向卫星接收站组成的通信系统。国家交易所也是印度第一家允许进行网上交易的证券交易所，投资者可通过 WAP、国际互联网等方式下单交易。

国家交易所通过技术创新，在短短数年内，交易量迅速超过了百年老店孟买交易所，成为印度流动性最好的证券交易所。

四

创新成为必然而不是偶然，成为常态而不是变数，是成功的条件和标志。唯有如此，作为发展的创新才得以诞生，进步的观念才能最终确立。

人类历史上，创新行为俯拾皆是，燧人氏钻木取火，黄帝作舟车，周封邦建国，秦设郡县，无不具有划时代的创新意义。这一连串的偶然创新，不论是多么长的一串，为什么就始终产生不出现代文明呢？其原因或许就在于：创新是否是在进步观念指导下的作为发展的创新。

在古代世界，进步的观念并没有得到普遍的重视，主流意识是循环论和退化论。古希腊人盛行的观念是历史的逐步退化论。柏拉图的核心思想之一是他的"理念形式"，在柏拉图看来，任何事物都有一个理想的形式，任何发展都是背离其理念形式，是某种形式、某种程度的变坏。赫西奥德的黄金时代、白银时代和黑铁时代的更替，也反映了这种理念。

事实上，发展、进步只是近两个世纪以来的观念。叔本华曾说："进步，这是 19 世纪的梦景，就和死人复活是 10 世纪的梦景一样；每一个时代都有自己的梦。"

尽管进步的观念终将被其他观念所取代，但近 200 年来，进步观念对创新的推动作用，却是不可否认的。

五

"创新是不可预言的。"波普尔这一充满哲学意味的断语，换言之，即在说创新也是不可模仿的。

我国人在讨论创新时，非常容易步入两个误区而不自觉——也许自晚清西学东渐后便是如此。

第一个误区是观念上的：易于盲目崇拜，把模仿当成创新。

从更宽泛的角度看，存在两种形式的创新：一种如康德所言，来自我们自己不绝的才思和浩瀚的智慧；另一种则是基于对他人经验的借鉴。对大多数人而言，后一种显然是更好的选择——这就为模仿留下了空间。

模仿并非不可取。前述四个国家证券市场的发展，英美也许是自主创新的典范，德国体现了模仿和制度创新的完美结合，印度则是模仿加技术创新的典型。不可取的是缺乏独立创新的模仿！不可取的是在狂热崇拜的意识下，迷失了自己。

人创造了上帝，然后又假想上帝创造了自己。东方对西方，好像也是这样，好像就是西方对上帝那样。结果往往是，西学精神没有吃透，画虎不成反类犬。

在这个意义上，汤因比的名言——"模仿是创新的替代，而不是创新本身"，值得我们深思。

六

我国人对创新的第二个误区是行动上的。也许可以用一句俗语来概括：新瓶装旧酒。

在一个有着悠久历史和灿烂文明的国度，传统的力量总是很强大的。我国如此，印度如此，西欧也是如此。

中国人变革和创新的观念源远流长，《周易》就是一部讲变化的书，但同时，守旧的力量似乎同样甚至更为强大。这两股力量导致"今古之争"在中国思想发展史上具有特别显赫的位置。"今古之争"体现在行动上，就是几乎所有创新（特别是制度创新），在传统的直接或间接作用下，往往异化为有别于初衷的一种形态。晚清的股份制改革和股票市场就是一个典型事例。

传统的力量是强大的。尼采曾试图推翻一切传统，他说："上帝死了。"上帝回答说："你才死了呢。"上帝对了。

七

尽管如此，我们仍有必要记住一点：传统为现代设定了限制，但不设定现代的方向。

从目的论上看，历史是无意义的。历史的意义在于审美，在于传统对现代的限定，或者说，尽管历史没有意义，但我们能够给予它意义。

作为发展的创新，需要与传统相兼容。这可从不同层面来理解。一是创新与改革要有足够的准备，要充分理解渐进的意义。《周易》提出，改革必须"顺乎天而应乎人"，须"革言三就"而后行动。培养创新的基础是极其重要的，这是克服传统限制的先决条件。凯恩斯曾说："我们大多数都是在旧说下熏陶出来的。旧说已深入人心。所以困难不在新说本身，而在摆脱旧说。"

二是要注意创新的系统性，避免"新瓶装旧酒"，模仿式创新尤其要注意。例如，在引进外国先进经验时，一定要分析其起作用的整套机制，分析其发挥作用的基础，否则移植就会无效，就会变样。

三是要注意可控性，否则树欲静而风不止，岂非憾事！新事物到来，不可避免地产生新机会和新的风险。风险不仅仅是经济上的，道德风险也随之产生。

在有着悠久传统的国度，以渐进来实现可控性也许更加重要。

八

于是，我们可以说：创新的不可思议处，正在于它的可思议处。

后　记

千峰冲雪披金甲，寒峦独自拥朝霞。残星晓月山河渺，翩然归去西风飒。

——《日出珠峰》，刘逖，2006

本书的写作，源出一个偶然。2016 年初，偶尔翻到刘润先生新作《互联网＋战略版：传统企业，互联网在踢门》，颇为赞同作者提出的"用户价值＝创造价值＋传递价值"的商业模型。刘润先生还提出，企业通过设计和制造创造价值，平台型企业通过信息流、资金流和物流传递价值；互联网已经全面渗透并改造了价值传递环节，实现了数字世界和物理世界的融合，减少甚至消灭了中间环节。这是极有见地之论。刘润先生的高论，引发了我对交易所行业未来发展的思考。交易所难道不是最早的平台型组织吗？交易所平台，和淘宝、京东、百度这样的互联网平台，有何本质上的差异？

对于交易所行业，我是有着较深体会的。1998 年初，我提前获得复旦大学经济学博士学位后，旋即就职于上海证券交易所，迄今已寒暑十八易。回首这十八年，全球交易所行业早已经历了翻天覆地的变化。逐一细数，幸甚？憾甚？颇难骤下定论。

过去十八年间，全球绝大多数证券期货交易所纷纷实现了公司制改造并挂牌上市，亦引起了分析师对交易所业务特别是股价的关注，由是而催生了人们眼中的"交易所行业"。交易所上市后，有了市场认可的估值，从而引发了一轮基于商业目标的交易所兼并收购浪潮。这次并购浪潮，既包括国内和跨国的交易所横向一体化，也包括交易所和结算机构前后台间的纵向一体化。

也是在这十八年间，互联网技术取得了突破性的进展，并迅速向社会生活的各个角落渗透。互联网，包括最近几年来迅猛发展的移动互联网，已成为全球数十亿人的一种广为接受的工作和生活方式。交易所本质上是一个流动性集中的平台，其存在是为了解决交易各方信息不对称问题，因而，交易所平台不可避免地具有集中的特点。互联网的开放性、超国界性、互动性和管理非中心化等特点，在某种程度上与交易所的集中地位是格格不入的。互联网打破了交易所传统上的基于时间、空间和技术的自然垄断地位，降低了交易过程对有形场地的依赖和建立交易系统的成本，在监管放宽的环境下，各种另类交易平台和网上交易所如雨后春笋般涌现，渐渐汇为一股脱媒化（去中介化）包括去交易所化的溪流。

未来，随着平台的滥觞和脱媒化进程的加速，从这涓涓细流发展而成大江大河，亦未可知。

这是本书写作的基本背景。现在，平台商业模式的重要性似乎愈加凸显了。但是，人们也越来越习惯于夸大平台商业模式的赢家通吃的威力和创造性的破坏力，赋予其至高无上的地位，似乎创业非平台不能成其大。交易所是人类历史上最悠久的有影响力的平台，但是这个平台具有一些不同于互联网平台的特性：交易所是一个有一定公共性的有组织的市场。交易所和互联网平台的差异，至少在交易、客户（投资者）、产品和监管四个方面均有体现。这四个方面，也构成了我分析交易所行业的基本框架——TIPS（交易、客户、产品和监管四个词的英文首字母缩写）。

市场上关于管理和互联网金融的中英文图书早已琳琅满目，不可胜数，但是就我所知，讨论交易所运营管理的著作却寥若晨星。因此，我试图围绕交易所市场的特点，集中探讨交易所运营管理的几个特有方面，避而不谈人力资源、财务等企业管理中的一些共性问题。对交易所运营管理的讨论，我更倾向于从方法论层面展开，例如我提出的"订单工厂""交易矩阵"和"产品仓库"等概念，都是典型的方法论问题。讨论这些方法时，我较多采用了我最熟悉的证券交易所的案例。然而，我相信这些基本的方法论，对于其他类型的交易所，多数情况下也是适用的。

本书的副标题是"移动互联时代交易所运营方法论"，顾名思义，离不开互联网引致的脱媒时代对交易所运营的影响这一话题。事实上，这种讨论将贯穿全书始终。不过，对于那些交易所运营核心要素，诸如创造价值之产品开发或传递价值之交易机制设计——借用刘润先生术语——实可视作横穿不同时代之方法。甚至是当下方兴未艾的区块链技术，以其去中心化、去信任化、开放性和可靠性等特点，终将实现交易即交易后的高效率格局，颠覆金融产品登记和清算的现状，但是仍然无法跨越对流动性集中的需求。实际上，区块链等新技术的发展，将进一步凸显交易平台的价值，上百家比特币交易所的出现即是佐证。这是乐观的一面。

但是，另一方面，几百家类似比特币交易所的网上交易所的出现，将给传统交易所行业带来怎样的挑战呢？熊彼特曾说，创新是人类经济动态演变历史的主题，其永远不变的主旋律，就是那"永不停息的创造性毁灭，就像那汹涌澎湃的波涛，持续摧毁现存的一切"。这是不好的一面。

是创造性毁灭，还是在浴火中重生，一切均取决于主旋律的演奏者。大体上论，我对交易所行业发展是较为乐观的。互联网使证券交易突破了原有的时空限制，为交易所的发展迎来更加广阔的空间。此其一。更加幸运的是，互联网脱媒时代的交易所发展已不再是空中楼阁，而是有了扎扎实实的理论基础——2012年诺贝尔经济学奖得主提出的市场设计理论。这一理论，或将成为脱媒时代交易所组织市场的指导性理论。此其二。过去，交易所发展更多依赖于市场和产品创新、组织创新或技术创新，在新的时代，或许只有结合互联网、区块链等新技术的市场和组织创新，才能真正实现交易所行业的质的突破。

基于上述考虑，本书于2016年初拟定计划，主体部分完成于二季度，其时我在京郊一处僻静所在脱产参加证监会党校学习，定稿于10月国庆假期，又经几次校对和若干细微处的修改，乃成现今模样。特别感谢证监会第三十一期党校的同学们，日间与他们一起经历的紧张学习和热烈交流，每使我于夜静风轻、晨曦载曜之际，常有小得。

　　本书的写作，得到了上交所吴清理事长、黄红元总经理、谢玮副总经理等的大力支持，书中若干论点，特别是针对中国证券市场的一些想法，大多是在他们的指导和启发下得出的。吴清理事长欣然拨冗作序，中国证监会方星海副主席、上交所黄红元总经理、蚂蚁金服彭蕾董事长慷慨撰写了荐语，谨此致以诚挚的感谢！当然，书中观点仅代表作者个人理解，若论述有任何不当或错误之处，均与他们和作者供职单位无关。

图书在版编目(CIP)数据

平台的未来:移动互联时代交易所运营方法论/刘
逖著.—上海:格致出版社:上海人民出版社,
2017.11
  ISBN 978-7-5432-2790-3

Ⅰ.①平… Ⅱ.①刘… Ⅲ.①互联网络-应用-证券
交易所-研究 Ⅳ.①F830.39-39

中国版本图书馆 CIP 数据核字(2017)第 217661 号

责任编辑 程筠函
装帧设计 人马艺术设计·储平

平台的未来
——移动互联时代交易所运营方法论

刘 逖 著

出 版	世纪出版股份有限公司 格致出版社	印 刷	苏州望电印刷有限公司
	世纪出版集团 上海人民出版社	开 本	720×1000 1/16
	(200001 上海福建中路 193 号 www.ewen.co)	印 张	17.5
	编辑部热线 021-63914988	插 页	2
	市场部热线 021-63914081	字 数	252,000
	www.hibooks.cn	版 次	2017 年 11 月第 1 版
发 行	上海世纪出版股份有限公司发行中心	印 次	2017 年 11 月第 1 次印刷

ISBN 978-7-5432-2790-3/F·1058   定价:55.00 元